Coûts et Décisions

2e édition

Carla Mendoza, Diplômée d'HEC, docteur en sciences de gestion, habilitée à diriger des recherches, Professeur associé à l'ESCP-EAP, dans le département Contrôle et Pilotage des Organisations.

Éric Cauvin, Docteur en sciences de gestion, Professeur à l'EDHEC, Responsable du département Comptabilité – Contrôle de gestion.

Marie-Hélène Delmond, Diplômée d'HEC, docteur en sciences de gestion, Professeur associé au Groupe HEC, responsable du cours « Management des systèmes d'information » et du séminaire de formation continue « Pilotage des activités – Tableaux de bord et *balanced scorecards* ».

Philippe Dobler, DES de sciences économiques, Professeur associé à l'ESCP-EAP dans le département Contrôle et Pilotage des Organisations, Responsable du cours « Coûts et Décisions ».

Véronique Malleret, Diplômée d'HEC, docteur de troisième cycle, docteur en sciences des organisations, habilitée à diriger des recherches, Professeur associé au Groupe HEC dans le département Comptabilité – Contrôle de gestion.

Coûts et Décisions

2e édition

Carla MENDOZA • Éric CAUVIN
Marie-Hélène DELMOND • Philippe DOBLER
Véronique MALLERET

COLLECTION BUSINESS

Gualino éditeur

Dans la même collection

- Contrôle de gestion et pilotage de la performance – 2e édition (Françoise Giraud • Olivier Saulpic • Gérard Naulleau • Marie-Hélène Delmond • Pierre-Laurent Bescos)
- Comptabilité financière de l'entreprise (Jean-Yves Eglem • Hervé Stolowy • Christian Cauvin • Pascal Delvaille • Yuan Ding • Christine Guerlain • Christopher Hossfeld • Anne le Manh • Catherine Maillet • Alain Mikol • Dang Pham • Claude Simon)
- Comptabilité financière des groupes (livre coordonné par Carole Bonnier et Claude Simon)
- La nouvelle pratique des comptes consolidés (Jean-Yves Eglem • Gérard Gélard • Eric Ropert) – 2e édition à paraître
- Guide technique et théorique du Plan comptable général 1999 (Jean-Louis Navarro)
- Lire la presse financière anglo-saxonne (François Delclaux • Karen Herrgott • Jeannette Spears)
- Pratique du Droit du travail – 11e édition (Gabriel Guéry)
- Droit du travail et nouvelles technologies (Isabelle de Bénalcazar)
- Gestion des ressources humaines (Geneviève Iacono)
- Droit européen et international du travail (Catherine Bassompierre • Gabriel Guéry)
- Droit européen de la concurrence (Anne Tercinet)

ISBN 2 - 84200 - 737 - 9

Sommaire

Partie 2
Les méthodes

Partie 3
Les pratiques

PRÉFACE

La connaissance des coûts et de leurs évolutions, l'analyse des hypothèses et des systèmes de calcul qui s'y rattachent, sont autant d'outils de décision indispensables pour tout manager qui exerce des responsabilités, et ce malgré quelques « idées reçues » qui sont parfois véhiculées dans et hors des entreprises à ce propos.

Pour certains, la comptabilité de gestion est une discipline de spécialiste, conduisant exclusivement aux fonctions du contrôle de gestion. Or, l'information sur les coûts fonde nombre de décisions majeures de la vie de l'entreprise : achat d'équipements, sous-traitance de fabrication ou de distribution, acceptation de commandes et de marchés, maintien d'une activité dans des villes ou des pays. Pour utiliser correctement ces informations, le manager doit être capable d'analyser l'information sur les coûts qui lui est fournie, ou de demander des compléments s'il estime que celle qui est en sa possession est insuffisante.

Une bonne formation à la comptabilité de gestion donnera à ces managers des principes et outils leur permettant de bien « raisonner » les aspects économiques des décisions qu'ils vont prendre.

Au cours des dernières années, l'accent mis sur certains facteurs de compétitivité comme la qualité, la fiabilité, les délais de livraison a pu faire croire que la maîtrise des coûts avait perdu de son importance.

Nous voyons aujourd'hui qu'il n'en est rien et que l'ensemble de ces facteurs de compétitivité fonctionne de façon complémentaire et non exclusive. Assurer la survie des entreprises, développer des emplois dans nos pays développés ou conquérir de nouveaux marchés passe plus que jamais par une maîtrise et donc une connaissance de l'ensemble des coûts, ce qui inclut naturellement les coûts de production ou d'exploitation mais aussi les coûts de conception, de marketing, de commercialisation, de distribution.

Enfin, la volonté de réduire les coûts ne doit pas faire oublier qu'un bon manager est également quelqu'un qui sait générer des coûts à bon escient, c'est-à-dire pour développer une activité, préparer l'avenir, en bref créer de la valeur pour les actionnaires, les clients, les salariés et les fournisseurs. De la même façon, la comptabilité de gestion n'est pas seulement une discipline contraignante destinée à traquer les produits et les managers dispendieux : elle a également pour vocation de mettre en place des outils de mesure de la valeur créée, pour établir des relations entre les coûts et les résultats des actions engagées.

Le livre que voici permettra, je l'espère, à tous ses lecteurs de dépasser ces idées reçues et d'acquérir les notions qui structureront leurs décisions professionnelles.

Patrice Marteau
Secrétaire Général du groupe Pinault-Printemps-Redoute.

Introduction

Les **coûts** orientent un très grand nombre de **décisions** prises dans les entreprises : faut-il lancer un nouveau produit ? La politique de tarification de la société est-elle adaptée ? Certaines activités doivent-elles être sous-traitées ? Quelle est la rentabilité comparée des différentes lignes de produit ? Tous les clients de l'entreprise peuvent-ils être considérés comme des clients rentables ? Faut-il automatiser un processus de production ?

Les questions ci-dessus renvoient à des problèmes complexes pour lesquels de multiples paramètres doivent être pris en compte. Les coûts ne constituent certes que l'un d'entre eux mais leur importance ne peut pas être sous-estimée.

Le champ du calcul des coûts a connu des évolutions majeures au cours de la dernière décennie.

D'une part, on a assisté à la mise en place de systèmes de calcul des coûts dans des entreprises où ils étaient peu développés. Si les entreprises industrielles ont été les premières à s'intéresser à la détermination de leurs coûts de revient, les entreprises de service, sous la pression de la concurrence, ont été progressivement conduites à mettre en place des systèmes de calcul des coûts. Au cours de ces dix dernières années, de nombreuses firmes évoluant dans des secteurs aussi variés que le transport, la santé, la banque et les assurances ont adopté des systèmes leur permettant d'analyser de manière beaucoup plus précise qu'auparavant leurs coûts de revient.

Une deuxième évolution méritant d'être soulignée est l'extension du champ d'application du calcul des coûts. À ses débuts, le calcul des coûts concernait essentiellement la détermination du coût des produits dans un environnement industriel. Or, ainsi que nous le verrons dans ce livre, on est aujourd'hui passé de la notion de coût de produit à celle d'objet de coût. Connaître le coût de revient de ses produits reste certes un enjeu majeur pour une entreprise, mais il n'est pas le seul. En effet, il peut être tout aussi intéressant d'évaluer ce que coûte chaque catégorie de client ou chaque type de circuit de distribution. Le calcul des coûts est devenu multi-dimensionnel. En particulier, pour maîtriser l'évolution des coûts, le seul calcul du coût des produits n'est plus suffisant. Il faut comprendre comment se constitue ce coût et faire appel à des notions comme par exemple celle de coût des activités.

Enfin, de nouveaux outils de détermination des coûts sont apparus. Développés aux États-Unis (la méthode ABC) ou au Japon (le *Target Costing*), ils sont progressivement adoptés par des entreprises françaises. Ainsi que nous le verrons, ces méthodes ne constituent pas seulement une sophistication par rapport aux méthodes traditionnelles. Elles suggèrent de nouvelles représentations de l'entreprise et génèrent une nouvelle problématique : dépasser le calcul des coûts pour aller vers leur pilotage.

Ce livre examine comment les coûts interviennent dans un certain nombre de prises de décisions auxquelles une entreprise est susceptible de se trouver confrontée. Il montre également comment la maîtrise et le pilotage des coûts peut aider une entreprise à se construire un avantage concurrentiel durable.

La première partie, constituée des chapitres 1 et 2, introduit les concepts clés en matière de calcul des coûts. Les notions de coûts directs et de coûts indirects, de coûts variables et de coûts fixes, etc. sont fondamentales dès lors que l'on s'efforce de déterminer un coût de revient ou de comprendre et d'anticiper l'évolution des coûts.

La deuxième partie présente les différentes méthodes de calcul des coûts possibles : les méthodes de coûts partiels (chapitre 3), les méthodes de coûts complets classiques (chapitre 4), la méthode ABC (chapitre 5). Cette partie s'achève par un chapitre consacré au traitement des stocks et à la prise en compte des fluctuations d'activité dans la détermination des coûts de revient (chapitre 6).

La troisième et dernière partie de cet ouvrage met en scène ces différentes méthodes et montre comment elles peuvent être mises en pratique. Cette partie s'organise de la manière suivante. Le chapitre 7 explicite les modèles sous-jacents aux méthodes de calcul des coûts : pour bien définir son système de calcul des coûts, une entreprise doit pouvoir expliciter les représentations et les hypothèses qui le sous-tendent.

Les chapitres 8 et 9 illustrent ensuite les deux grands domaines d'application du calcul et de l'analyse des coûts : la prise de décisions ponctuelles et la gestion stratégique des coûts. Le chapitre 8 analyse trois cas d'entreprises confrontées à des décisions importantes : lancement d'une nouvelle gamme, abandon d'un produit, externalisation de certaines activités, choix d'un circuit de distribution, etc. Ce chapitre montre comment les différents concepts et méthodes du calcul des coûts ont été mobilisés pour apporter un éclairage économique aux décideurs. Le chapitre 9 examine l'utilisation des coûts dans une démarche stratégique visant à construire un avantage concurrentiel : les approches de l'*Activity-Based Management* et du *Target Costing* sont notamment introduites.

Enfin, le chapitre 10 est consacré aux systèmes d'information – système d'information opérationnel, module spécialisé d'analyse des coûts, cube décisionnel – nécessaires pour assurer le suivi des coûts dans une entreprise.

Cet ouvrage s'adresse aussi bien aux étudiants d'écoles de commerce et d'universités qu'aux managers souhaitant réactualiser leurs connaissances dans le domaine. Il comporte de nombreuses illustrations pratiques ainsi que des exercices et des cas corrigés. Pédagogique sans être simplificateur, il devrait permettre au lecteur non seulement de connaître les outils du calcul et de l'analyse des coûts mais aussi de savoir les mobiliser à bon escient.

Partie 1
Les concepts

CHAPITRE 1
La Belle Bretonne

Qu'est-ce qu'un coût ? Qu'est-ce que la comptabilité de gestion ? À quoi peut-elle servir ? Pour répondre à ces questions, nous allons nous appuyer sur un exemple, décrit ci-dessous, La Belle Bretonne. Dans ce chapitre introductif, les réponses apportées resteront schématiques, voire partielles. Elles seront approfondies et nuancées tout au long de cet ouvrage, en particulier dans le chapitre 2.

1. Les données recueillies

Yves Le Quellec a décidé de changer de vie. La grosse entreprise internationale qui l'employait depuis des années s'est « séparée » de lui, lui versant une prime substantielle de départ. Yves a alors décidé de se lancer dans un projet qui lui tient à cœur depuis des années : revenir en Bretagne et créer, à Trégastou, sa ville natale, une entreprise de réinsertion pour participer à la réduction du chômage dans la région.

En septembre 2001, le projet est déjà bien avancé et Yves Le Quellec est capable de vous le décrire dans ses grandes lignes.

L'entreprise « La Belle Bretonne » aura pour but de mettre des sardines en boîte et de les commercialiser. Deux types de boîtes sont prévus : des boîtes avec des sardines entières (4 sardines de taille moyenne par boîte), et des boîtes de filets de sardines (3 sardines soit 6 filets par boîte), sans peau et sans arête centrale, qui requièrent plus de main-d'œuvre mais se vendent plus cher.

Yves Le Quellec a décidé de se positionner sur la boîte de sardines haut de gamme. C'est pourquoi toutes les opérations de préparation des sardines se feront à la main, ce qui confère une meilleure qualité au produit fini. Certes, « La Belle Bretonne » n'est pas seule sur ce marché, mais Yves pense pouvoir vendre entre 7 000 et 10 000 boîtes de sardines entières par jour ouvrable et entre 2 000 et 5 000 boîtes de filets, à condition toutefois de soutenir les ventes par un effort commercial et publicitaire initial.

Le processus de production comporte les étapes suivantes :

– achat des sardines et des boîtes, stockage ;

– préparation[1] des sardines et des filets, mise en boîte ;

– fermeture des boîtes, stérilisation et conditionnement par caissettes de 50 boîtes ;

– expédition.

Le personnel de l'entreprise sera composé de :

– un directeur (Yves Le Quellec) ;

– une secrétaire administrative ;

– un magasinier, chargé de gérer les stocks de sardines fraîches et les stocks de produits finis ;

– vingt ouvriers et un contremaître pour l'atelier de préparation dans un premier temps, ces effectifs pouvant être facilement augmentés en cas de succès ;

– deux ouvriers et un conducteur de machine pour l'atelier de conditionnement.

Yves Le Quellec prévoit de vendre ses boîtes respectivement 0,9 € (sardines entières) et 1,5 € (filets) par l'intermédiaire de représentants dont la commission s'élèvera à 10 % du montant des ventes. Les frais d'expédition devraient tourner autour de 0,045 € par boîte.

---

1. Nous avons regroupé ici, dans un souci de simplification, les différentes étapes de la préparation des sardines : saumurage, étêtage, éviscération, lavage, séchage et cuisson à l'huile d'arachide, égouttage.

L'ensemble du personnel sera mensualisé et travaillera 35 heures par semaine, 46 semaines par an. D'après des sources fiables, en moyenne, un ouvrier expérimenté peut préparer les sardines et remplir 100 boîtes par heure (sardines entières) ou 50 boîtes par heure (filets). Bien entendu, les rendements du personnel en situation de réinsertion sont inférieurs à ceux du personnel expérimenté. On peut estimer qu'ils sont inférieurs de 20 à 40 % aux chiffres mentionnés ci-dessus.

Yves Le Quellec a décidé de commander une machine à fermer les boîtes et un autoclave susceptibles de traiter 3 000 boîtes par heure. Ces équipements seraient opérationnels environ 80 % du temps de travail, les 20 % restant servant à la maintenance et à divers réglages. Les investissements correspondants s'élèvent à 180 000 € auxquels il faut ajouter 30 000 € pour les installations frigorifiques et les engins de manutention. L'ensemble de ces équipements est amorti sur 5 ans. Une autre solution consisterait à acheter des machines de capacité plus faible, moins chères, et à travailler en deux équipes. Mais ceci obligerait à avoir deux contremaîtres (un par équipe) dans l'atelier de préparation et deux conducteurs de machines dans l'atelier de conditionnement.

« La Belle Bretonne » va s'installer dans une ancienne usine de la zone industrielle du port de Trégastou qui sera louée pour un montant annuel de 30 000 €.

Au port de Trégastou, les sardines de taille moyenne sont vendues 0,10 € pièce. Pour le conditionnement, l'huile de cuisson et les condiments (saumure, huile d'olives, aromates), il faut compter 0,10 € par boîte.

Pour les frais indirects, les deux principaux postes prévus sont :

– les frais divers de gestion : déplacements, impôts locaux, poste et téléphone... pour un montant estimé à 2 500 € par mois ;

– l'électricité destinée à alimenter les machines et les frigos : 1 000 € par mois sur la base d'un fonctionnement des machines d'environ 8 heures par jour.

Le personnel est payé sur 12 mois. Les charges sociales patronales s'élèvent à 50 % des salaires. Pour le personnel de base en situation de réinsertion (seul le personnel ouvrier est concerné), Yves Le Quellec peut recevoir une subvention de 7 500 € par personne et par an.

Salaires mensuels hors charges patronales

– Yves Le Quellec : 2 500 € ;

– Secrétaire administrative : 1 500 € ;

– Magasinier : 1 200 € ;

– Ouvriers : 1 000 € ;

– Contremaître et conducteur de machine : 1 500 €.

Montant des investissements		
Pour	*3 000 boîtes/heure*	*1 500 boîtes/heure*
Machine à fermer les boîtes	120 000 €	50 000 €
Autoclave	60 000 €	40 000 €

2. Où sont les coûts ?

L'énoncé de « La Belle Bretonne » donne de nombreuses informations sur les charges de l'entreprise que nous allons ici appeler coûts. On peut dans un premier temps les classer suivant l'ordre « chronologique » du processus de transformation :

– des **coûts matières** issus des achats de biens (boîtes, sardines, huile, etc.) ;

– des **coûts de production** comportant par exemple les salaires du personnel de production (coûts de main-d'œuvre), les amortissements liés aux investissements dans des outils de production, les services achetés à des prestataires extérieurs comme l'achat d'électricité ou la location de l'usine, etc. ;

– des **coûts de commercialisation** : les commissions versées aux représentants, la publicité, etc.

Indépendamment de toute autre considération, il est toujours utile de représenter le processus de production, c'est-à-dire les opérations de transformation et les points de stockage pour bien comprendre les coûts d'une entreprise. C'est ce que nous allons faire ici (schéma page ci-contre) :

Le processus de production de « La Bellle Bretonne »[2]

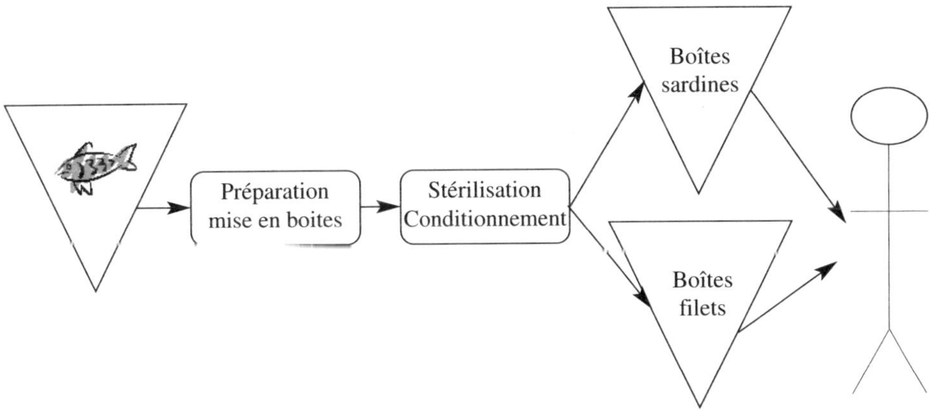

La question du classement des charges selon différents principes est au cœur des systèmes comptables, qu'il s'agisse de comptabilité financière ou de comptabilité de gestion. La comptabilité financière a des principes de classement normalisés qui dépendent du pays dans lequel on se trouve (par exemple, en France, le Plan comptable général). La comptabilité de gestion fait appel à plusieurs principes de classement, qui dépendent de l'entreprise, de l'information recherchée, de la décision à prendre, etc.

Le classement proposé ci-dessus, qui suit le processus de production, est donc différent de celui adopté en comptabilité financière, qui s'opère en général en fonction de la nature des charges.

En comptabilité de gestion, de nombreux autres classements sont possibles, par exemple séparer les coûts fixes (comme le loyer) des coûts variables (comme le coût des sardines), traiter séparément les coûts qui ne concernent que les boîtes de sardines entières, ceux qui ne concernent que les boîtes de filets et ceux qui sont communs aux deux produits... *A priori*, aucun de ces classements n'est plus pertinent qu'un autre tant que l'on ne sait pas quelle est l'information recherchée et quelle est la question traitée. Il n'est donc pas nécessaire d'aller plus loin dans des techniques

2. Les stocks sont représentés par un triangle, les opérations de transformation par un rectangle.

de coûts tant que l'on ne sait pas à quelles questions le manager cherche à répondre grâce à sa comptabilité de gestion.

3. Quelles questions se poser ?

Or, précisément, comme on peut le constater, le cas « La Belle Bretonne » ne comporte pas de questions. Essayons d'imaginer ensemble les questions que Monsieur Le Quellec se pose au moment de se lancer dans la grande aventure de sa vie :

– Quel volume minimum de boîtes de sardines au prix prévu faut-il vendre pour que l'entreprise équilibre ses comptes ? À ce propos, peut-on raisonner en nombre global de boîtes ou faut-il différencier les sardines et les filets ?

– Peut-on remettre en cause le prix de vente prévu ? À partir de quelles données a-t-il été fixé ? Les quantités vendues dépendent-elles du prix fixé ?

– Quel est le coût de revient des deux types de boîtes ? En vendant au prix prévu, l'entreprise va-t-elle gagner de l'argent ? Lequel des deux produits est le plus rentable ?

– Quelle solution adopter pour la production, des machines rapides en une équipe ou des machines plus lentes en deux équipes ?

– Est-il avantageux d'employer du personnel en réinsertion ? À quelles conditions ? Comment Yves peut-il concilier les objectifs économiques et les objectifs sociaux de son entreprise ?

Voici quelques-unes des questions susceptibles de se poser. Cette liste n'est pas limitative et d'autres questions peuvent surgir ultérieurement, comme par exemple : Convient-il de sous-traiter certaines opérations ? Est-il intéressant de développer une force de vente propre ?

Nous allons maintenant essayer de répondre à certaines de ces questions en mobilisant, de façon sommaire, des typologies et des méthodes de coût.

4. Des réponses partielles

A - Coûts de revient et rentabilité des produits

Répondre à certaines des questions recensées ci-dessus suppose de connaître le coût de revient des produits. En particulier, combien cela coûte-t-il de fabriquer et de vendre une boîte de sardines entières et une boîte de sardines en filets ? Ces informations sont indispensables pour fixer le prix de vente des produits s'il n'y a pas de prix de marché (décisions de tarification) ou pour savoir si l'entreprise peut être rentable en vendant ses produits au prix de marché s'il existe. C'est également la connaissance des coûts de revient de chaque produit qui permet de savoir si l'un des produits est plus rentable que l'autre, s'il ne serait pas souhaitable de « pousser » davantage l'un des produits, voire d'abandonner l'autre (décisions de stratégie commerciale).

Pour répondre à ces questions, nous allons donc dans un premier temps essayer d'isoler les coûts relatifs à chacun des produits (également appelés coûts directs par rapport aux produits, nous définirons cette notion de façon plus approfondie dans le chapitre 2).

Commençons par les coûts que l'on peut rattacher sans ambiguïté aux produits.

➤ Coûts des matières premières, du conditionnement, de l'huile et des condiments

	Boîte de sardines	Boîte de filets
Sardines	4 × 0,1 € = 0,40 €	3 × 0,1 € = 0,30 €
Conditionnements, huile et condiments	0,10 €	0,10 €
Total :	**0,50 €**	**0,40 €**

➤ Coûts de commercialisation et de distribution

La commission des vendeurs s'élève à 10 % du prix de vente soit 0,09 € pour les sardines entières et 0,15 € pour les filets.

Les frais de port s'élèvent à 0,045 € par boîte.

➤ Coûts des machines de production

Supposons que l'on achète les machines à forte capacité. On a alors les données suivantes :

– amortissement annuel des machines :

(120 000 € + 60 000 €) / 5 ans = 36 000 €

– capacité annuelle des machines :

3 000 boîtes × 35 heures × 46 semaines × 80 % = 3 864 000 boîtes

d'où un coût par boîte : 36 000 € / 3 864 000 boîtes = 0,0093 € /boîte

⚠ Ce chiffre n'est juste que si les conditions suivantes sont réunies : les machines travaillent effectivement à 80 % de leur temps, elles sont approvisionnées régulièrement, il n'y a pas de sur-capacité.

Ainsi, si le niveau de production réel se situe à la limite inférieure des prévisions de vente, le nombre de boîtes fabriquées sera de : (7 000 + 2 000) × 12 × 22 jours[3], soit 2 376 000 boîtes, et le coût par boîte sera de : 36 000 € / 2 376 000 boîtes, soit 0,01515 € /boîte.

Ce risque d'erreur, dû au fait que l'on rapporte des coûts fixes à une charge de travail variable va se reproduire de nombreuses fois en comptabilité de gestion (pour les amortissements, les loyers, les salaires, c'est-à-dire plus généralement pour toutes les charges fixes). Il n'est pas possible de l'éviter mais il faut être très vigilant et se souvenir que **la plupart des calculs de coûts unitaires sont fondés sur un niveau prévisionnel d'activité qui sera nécessairement amené à évoluer.**

➤ Coûts de main-d'œuvre

Tous les coûts de main-d'œuvre ne peuvent être traités de la même façon. En effet, il est facile de relier le coût salarial des ouvriers de l'atelier de préparation à la fabrication de chacun des deux produits, grâce à la gamme opératoire qui nous donne le temps de travail nécessaire pour préparer les sardines. En revanche, il est plus difficile de relier le coût salarial du contremaître, du magasinier ou encore de la secrétaire administrative à chacun des deux types de produits.

Les coûts salariaux des ouvriers de préparation

Essayons tout d'abord de calculer les coûts de main d'œuvre dans l'atelier de préparation, en examinant pour l'instant le cas des ouvriers expérimentés.

---

3. Il faut faire ici une hypothèse portant sur le nombre de jours de vente annuel, par exemple 22 jours par mois sur 12 mois.

La préparation d'une boîte de sardines nécessite 0,6 minute (100 boîtes/heure) et celle d'une boîte de filets 1,2 minute. Il faut donc calculer le coût d'une minute de travail. Pour ce faire, il convient de raisonner à l'année car, durant leurs congés, les ouvriers sont payés mais ne produisent pas.

– Coût salarial annuel : 1 000 € × 12 mois × 1,5 (charges sociales) = 18 000 €

– Temps de travail annuel : 35 heures × 46 semaines = 1 610 heures par an

D'où un coût de l'heure d'ouvrier : 18 000 € / 1 610 heures = 11,18 € /h soit 0,186 € /min.

On en déduit les coûts de préparation suivants :

– boîte de sardines : 0,186 € × 0,6 min = 0,112 €

– boîte de filets : 0,186 € × 1,2 min = 0,223 €

⚠ Comme pour les machines, on peut dire que ces chiffres ne sont justes que si les ouvriers travaillent effectivement 35 heures par semaine, toute l'année, c'est-à-dire s'il n'y a pas de temps morts, d'inactivité, d'irrégularité dans la production, d'absentéisme, ce qui est peu probable. Si le temps de travail réel est inférieur au temps de travail potentiel (1 610 heures), le coût de l'heure que nous avons calculé et donc celui des produits sont sous-estimés.

Dans le cas précis de « La Belle Bretonne », la seule façon d'éviter cette difficulté technique et les risques financiers liés à la sous-activité serait de « variabiliser » les coûts de main d'œuvre, c'est à dire de payer les ouvriers à la boîte ou à l'heure et de n'avoir recours à eux que lorsqu'il y a du travail.

Les autres coûts salariaux

Le raisonnement que nous venons d'utiliser pour les ouvriers de préparation ne peut pas être appliqué tel quel aux autres catégories de personnel de l'entreprise pour différentes raisons.

Les contremaîtres, conducteurs de machines et ouvriers de l'atelier de conditionnement travaillent pour les deux types de produits. La question qui se pose alors est celle de la répartition de leurs coûts salariaux (qualifiés d'indirects) entre les deux produits. Sur quel principe se fonder pour effectuer cette répartition ? Le nombre de boîtes produites ?

En faisant cette hypothèse, on peut calculer le coût par boîte de la manière suivante :

– Salaires annuels :

contremaître et conducteur de machine : 1 500 € × 2 × 12 mois × 1,5 = 54 000 €

ouvriers de l'atelier de conditionnement : 1 000 € × 2 × 12 mois × 1,5 = 36 000 €

total des coûts salariaux indirects : 90 000 €.

– Nombre de boîtes annuelles vendues/produites[4] : en se plaçant en bas de la fourchette prévue par Yves Le Quellec, on obtient 7 000 (sardines entières) et 2 000 (filets) boîtes. D'où un total annuel de 2 376 000 boîtes de sardines vendues.

– Coûts salariaux indirects par boîte : 90 000 € / 2 376 000 boîtes = 0,038 € /boîte.

On constate que le résultat obtenu dépend fortement :

1. De l'hypothèse de volume d'activité qui a été effectuée.

2. De la règle choisie pour répartir les coûts salariaux indirects. Pour l'instant, on a retenu l'hypothèse selon laquelle les coûts salariaux en question, et donc la charge de travail, étaient les mêmes pour les deux types de produits. Or, les données fournies ne permettent pas de l'affirmer : il se peut, par exemple, que la préparation des filets demande plus de surveillance et de contrôle de la part du contremaître que la préparation des sardines entières...

De son côté, le magasinier travaille à la fois sur les sardines fraîches (et là, l'unité de compte semble être la sardine) et sur les boîtes. Comment allouer son salaire aux différents produits ? De même, trouver un principe qui permet de répartir les salaires de Yves Le Quellec et de la secrétaire administrative n'est pas facile.

---

4. On fera ici l'hypothèse qu'il n'y a pas de variation de stock.

Résumé

La volonté de calculer un coût de revient par produit se heurte à deux difficultés :

· l'existence de coûts indirects qui oblige à choisir des clefs de répartition nécessairement arbitraires si l'on veut différencier les coûts par produit ;

· l'existence de coûts fixes qui oblige à faire une hypothèse de niveau d'activité si l'on veut obtenir le coût du produit à l'unité.

B - Risques et rentabilité

Étant donné la situation du marché des conserves de poisson, l'une des plus grosses incertitudes qui pèse sur le projet de Yves le Quellec est celle du volume des ventes qu'il va réaliser. Or cette incertitude fait courir un risque majeur à l'entreprise. En effet, quoiqu'il arrive, Yves Le Quellec doit payer un certain nombre de charges fixes. Quel est le nombre minimal de boîtes qu'il doit vendre pour couvrir ces charges ?

Pour répondre à des questions de ce type, la comptabilité de gestion a recours à un autre type de partition des coûts, qui consiste à isoler les coûts fixes, qui ne varient pas avec le niveau d'activité, des coûts variables, qui dépendent du niveau d'activité.

Reprenons l'exemple de « La Belle Bretonne » ; les différents coûts peuvent être qualifiés de fixes ou de variables :

– sardines fraîches, conditionnements, condiments : coûts variables ;
– salaires : coûts fixes (le personnel est mensualisé) ;
– amortissements des machines et équipements : coûts fixes ;
– loyer du bâtiment : coût fixe ;
– frais divers de gestion : coûts fixes ;
– électricité : coût variable ;
– commissions des représentants et coûts de transport : coûts variables.

On constate alors que la masse annuelle des coûts fixes s'élève à 645 600 € :

– salaires et charges[5] : 543 600 €

5. (Salaires Le Quellec + secrétaire + magasinier + 22 ouvriers + contremaître + conducteur de machine) × 12 mois × 1,5.

– amortissements : 42 000 €
– loyer : 30 000 €
– frais divers de gestion : 30 000 €

Les marges dégagées par la vente des boîtes de sardines (c'est-à-dire les prix de vente moins les coûts variables) doivent permettre de couvrir globalement ces coûts fixes.

Ainsi, pour une boîte de sardines entières,

– le prix de vente est de 0,9 €

– les coûts variables sont de 0,64 € :

sardines : 0,4 €
conditionnements, huile et condiments : 0,10 €
électricité : 0,0046 € (1 000 € × 11 mois / 2 376 000 boîtes)[6]
commission des représentants : 0,09 €
transport : 0,045 €

Chaque boîte de sardines entières rapporte 0,26 €, qui vont servir à couvrir les coûts fixes annuels s'élevant à 645 600 €. Une première estimation permet donc de dire que, si l'on ne vendait que des sardines entières, il faudrait en vendre 2 483 077 boîtes (645 600 € / 0,26 €) afin de ne pas perdre d'argent.

Naturellement, si les marges dégagées par chacun des deux types de boîtes sont différentes, il faut en tenir compte dans le calcul du nombre de boîtes à vendre et la réponse obtenue dépendra de l'hypothèse que l'on formule sur la répartition des ventes entre les deux produits (*mix-produit*).

C - Décisions ponctuelles

Si l'on reprend la liste des questions que nous pouvons nous poser avec Yves Le Quellec, nous constatons que certaines d'entre elles consistent à choisir parmi plusieurs options : une ou deux équipes de production, un personnel en réinsertion ou un personnel expérimenté, etc.

6. En se fondant sur une demande située en bas de la fourchette prévue par Y. Le Quellec.

La comptabilité de gestion permet de préparer ces décisions en apportant au responsable un éclairage économique, même si, *in fine*, la décision peut être prise en se fondant sur d'autres critères, ici par exemple, la volonté de faciliter le retour au travail de personnes en difficulté.

Le calcul des coûts pour les décisions de ce type appelle lui aussi une autre partition des coûts. Dans ce cas précis, nous allons sélectionner les **coûts** qui sont **pertinents** par rapport à la décision à prendre, c'est-à-dire ceux qui portent sur des éléments qui vont être affectés par la décision prise[7].

Prenons par exemple le choix du nombre d'équipes de production. Les coûts que l'on peut considérer comme pertinents sont :

– amortissements des machines (autoclave et machine à fermer les boîtes) ;

– salaires des contremaîtres dans l'atelier de préparation ;

– salaires des conducteurs de machine dans l'atelier de conditionnement.

Un calcul rapide permet de voir que le supplément d'amortissement généré par l'achat d'une machine plus rapide (90 000 € d'investissement supplémentaire soit 18 000 € d'amortissements par an) est nettement inférieur au salaire annuel d'un contremaître et d'un conducteur de machine (1 500 € × 2 × 12 × 1,5 soit 54 000 €), et qu'il est donc préférable d'acheter les machines rapides.

Il ne faut pas perdre de vue qu'il n'est pas toujours facile de dresser la liste des coûts considérés comme pertinents pour une question donnée. Ici, par exemple, il faudrait peut-être également prendre en compte des différences dans les coûts de maintenance. On pourrait également envisager le fait que des machines moins rapides et plus simples pourraient être conduites par des ouvriers.

D'une façon plus générale, le calcul de coût pour la prise de décision nécessite une délimitation soigneuse des coûts qui seront pris en compte, à la fois dans leur nature (quels coûts considérer ?) et dans le temps (à quel horizon de temps pertinent faut-il raisonner pour répondre à la

7. Notons que le recensement des coûts pertinents peut recouvrir, pour partie, les deux types de coûts que nous avons distingués jusqu'ici (direct/indirect, fixe/variable).

question posée ?). **La définition d'un périmètre** trop étroit expose à négliger certains coûts ; la définition d'un périmètre trop large alourdit la préparation des prises de décision.

Conclusion

Bien qu'il soit possible de poursuivre ce travail, nous allons nous arrêter ici dans les analyses du cas « La Belle Bretonne ».

Dans ce premier chapitre, nous avons montré au lecteur :

– le type de questions auxquelles la comptabilité de gestion peut répondre ;

– des façons de classer et de traiter les coûts de l'entreprise pour répondre à ces questions ;

– les difficultés que l'on rencontre pour traiter certaines questions ;

– quelques hypothèses et conditions qui limitent la validité des réponses apportées par la comptabilité de gestion.

Les principales notions théoriques qui ont été introduites de façon inductive dans ce chapitre vont être précisées dans le chapitre 2 et les méthodes esquissées dans la résolution du cas « La Belle Bretonne » seront reprises et développées dans les chapitres suivants.

CHAPITRE 2
Les concepts-clés

Ce qu'il faut retenir

La comptabilité de gestion constitue un langage dont les principaux termes sont définis dans ce chapitre :

· **Un objet de coût** se définit comme tout élément pour lequel une mesure séparée du coût est jugée utile.

• **Le périmètre d'un coût** est constitué de l'ensemble des charges que l'on choisit de prendre en compte pour sa détermination.

• **Le coût direct** d'un objet de coût est constitué de l'ensemble des charges pouvant être affectées sans ambiguïté à cet objet de coût.

• **Un coût indirect** (par rapport à un objet de coût) correspond à une ressource consommée par plusieurs objets de coût.

• **Un coût** est dit **variable** lorsque son montant global varie proportionnellement avec les variations du niveau d'activité, mesuré par exemple par le nombre d'unités réalisées.

• **Un coût** est dit **fixe** lorsqu'il n'est pas affecté par les variations du niveau d'activité. Ceci s'entend pour un horizon de temps donné et pour une plage pertinente d'activité.

• **Un coût réel** est un coût calculé *ex-post* à partir de charges ayant été encourues.

• **Un coût standard** est un coût prévisionnel ayant valeur d'objectif.

• **Le coût d'achat** est constitué du prix d'achat et de l'ensemble des dépenses d'approvisionnement encourues (salaires des acheteurs, frais de transport, de douane, etc.).

- **Le coût de production** est constitué du coût d'achat des matières et composants consommés et des charges de fabrication encourues (salaires du personnel de production, amortissement des machines, énergie, etc.).
- **Le coût de revient** est constitué du coût de production et des dépenses de commercialisation et de distribution.

Les coûts que l'on détermine dépendent des choix qui ont été faits pour les calculer. Ainsi que nous le verrons dans la deuxième partie de ce livre, il existe différentes familles de méthodes pour calculer les coûts de revient et chacune d'elles constitue un outil particulier présentant des avantages et des limites. Le principal enjeu pour le décideur sera de choisir l'outil le plus approprié au problème qui lui est posé. Ainsi donc, il est possible de se représenter la comptabilité de gestion comme une boîte à outils, constituant autant d'instruments mobilisables dans une prise de décision.

Cependant, pour utiliser à bon escient ces outils, certains concepts doivent être maîtrisés. La comptabilité de gestion est d'abord un langage que nous allons examiner dans ce chapitre en essayant, non seulement de définir les termes, mais d'analyser les présupposés qu'ils recouvrent et les évolutions qu'ils ont connues.

1. L'objet de coût

À ses origines, le calcul des coûts s'est focalisé sur la détermination du coût de production des produits fabriqués. En effet, les entreprises industrielles ont été les premières à s'intéresser à la détermination de leurs coûts de revient. Ces coûts leur permettaient de valoriser leurs actifs, en particulier les encours de fabrication et les produits finis stockés. Par ailleurs, l'information sur le coût de revient des produits s'est avérée essentielle pour éclairer une grande variété de décisions. Ainsi, dans le cas de La Belle Bretonne, présenté dans le chapitre 1, nous avons vu que le dirigeant de l'entreprise souhaitait connaître le coût de revient de ses produits afin de savoir si les prix envisagés lui permettaient de dégager une marge.

De même, une entreprise qui s'interroge sur l'opportunité de sous-traiter la fabrication d'un de ses composants aura intérêt à déterminer le coût de fabrication du composant en interne, de manière à le comparer au tarif pratiqué par les fournisseurs. Plus généralement, un très grand nombre de décisions peuvent s'appuyer sur la détermination du coût de revient des produits.

Mais d'autres objets que les produits peuvent faire l'objet d'un calcul de coûts. Sous la pression de la concurrence, les entreprises de service ont progressivement été conduites à s'interroger elles aussi sur leurs coûts de revient. De nombreuses firmes évoluant dans des secteurs aussi variés que le transport, la santé, la banque et les assurances, ont adopté au cours de ces dix dernières années, des systèmes leur permettant d'analyser de manière beaucoup plus précise qu'auparavant leurs coûts de revient.

On est ainsi progressivement passé de la notion de coût de produit à celle d'objet de coût.

Un objet de coût se définit comme tout élément pour lequel une mesure séparée du coût est jugée utile.

Connaître le coût de revient de ses produits reste un enjeu majeur pour une entreprise, mais il n'est pas le seul. En effet, il peut être tout aussi intéressant d'évaluer ce que coûte chaque catégorie de client ou chaque type de circuit de distribution. Le calcul des coûts est devenu multidimensionnel.

À titre d'exemples, l'objet de coût peut être un produit, une ligne de produits, un modèle mais aussi une offre de service, un projet, une marque, un client, une activité ou un département de l'entreprise.

De multiples objets de coût	
Dans un / une	**Exemples d'objets de coût possibles**
Entreprise industrielle	Un produit fini
Banque	Un segment de clientèle
Organisme de formation	Un stage
Entreprise de prêt-à-porter multi-marques	Une marque
Entreprise pharmaceutique	Le processus de recrutement
Entreprise, distributeur d'appareils d'électro-ménager	L'activité « répondre aux réclamations des clients »
Entreprise de confection	Le département piquage

Le tableau ci-dessus fournit quelques exemples d'objets de coûts retenus par des entreprises opérant dans différents secteurs d'activité. Ainsi, une banque a développé un système de calcul des coûts lui permettant de connaître le coût de ses différents types de clients : l'objet de coût est alors le client A ayant recours à tel ensemble de produits proposés par la banque. Un organisme de formation s'intéressera au coût de chacun des stages de formation qu'il propose. Une entreprise de prêt-à-porter fabriquant et commercialisant plusieurs marques sera éventuellement conduite à déterminer le coût de revient de chacune de ses marques.

Les activités ou les processus constituent également des objets de coûts. Par exemple, il est possible de déterminer le coût d'un processus de recrutement ou le coût d'une activité « répondre aux réclamations des clients ».

Par ailleurs, il peut être pertinent de déterminer le coût de certains départements. Ainsi, une entreprise qui envisageait de sous-traiter ses opérations de piquage détermina le coût de son atelier de piquage afin de le comparer aux prix facturés par l'éventuel sous-traitant.

En conclusion, une même entreprise peut être amenée à mesurer le coût de plusieurs objets différents. La multiplicité des objets de coût possibles orientera la construction du système d'information qui sera mis en œuvre, ainsi que nous le verrons dans le chapitre 10. En effet, une même charge peut faire partie du coût de plusieurs objets de coûts différents. Elle devra alors être saisie dans une base de données ce qui permettra de l'utiliser dans différentes applications.

Dans la mesure où différents objets de coût sont envisageables, il importe non seulement de définir l'objet de coût pertinent compte tenu du problème que se pose le décideur mais aussi le périmètre de coût qu'il convient de retenir.

2. Le périmètre du coût

Les charges à prendre en compte dans l'analyse d'une décision sont toutes celles susceptibles d'être générées ou modifiées par cette décision.

> ***Le périmètre d'un coût est constitué de l'ensemble des charges que l'on choisit de prendre en compte pour sa détermination.***

Il convient de souligner qu'un coût constitue une somme de charges. La notion de coût se distingue nettement de celle de prix. Un prix peut être constaté sur un marché. On parlera ainsi du prix d'achat d'une matière première. Il s'agira de la somme versée à un fournisseur en échange de l'obtention de cette matière première. En revanche, on utilisera le terme de coût d'achat pour désigner la somme du prix d'achat et de l'ensemble des charges encourues pour acheter la matière première (par exemple, les salaires des acheteurs) et pour mettre celle-ci à disposition des unités de production (par exemple, charges de transport et de douane). L'appellation *prix de revient* (au lieu de *coût de revient*) est donc erronée même si elle est encore utilisée dans certaines entreprises.

Face à une décision à prendre, tous les coûts qui sont indépendants du choix, c'est-à-dire qui ne sont pas modifiés par la décision n'ont pas à être intégrés dans l'analyse. Les coûts qu'il conviendra de prendre en compte pour une décision donnée seront appelés les coûts pertinents. L'exemple présenté dans l'encadré ci-après permet d'éclairer notre propos.

EXEMPLE

La société Sport et Détente

La société Sport et Détente est un club de sport disposant d'une grande salle de gymnastique équipée de matériels sophistiqués, d'une piscine couverte et de courts de tennis couverts et en plein air. Créé en 1992, le club commença par proposer une formule d'abonnement. Les clients réglaient un forfait annuel global qui leur donnait libre accès à toutes les installations du club.

À partir de 2002, les responsables de Sport et Détente décidèrent d'élargir leur clientèle en acceptant des clients occasionnels aux conditions suivantes :

– une heure de gymnastique : 20 euros ;

– une heure de tennis : 40 euros ;

– un accès à la piscine pour une demi-journée : 10 euros.

En effet, les frais de fonctionnement du club et les dépenses d'entretien des installations sont élevés. Afin de mieux rentabiliser leur activité, les dirigeants de Sport et Détente ont jugé intéressant de diversifier leur offre.

Les charges supportées par le club sont les suivantes :

– les coûts d'électricité, d'eau et de chauffage ;

– les frais de gardiennage (salaire d'un gardien et forfait réglé à une équipe de nettoyage extérieure) ;

– les frais de gestion administrative (salaire d'un responsable administratif et honoraires d'un expert comptable) ;

– le bar et les vestiaires (salaire d'un employé à temps plein et d'un employé à mi-temps) ;

– les coûts d'une halte garderie (salaire d'une puéricultrice) : la halte garderie est réservée aux membres adhérents au Club ;

– le coût des produits d'entretien de la piscine ;

– le salaire d'un maître nageur chargé de la surveillance de la piscine ;

– le coût du petit matériel de la salle de gymnastique à renouveler tous les ans (tapis de sol, etc.) ;

– l'amortissement des appareils de musculation et d'exercice de la salle de gymnastique ;

– les coûts d'un technicien de l'eau (facturant ses prestations en honoraires) dont le rôle est de s'assurer de la qualité de l'eau de la piscine ;

– les coûts de la caisse, c'est-à-dire le salaire d'un caissier engagé pour percevoir les entrées des clients « occasionnels ».

Les responsables de Sport et Détente sont progressivement confrontés à un problème : les membres du club manifestent un mécontentement grandissant. Ils estiment que la cotisation annuelle est élevée et s'attendent dès lors à un service global de qualité. Or, l'augmentation du nombre de clients occasionnels les gêne : la piscine et la salle de gymnastique sont surbondées le week-end ; il faut désormais réserver très en avance son court de tennis.

La question que se posent les dirigeants de Sport et Détente est donc la suivante : *faut-il supprimer l'accès au club des clients dits « occasionnels » ?*

L'objet de coût considéré est donc ici le sous-ensemble constitué par les clients occasionnels. Le chiffre d'affaires généré par ces derniers peut être facilement estimé. En revanche, il est plus difficile d'évaluer leur coût. Quelles charges convient-il de prendre en compte ? En réalité, si l'on supprime les clients occasionnels, la plupart des frais ci-dessus sont maintenus. Le seul poste de dépense qui disparaîtra sera le salaire du caissier. En revanche, il pourrait être intéressant d'introduire dans le périmètre d'analyse les clients réglant au forfait perdus du fait de l'ouverture du club aux clients occasionnels. Il s'agit alors d'un coût d'opportunité. La décision de garder des clients occasionnels induit un coût, même si celui-ci n'est pas enregistré en comptabilité : il doit être évalué en estimant la perte de revenu provoquée par le fait que les clients mécontents ne renouvellent pas leur abonnement.

Comme l'illustre cet exemple, il n'est pas toujours évident de définir *a priori* le périmètre de coûts pertinent. On est parfois conduit à intégrer des coûts qui ne sont pas enregistrés en comptabilité et que l'on appelle des coûts d'opportunité.

L'exemple ci-dessous fournit une illustration du concept de coût d'opportunité.

EXEMPLE

Le coût d'opportunité associé à l'occupation de locaux

Un entrepreneur a décidé d'utiliser des locaux dont il était propriétaire pour sa société nouvellement créée. La première année d'exercice fait apparaître un bénéfice de 10 000 €. L'entrepreneur doit-il considérer que son activité est rentable ? Cela dépend du périmètre de coût qu'il retient. S'il ne considère que la différence entre le chiffre d'affaires et les charges enregistrées en comptabilité, il aura tendance à répondre par l'affirmative. Sa position pourrait être nuancée s'il élargissait le champ de son périmètre de coût. En effet, supposons que les locaux qu'il occupe sont susceptibles d'être loués pour un montant annuel net de charges de 20 000 €. La décision d'utiliser ces locaux pour son activité et donc de ne pas les louer représente pour le responsable un coût d'opportunité de 20 000 €. La prise en compte de ces coûts d'opportunité apporte donc un éclairage différent à l'évaluation de la rentabilité de la société.

Notons que la notion de coût d'opportunité ne peut pas être prise en compte en comptabilité générale. En fait, les charges enregistrées en comptabilité générale et celles retenues en comptabilité de gestion pour déterminer les coûts de revient ne sont pas nécessairement les mêmes. Ce point est plus particulièrement développé en fin de chapitre dans la rubrique : « Pour aller plus loin ».

Le périmètre du coût ayant été défini, le problème suivant est celui du rattachement des charges à l'objet de coût. Une autre notion importante intervient alors : la distinction entre coûts directs et coûts indirects.

3. Le rattachement des charges – coûts directs et coûts indirects

Si l'on cherche à déterminer le coût d'un objet donné, par exemple le coût d'un produit, on est conduit à distinguer les charges directes par rapport à cet objet et les charges indirectes. Ce qui est en jeu, à cette étape, c'est la traçabilité des charges encourues dans l'entreprise, c'est-à-dire la possibilité de les rattacher à un objet dont on veut déterminer le coût.

Le coût direct d'un objet de coût est constitué de l'ensemble des charges pouvant être affectées sans ambiguïté à cet objet de coût.

Dans la suite de ce chapitre, certains exemples seront tirés du cas de La Belle Bretonne, présenté au chapitre 1.

EXEMPLE

La Belle Bretonne : coûts directs

Afin de déterminer les coûts respectifs des boîtes de sardines entières et des boîtes de filets de sardines, il est nécessaire d'analyser les liens entre les charges et les produits. Certaines charges peuvent être affectées à un produit donné sans aucun doute car elles sont directement motivées par la fabrication et la commercialisation de ce produit.

Par exemple, le coût des sardines constitue une charge directe par rapport à chacun des deux types de boîtes. En effet, on connaît le nombre de sardines nécessaires pour les boîtes de sardines entières (4 sardines par boîte) et pour les boîtes de filets de sardines (3 sardines par boîte).

En ce qui concerne les charges de commercialisation, les commissions des vendeurs constituent également un coût direct. En effet, celles-ci sont définies comme un pourcentage du chiffre d'affaires réalisé (10 %). Connaissant le chiffre d'affaires réalisé par chaque produit, il est aisé de calculer le montant des commissions versées aux vendeurs au titre de la vente d'un produit donné.

Le coût direct d'un produit (ou plus généralement d'un objet de coût) est donc constitué de l'ensemble des charges directes par rapport à lui.

Une charge indirecte est une charge qui n'est pas spécifiquement et uniquement associée à un objet de coût. Elle n'est donc pas imputable, sans travaux ou hypothèses préalables, à un objet de coût particulier.

Un coût indirect (par rapport à un objet de coût) correspond à une ressource consommée par plusieurs objets de coût.

Le cas de La Belle Bretonne nous fournit plusieurs exemples de coûts indirects, ainsi que l'examine le cas suivant.

EXEMPLE

La Belle Bretonne : coûts indirects

Dans le cas de La Belle Bretonne, certaines charges de production sont indirectes par rapport aux produits. Par exemple, le salaire du contremaître chargé de la supervision de l'atelier de préparation et celui du conducteur de machine de l'atelier de conditionnement constituent des coûts indirects par rapport aux produits. En effet, ils correspondent à des ressources – le travail de supervision du contremaître dans un cas et le travail de manutention dans l'autre – consommées de manière indifférenciée par les deux produits. Ainsi, l'atelier de préparation n'est pas spécialisé par produit et fabrique simultanément les deux types de boîtes. Par conséquent, le travail de supervision du contremaître de l'atelier bénéficie **aux deux produits à la fois.**

Par ailleurs, les charges administratives comme le salaire de Yves Le Quellec ou de la secrétaire administrative représentent des coûts indirects par rapport aux produits pour des raisons identiques. Il est difficile d'établir un lien évident entre ces ressources et un produit en particulier. Les deux produits – la boîte de sardines entières et la boîte de filets de sardines – « profitent » tous deux de ces ressources, de manière simultanée et indifférenciée.

Le rattachement des charges indirectes à un produit (ou plus généralement à un objet de coût) est problématique. En effet, la question qui se pose alors est celle du critère de rattachement. Différentes méthodes ont été élaborées pour traiter la question du rattachement des charges indirectes. Elles seront présentées dans les chapitres 4 et 5.

Le coût indirect d'un produit est obtenu en faisant la somme des charges indirectes qui lui ont été imputées.

En réalité, un examen plus approfondi de la distinction direct/indirect met en lumière la relativité de cette classification.

En effet, une charge n'est jamais directe ou indirecte dans l'absolu, elle l'est par rapport à un objet de coût.

Dans l'exemple ci-dessous, nous verrons comment une charge peut être directe par rapport à un objet de coût et indirecte par rapport à un autre.

EXEMPLE

Direct ou indirect ?
Tout dépend de l'objet de coût

Dans un atelier de cisaillage-poinçonnage, plusieurs produits différents sont usinés. Le contremaître de cet atelier est chargé de la supervision de l'ensemble des opérations, de la répartition du travail et de l'animation de ses équipes. Son travail bénéficie de manière indifférenciée à l'ensemble des produits fabriqués dans l'atelier. Par conséquent, le salaire du contremaître constitue un coût indirect par rapport à un modèle donné de boîte à outil. Changeons maintenant d'objet de coût. Le problème de l'entreprise est de savoir s'il convient ou non de sous-traiter les opérations de cisaillage et de poinçonnage. Elle dispose d'une offre de service chiffrée d'un prestataire externe. L'objectif est de comparer ce devis avec une évaluation du coût en interne des opérations concernées. Donc, si l'objet de coût devient l'activité « cisaillage-poinçonnage », le salaire du contremaître en charge (à 100 % de son temps) de ces opérations sera appréhendé comme un coût direct.

Ainsi, il importe, face à une décision à prendre, de clairement définir l'objet de coût et le périmètre d'analyse. C'est alors seulement que la classification des charges en directes/indirectes et leur éventuel rattachement à l'objet de coût peuvent intervenir.

Par ailleurs, une charge peut être indirecte car on a renoncé à l'affecter à un objet de coût particulier, l'affectation elle-même étant en pratique trop coûteuse. Dans de nombreux cas, la distinction coût direct/indirect résulte des choix qu'a faits l'entreprise pour saisir et collecter l'information. Un coût indirect peut devenir direct moyennant un effort de mesure supplémentaire.

EXEMPLE

Direct ou indirect ? Tout dépend de l'effort de mesure

La mise en place d'un système de comptage peut transformer un coût initialement indirect en coût direct par rapport à l'objet de coût considéré.

Par exemple, le salaire d'un ouvrier intervenant sur plusieurs produits pourra devenir direct par rapport à chacun d'entre eux si un système de mesure de son temps passé par produit est mis en place.

De même, prenons le cas d'une société d'études travaillant pour le compte de plusieurs clients. Les frais de téléphone de cette société constituaient des coûts indirects par rapport à ses différents clients. Afin de mieux évaluer le coût associé à chaque étude, la société décida d'opter pour un système de codes. À chaque étude fut associé un code et celui-ci devait être composé avant tout appel réalisé au titre de l'étude concernée. Grâce à ce système, la société fut en mesure de connaître avec précision le coût du téléphone par étude. Les frais de téléphone sont ainsi devenus des coûts directs par rapport à l'objet de coût : « étude réalisée ».

Un certain nombre de charges se trouvent dans la situation décrite dans l'énoncé ci-dessus : elles seront directes ou indirectes suivant l'effort de mesure consenti. Afin de rattacher avec le maximum de rigueur les charges aux objets de coût, il est préférable d'avoir à traiter des charges directes. Le problème est que le système de mesure mis en place pour transformer des charges indirectes en charges directes engendre lui-même des coûts. Des arbitrages devront donc être effectués entre précision et coût de l'information.

La distinction entre coût direct et coût indirect est donc fondamentale dès lors que l'on cherche à rattacher des charges à un objet pour déterminer son coût. Ainsi que nous le verrons par la suite, le décideur est souvent conduit à mobiliser la classification coûts directs/coûts indirects dans de nombreuses situations de décisions. Par exemple, lorsqu'on évalue l'intérêt d'arrêter la production d'une ligne de produit, une première étape consistera à identifier les charges correspondant à des ressources consommées exclusivement par ce produit (coût direct) en les distinguant de celles partagées avec d'autres (coût indirect).

S'il est important de rattacher les charges aux objets de coût, un autre enjeu pour les managers est de parvenir à prévoir l'évolution des coûts afin de les maîtriser. Ceci suppose de modéliser le comportement des coûts ce qui a conduit à asseoir une deuxième classification distinguant les coûts variables des coûts fixes.

4. Le comportement des coûts – coûts variables et coûts fixes

La charge de travail d'une entreprise est susceptible de varier dans le temps. Ainsi, un accroissement des ventes impliquera une augmentation du nombre d'unités fabriquées, des quantités de matière achetées, du nombre d'heures machines utilisées, etc. De manière symétrique, une récession de la demande pourra avoir pour conséquence une réduction des commandes passées à l'entreprise et se traduira éventuellement par une réduction de sa production, de ses achats, etc.

Ces fluctuations d'activité ont des répercussions sur l'évolution des coûts de l'entreprise : certains coûts sont variables en fonction des variations d'activité ; d'autres seront considérés comme fixes.

Un coût est dit variable lorsque son montant global varie proportionnellement avec les variations du niveau d'activité, mesuré par exemple par le nombre d'unités réalisées.

Un exemple de coût variable est fourni par les matières et composants utilisés dans la fabrication des produits.

EXEMPLE

Le coût des matières, des conditionnements, de l'huile et des condiments

Pour fabriquer une boîte de sardines entières, il est nécessaire de disposer de 4 sardines, coûtant 0,1 € chacune et d'un conditionnement et de condiments (saumure, huile, aromates) pour un montant de 0,10 € par boîte. Le coût de la matière première, du conditionnement et des condiments d'une boîte de sardines entières s'établit comme suit :

Sardines	$4 \times 0{,}1 = 0{,}40$ €
Conditionnements, huile et condiments	0,10 €
Total :	**0,50 €**

Ainsi, pour chaque boîte de sardines entières fabriquée, il sera nécessaire de dépenser 0,50 € de matière première. Le coût total des matières variera donc en proportion directe avec le niveau d'activité mesuré par le nombre d'unités de produits fabriqués, comme l'illustre le schéma ci dessous :

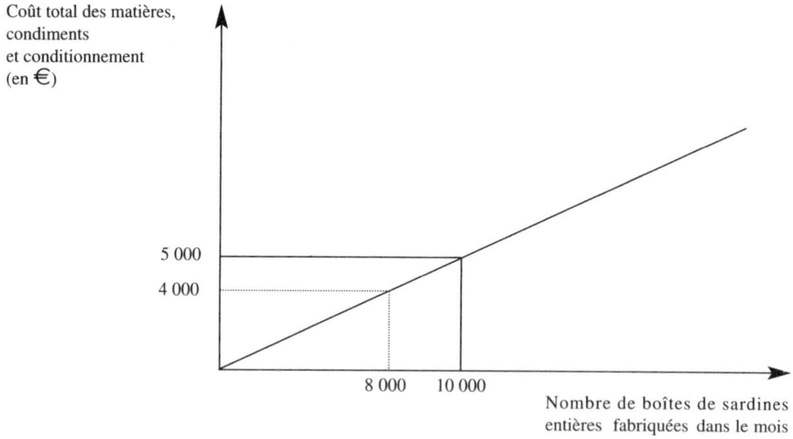

Si, au mois de janvier, la société a fabriqué 8 000 boîtes de sardines entières, son coût total de matières, condiments et conditionnements consommés s'élèvera à 8 000 × 0,50 €, soit 4 000 €. Supposons qu'en février, l'activité de la société ait augmenté de 25 %, la production s'étant alors élevée à 10 000 boîtes de sardines entières, le coût total des matières, condiments et conditionnement utilisés connaîtra alors une évolution proportionnelle et passera à 5 000 €. L'équation de la droite ci-dessus indique que le coût variable unitaire de chaque boîte est constant et de 0,50 €.

On peut dès à présent noter que la notion de coût variable repose sur des hypothèses simplificatrices. En effet, il est probable que l'augmentation de l'activité et donc des volumes de matière achetée permettra à l'entreprise de négocier avec son fournisseur des conditions tarifaires plus avantageuses : le coût variable unitaire diminuera alors. Par ailleurs, la quantité de matière utilisée par produit tend parfois à décroître avec les volumes de production cumulés : du fait des phénomènes d'apprentissage, les rebuts et les déchets tendent à diminuer. Ces facteurs se traduisent généralement par une diminution de la pente de la droite, qui représente le coût variable unitaire, comme l'illustre le schéma suivant.

Évolution du coût variable en fonction du niveau d'activité

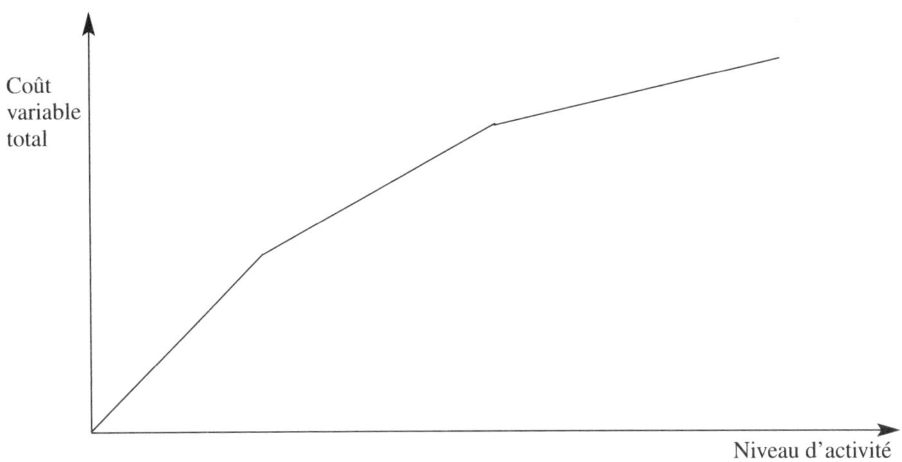

D'autres coûts ne sont pas affectés à court terme par les fluctuations de l'activité : ce sont des coûts fixes.

Un coût est dit fixe lorsqu'il n'est pas affecté par les variations du niveau d'activité. Ceci s'entend pour un horizon de temps donné et pour une plage pertinente d'activité.

Un coût fixe correspond généralement à l'acquisition d'un matériel de production (par exemple la dotation aux amortissements engendrée par l'achat d'un outil de production) ou à la mise en place d'une structure dans laquelle l'activité de l'entreprise prend place (par exemple, le loyer d'un magasin pour une entreprise de commerce de détail).

EXEMPLE

Le loyer de l'usine

La société La Belle Bretonne a loué des locaux : une ancienne usine de la zone industrielle du port de Trégastou. Le loyer représente un coût de 30 000 € par an, soit 2 500 € par mois. Si le dirigeant de l'entreprise décide de fermer son usine au mois d'août, il devra néanmoins supporter ce coût. Par ailleurs, ces installations, prévues pour un niveau d'activité de 7 000 boîtes de sardines entières et 2 000 boîtes de sardines en filets par mois permettent de faire face à une augmentation de l'activité. Si La Belle Bretonne augmente ses ventes et sa production de 10 % ou de 20 %, il ne sera pas nécessaire de changer de locaux et le montant du loyer restera inchangé.

La représentation graphique du coût du loyer traduit son invariabilité, comme l'illustre le schéma ci-contre.

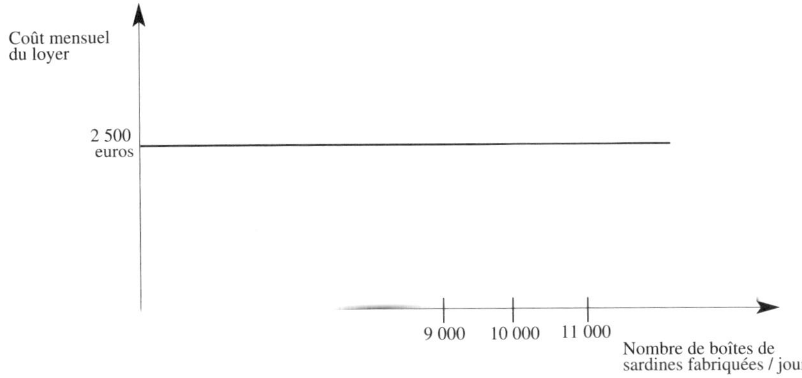

L'un des problèmes posés par les charges fixes est qu'elles devront être supportées même si l'équipement ou la structure correspondants ne sont pas pleinement utilisés. Par conséquent, les coûts fixes unitaires sont appelés à varier en cas de fluctuations de l'activité. Le texte ci-dessous offre une illustration de ce type de situation.

EXEMPLE

Les coûts fixes par unité varient : le cas de l'amortissement d'une machine de production

Considérons le cas d'une entreprise ayant acquis une machine de production autorisant le montage de 1 000 produits par mois. Son coût d'acquisition s'est élevé à 240 000 € et la durée d'amortissement est de 10 ans. La dotation aux amortissements (charge fixe) représente un montant de 2 000 € mensuels. Si la production du mois s'élève à 1 000 produits effectivement, chacun d'entre eux se verra imputer un montant de 2 €. Mais en cas de sous-utilisation de la machine, par exemple si le volume mensuel fabriqué n'est que de 500 produits, le coût supporté par unité de produit doublera pour passer à 4 €.

Pour simple que cet exemple puisse paraître, il n'en est pas moins révélateur des enjeux associés à la maîtrise des coûts fixes. Ces derniers résultent de décisions initialement fondées sur des prévisions de niveau d'activité. Or, il n'est pas toujours facile de prévoir, de manière fiable, le niveau d'activité. Si l'activité réelle est, pour une raison ou une autre, – baisse de la demande, problèmes d'approvisionnement, etc. – inférieure aux prévisions de départ, les coûts par objet augmenteront. En effet, les coûts unitaires sont largement tributaires des niveaux d'activité, notamment du fait des charges fixes. Celles-ci constituent une contrainte et ce d'autant plus qu'elles sont généralement irréversibles à court terme. C'est pourquoi toute décision impliquant une élévation des coûts fixes fait l'objet d'un examen approfondi et requiert des estimations des niveaux d'activité futurs.

En réalité, les charges fixes ne sont fixes que pour des plages d'activité données. Au-delà d'un certain seuil d'activité, il devient nécessaire de procéder à de nouveaux investissements, à des embauches, etc. lesquels conduiront à un accroissement du niveau des charges fixes. Ce phénomène est illustré par le schéma suivant.

Évolution des coûts fixes en fonction du niveau d'activité

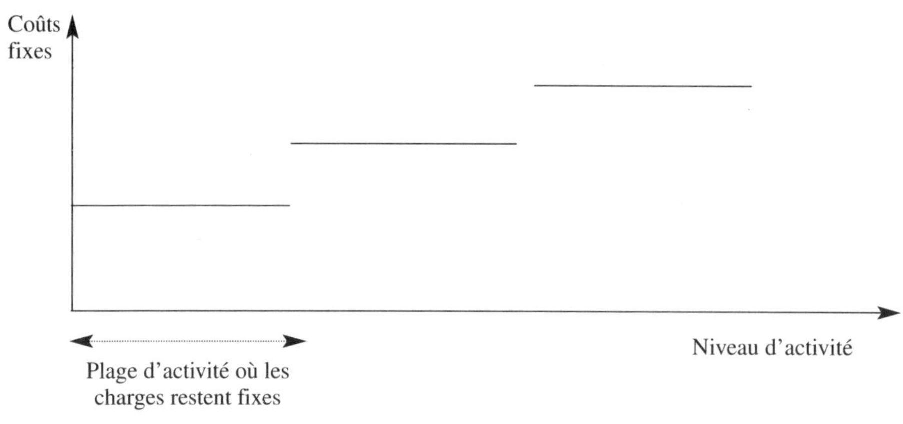

Par ailleurs, les charges sont fixes sur un horizon de temps plus ou moins long. Plus l'horizon de temps considéré est important, plus il est possible d'agir sur les charges fixes. À long terme, il sera possible de considérer les coûts fixes comme variables.

Le coût d'un objet comporte généralement une part de charges fixes et une part de charges variables. Le poids relatif des charges fixes et des charges variables résulte pour partie du secteur d'activité de l'entreprise. Ainsi, une entreprise dans un secteur à forte intensité capitalistique comme par exemple la sidérurgie aura une structure de coût caractérisée par une part importante de charges fixes. Par ailleurs, les choix opérés par l'entreprise en matière de politique de production et de distribution sont déterminants : la société assure-t-elle la fabrication de tous ses produits ou sous-traite-t-elle une partie de sa production à l'extérieur ? Dispose-t-elle de magasins détenus en propre ? Une entreprise sera d'autant plus flexible que, dans sa structure de coûts totale, la part des coûts variables est importante. De nombreuses entreprises poursuivent aujourd'hui des politiques de « variabilisation » de leurs charges (personnel intérimaire, recours à la sous-traitance) dont l'enjeu majeur est d'accroître leur flexibilité.

S'il est intéressant de déterminer les coûts à la fin d'une période donnée, il peut également s'avérer très utile d'élaborer des coûts prévisionnels. La section qui suit présentera les notions de coûts standards et de coûts réels.

5. Prévision et maîtrise des coûts – coûts standards et coûts réels

Une entreprise qui souhaite mettre en place un système de calcul des coûts commence généralement par déterminer le coût historique ou coût réel de ses produits.

> ***Un coût réel est un coût calculé ex-post à partir de charges ayant été encourues.***

Par la suite, elle pourra éprouver le besoin de se doter de coûts standards.

> ***Un coût standard est un coût prévisionnel basé sur des normes et pouvant avoir valeur d'objectif.***

L'élaboration de coûts standards présente un triple intérêt :

– **aider à la prise de décision.** Certains choix supposent d'évaluer le coût prévisionnel d'un objet donné. Par exemple, une entreprise qui s'interroge sur l'opportunité de lancer un nouveau produit, s'efforcera d'estimer son coût standard afin de le rapprocher du prix de vente envisageable. Un autre exemple est fourni par les entreprises qui fixent leurs prix de vente à partir d'une estimation de leurs coûts de revient. Un certain nombre d'entreprises dans le secteur de l'habillement déterminent un coût standard par modèle. Celui-ci leur sert de référence pour la fixation des prix de vente ;

– **maîtriser les coûts.** Le coût standard a valeur d'objectif. Il constitue une référence à partir de laquelle il est possible de suivre l'évolution du coût réel. La comparaison systématique des coûts réels avec les coûts standards rend possible une démarche volontaire de maîtrise des coûts ;

– **disposer d'un outil pratique.** Le recours à des coûts standards permet de valoriser des mouvements de stocks, des ventes, etc., sans avoir à attendre la détermination des coûts réels.

Les coûts standards sont élaborés pour une période assez longue (généralement annuelle) afin de permettre au décideur de disposer d'une référence stable et fiable. L'élaboration d'un coût standard exige de prévoir pour un produit donné, les quantités de matières et composants nécessaires à sa fabrication, les heures de main-d'œuvre directe qui seront utilisées, les volumes, etc. Le cas ci-dessous fournit un exemple simple de montage d'un standard.

EXEMPLE

L'élaboration d'un coût standard de main d'œuvre directe pour une boîte de sardines entières

Afin d'évaluer le coût standard de MOD nécessaire pour la préparation d'une boîte de sardines entières, Monsieur Yves Le Quellec a recueilli les données suivantes :

– temps standard de MOD par boîte : 0,6 minutes (100 boîtes par heure) ;
– coût standard d'une minute de MOD : 0,186 €.

Le coût standard de MOD de préparation est donc de : 0,186 × 0,6 minutes = 0,112 €.

Comme le montre cet exemple, l'élaboration d'un coût standard repose sur deux types d'estimations :

– une estimation des quantités de ressources consommées fondée sur les nomenclatures (quantité de matières et de composants) et sur les gammes de fabrication (temps de main-d'œuvre directe et de machine nécessaires aux opérations de transformation) ,

– une estimation du coût prévisionnel des différentes ressources consommées.

Par ailleurs, si l'on doit déterminer un coût standard unitaire en y incorporant des charges fixes, il sera nécessaire de faire intervenir une estimation des volumes.

La mise en place d'un système de coûts standards exige un important travail de recueil d'informations et de prévision. Pour finir, il convient de noter que les standards doivent être régulièrement revus afin de rester une référence pertinente pour la prise de décision et la maîtrise des coûts.

6. Coût d'achat, coût de production, coût de revient

À chaque étape de son processus de production et de commercialisation, un produit (et plus généralement un objet de coût) consomme des ressources. Afin de déterminer le coût de revient final d'un produit mis à la disposition d'un client, il est nécessaire de reconstituer son cheminement : quels sont les matières et les composants qu'il a consommés ? Par quelles étapes de fabrication est-il passé ? Quels efforts de commercialisation et de distribution a-t-il sollicités ? Le coût de revient d'un produit donné s'obtient ainsi par agrégations successives, comme l'illustre la figure page suivante.

L'élaboration du coût de revient

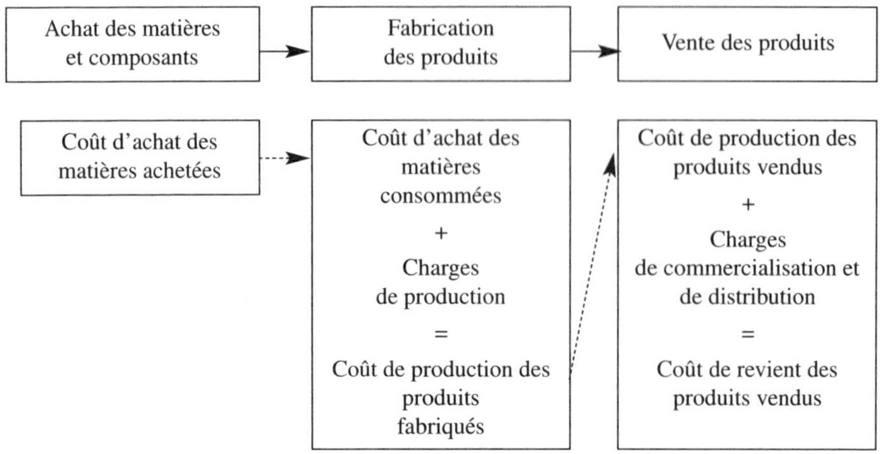

La première étape consiste à déterminer le coût d'achat des matières achetées.

Le coût d'achat est constitué du prix d'achat et de l'ensemble des dépenses d'approvisionnement encourues (salaires des acheteurs, frais de transport, de douane, etc.).

Pour chaque matière, composant ou produit acheté, un coût d'achat est ainsi déterminé.

Des différences peuvent apparaître entre le coût d'achat des matières achetées et le coût d'achat des matières consommées.

⚠ Attention : la quantité de matières achetées au cours d'une période n'est pas nécessairement la même que la quantité de matières consommées (phénomènes de stockage et de déstockage). Le coût de production est calculé à partir des matières consommées.

Dans le cas où l'entreprise procède à des opérations de transformation, on calcule ensuite un coût de production.

Le coût de production est constitué du coût d'achat des matières et composants consommés et des charges de fabrication encourues (salaires du personnel de production, amortissement des machines, énergie, etc.).

Pour chaque élément faisant l'objet d'une transformation, un coût de production est ainsi déterminé.

Afin de vendre les produits, l'entreprise doit généralement engager des dépenses commerciales et de distribution : salaires et commissions des vendeurs, frais de communication et de promotion, frais de livraison, etc. Ces dépenses devront être prises en compte pour calculer le coût de revient des produits.

Le coût de revient est constitué du coût de production et des dépenses de commercialisation et de distribution.

La détermination du coût de revient suppose donc d'identifier les différentes étapes d'élaboration du produit en calculant pour chacune d'elles des coûts intermédiaires.

Le calcul des coûts aux différents stades sera développé dans le chapitre 6 de ce livre.

Dans ce chapitre, nous venons de présenter les principaux concepts utilisés en calcul et analyse des coûts. Ils constituent le langage de base à partir duquel se sont structurées différentes méthodes de calcul des coûts. Ces méthodes sont exposées dans les chapitres qui suivent.

POUR ALLER PLUS LOIN...

Coûts irréversibles ou « *sunk costs* »

L'évaluation d'un coût dépend de l'instant où l'on se situe. À un moment donné, certaines décisions ont déjà été prises et donc certains coûts ont déjà été engagés. Ces coûts constituent des coûts irréversibles. Ils sont liés à des choix passés.

EXEMPLE

La prise en compte des frais de recherche

Supposons qu'un programme intensif de recherche ait permis de mettre au point un nouveau produit. On doit maintenant décider si l'on va lancer ce produit en fabrication et le commercialiser. Pour prendre cette décision, il faut prendre en compte l'estimation du marché potentiel, le coût de production prévisionnel, les investissements qui seront nécessaires. En revanche, à cette étape de décision, les sommes dépensées en recherche ne doivent pas être intégrées dans l'analyse car elles ne sont en rien affectées par la décision de produire ou pas. Dans ce cas, les dépenses de Recherche et Développement sont des coûts dits éteints.

La notion de coûts irréversibles ou de coûts éteints est fondamentale dans certaines situations de prise de décision. Parfois, il n'est pas pertinent de les intégrer dans l'analyse car, quelle que soit la solution retenue, ils ne seront pas modifiés.

EXEMPLE

Comment se rendre à l'aéroport ?

Un professeur français part passer 6 mois de congé sabbatique à l'université de Burgos, en Espagne. Il a décidé de louer une voiture pendant toute la durée de son séjour en Espagne.

Les conditions de location sont les suivantes : il réglera 500 € par mois si le nombre de km parcourus dans le mois est inférieur à 1 500 km ; au-delà de 1 500 km, il devra payer 0,1 € par kilomètre supplémentaire.

En milieu de séjour, au mois d'avril, il compte rentrer passer une semaine en France en prenant l'avion. La distance pour se rendre à l'aéroport est de 60 km.

Deux possibilités s'offrent à lui :
– soit il prend un autobus : le voyage aller-retour jusqu'à l'aéroport lui coûte alors 30 € ;

– soit il prend sa voiture de location. Les frais d'essence s'élèvent à 0,09 € par km. Mis à part le déplacement jusqu'à l'aéroport, il prévoit de faire 1 200 km au cours du mois d'avril.

Afin d'évaluer la solution la plus intéressante du point de vue économique, il lui faudra déterminer les coûts associés à la solution consistant à prendre la voiture pour se rendre à l'aéroport. Ces coûts s'élèveront à :

120 km × 0,09 € = 10,8 €

Cette solution est plus économique que celle consistant à prendre l'autobus (30 €).

Si l'on avait pris en compte les frais de location de la voiture, il aurait fallu rajouter : 120 km / 1500 km × 500 €, soit 40 €. En ce cas, la solution « Voiture » aurait été jugée moins intéressante.

Mais la voiture a déjà été louée. Le fait de la prendre pour aller à l'aéroport ne change rien aux charges encourues. Dans ce cas, par rapport à cette décision, les frais de location constituent des *sunk costs* ou coûts éteints.

Le coût marginal

La notion de coût marginal est issue de la théorie économique. Le coût marginal est le coût de la dernière unité produite ou le coût de production d'une unité supplémentaire.

Le coût marginal représente le coût de la dernière unité produite et vendue.

L'évaluation d'un coût marginal exige de prendre en compte l'horizon de temps. Ainsi, à court terme, si la capacité de production installée de l'entreprise n'est pas saturée, le coût marginal d'une unité supplémentaire sera égal au coût variable unitaire. À plus long terme, la détermination d'un coût marginal exigera d'intégrer les coûts fixes engendrés par l'accroissement de la capacité de production. Le coût marginal est alors constitué du coût variable unitaire auquel il convient d'ajouter les coûts fixes supplémentaires.

De la comptabilité générale à la comptabilité de gestion

À partir des charges de la comptabilité générale, deux types de retraitements peuvent être opérés. Le premier consiste à retirer les charges dites non incorporables.

Une charge non incorporable est une charge qui est enregistrée en comptabilité générale et que l'on décide de ne pas retenir en comptabilité de gestion pour le calcul des coûts de revient.

Ces charges sont prises en compte pour la détermination du résultat mais ne correspondent pas vraiment aux conditions normales de fonctionnement de l'entreprise.

Un exemple de charge non incorporable est fourni par les charges exceptionnelles.

Le deuxième retraitement a pour objet d'introduire, dans le périmètre des charges de la comptabilité de gestion, des éléments supplétifs, non enregistrés en comptabilité générale.

Un élément supplétif est une charge non enregistrée en comptabilité générale que l'on décide d'intégrer en comptabilité de gestion pour le calcul des coûts de revient.

Les éléments supplétifs correspondent généralement à des consommations de biens ou services auxquelles la comptabilité générale ne reconnaît pas le statut de charges pour des raisons juridiques ou fiscales, et qui pourtant reflètent la rémunération de facteurs concourrant au bon fonctionnement de l'entreprise. Un exemple d'élément supplétif est fourni par la rémunération des capitaux propres investis.

De manière similaire, le dirigeant d'une SARL qui utilise son véhicule personnel à des fins professionnelles pourra choisir de considérer une partie de l'amortissement correspondant comme une charge supplétive.

Le schéma ci-contre présente les deux types de retraitements.

Le retraitement des charges

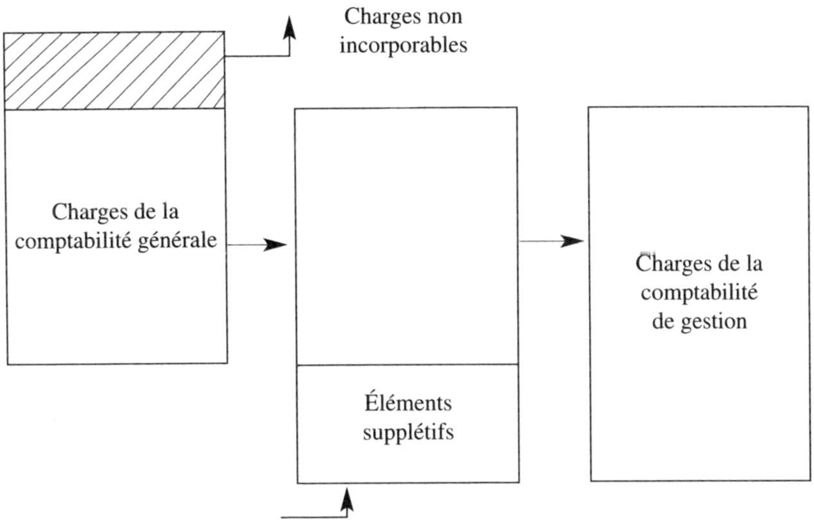

Les dotations aux amortissements offrent un autre exemple de charges susceptibles de faire l'objet de retraitements. Ainsi, si une entreprise a opté pour une politique d'amortissements dégressifs en comptabilité générale, elle pourra décider de considérer la dotation ainsi obtenue comme une charge non incorporable. En effet, la technique de l'amortissement dégressif donne lieu à un amortissement accéléré, fiscalement intéressant, mais qui ne reflète pas nécessairement la réelle consommation des équipements par les produits. Dans ce cas, après avoir supprimé la dotation aux amortissements calculée de manière dégressive, l'entreprise réincorporera un élément supplétif correspondant à une dotation aux amortissements linéaire.

Enfin, une autre modification apportée aux données comptables consiste à procéder à l'abonnement de certaines charges, telles que le 13e mois ou les primes d'assurances. Ces charges seront partagées en fractions égales de manière à être prises en compte suivant une périodicité de calcul plus brève (souvent le mois).

Du fait de l'ensemble de ces retraitements, des différences seront parfois constatées entre les résultats produits par la comptabilité générale et ceux émanant de la comptabilité de gestion.

CAS D'APPLICATION

Quizz

Répondez par Vrai (V) ou Faux (F) à chacune des questions suivantes :

1) Dans une banque, un client constitue un objet de coût possible :

Vrai ❐ Faux ❐

2) Un coût direct par rapport à un produit est un coût qui varie en fonction du niveau d'activité :

Vrai ❐ Faux ❐

3) L'entreprise E fabrique et commercialise différentes lignes de produit.

3a) Le salaire du responsable du service Entretien est un coût direct par rapport aux produits :

Vrai ❐ Faux ❐

3b) L'amortissement des véhicules des vendeurs est un coût direct par rapport aux produits :

Vrai ❐ Faux ❐

3c) Les commissions versées aux vendeurs (2 % du prix de vente) sont un coût direct par rapport aux produits :

Vrai ❐ Faux ❐

4) Dans un atelier d'impression textile fabriquant différents tissus imprimés, le salaire du chef d'atelier est une charge indirecte par rapport à l'atelier :

Vrai ❐ Faux ❐

5) Le coût fixe unitaire d'un produit varie :

Vrai ❐ Faux ❐

6) Dans une entreprise fabriquant des tôles en acier, le coût de l'acier est un coût variable :

Vrai ❐ Faux ❐

7) L'amortissement des machines de production constitue un coût fixe :

Vrai ❐ Faux ❐

8) Dans une entreprise fabriquant et commercialisant différentes lignes de produit, les commissions versées aux vendeurs (définies comme un % du prix de vente) constituent un coût fixe :

Vrai ❒ Faux ❒

9) Le coût de revient d'un produit est égal au :

9a) Coût d'achat + Coût de production :

Vrai ❒ Faux ❒

9b) Coût d'achat + Coût de production + Coût de vente/distribution :

Vrai ❒ Faux ❒

9c) Coût de production + Coût de vente/distribution :

Vrai ❒ Faux ❒

10) Les éléments supplétifs et les charges non incorporables induisent une différence entre le résultat de la comptabilité de gestion et celui de la comptabilité générale :

Vrai ❒ Faux ❒

11) Les charges non incorporables sont celles dont on ne tient pas compte pour le calcul des coûts :

Vrai ❒ Faux ❒

Modelux

La société Modelux est une entreprise française de distribution de vêtements et de lingerie féminine. Elle est organisée en divisions chargées chacune de la définition et de la commercialisation d'une ligne de produits. Chaque division encadre un certain nombre de magasins succursalistes. Les magasins sont donc spécialisés par ligne de produit.

La liste des principaux coûts de la société Modelux vous est fournie ci-après. Pour chacun d'eux, il vous est demandé de répondre aux questions suivantes :

- *Ces coûts sont-ils variables en fonction des ventes ou fixes ?*
- *Ces coûts sont-ils directs ou indirects par rapport à un magasin ?*
- *Ces coûts sont-ils directs ou indirects par rapport à une division ?*

Libellé des coûts	Variable (V) ou Fixe (F)	Direct (D) ou Indirect (I) par rapport à un magasin	Direct (D) ou Indirect (I) par rapport à une division
Coût d'achat des produits vendus			
Frais de personnel magasin			
Salaire du Directeur de la Division			
Frais d'électricité			
Frais de téléphone			
Loyer du magasin			
Loyer du siège			
Frais du service travaux généraux			
Frais de la Direction Marketing			
Frais d'encaissement Carte Bleue			
Frais d'exploitation informatique			
Pertes d'inventaire			

Solutions

Quizz

Question 1 : Vrai

Question 2 : Faux

Question 3 :

a) Faux

b) Faux

c) Vrai

Question 4 : Faux

Question 5 : Vrai

Question 6 : Vrai

Question 7 : Vrai

Question 8 : Faux

Question 9 :

a) Faux

b) Faux

c) Vrai

Question 10 : Vrai

Question 11 : Vrai

Modelux

Libellé des coûts	Variable (V) ou fixe (F)	Direct (D) ou Indirect (I) par rapport à un magasin	Direct (D) ou Indirect (I) par rapport à une division
Coût d'achat des produits vendus	V	D	D
Frais de personnel magasin	V/F	D	D
Salaire du Directeur de la Division	F	I	D
Frais d'électricité	V/F	D	D
Frais de téléphone	V/F	D	D
Loyer du magasin	F	D	D
Loyer du siège	F	I	D/I
Frais du service travaux généraux	F	D/I	D/I
Frais de la Direction Marketing	V/F	I	D
Frais d'encaissement Carte Bleue	V	D	D
Frais d'exploitation informatique	V/F	I	D
Pertes d'inventaire	V	D	D

Partie 2
Les méthodes

CHAPITRE 3
Les coûts partiels

Ce qu'il faut retenir

La contribution simple, c'est-à-dire le prix de vente d'un produit moins son coût variable unitaire, est une notion fondamentale qui permet :

– de déterminer le point mort ou seuil de rentabilité d'une activité ;

– de comparer deux modes de production, de distribution ayant des coûts fixes et des coûts variables différents.

Elle est utilisée dans de nombreuses situations de gestion, pour analyser les rentabilités des produits ou des activités, pour moduler une politique tarifaire, pour appréhender le risque lié à une variation de la demande.

Les systèmes de comptabilité de gestion peuvent être organisés en faisant apparaître de façon prioritaire certaines catégories de coûts, par exemple les coûts variables (et les contributions simples) ou les coûts directs, ou bien encore une combinaison de coûts directs et variables.

Comme nous l'avons vu dans le chapitre 2, il existe plusieurs façons de classer les coûts. Dans le chapitre 3, nous allons étudier les modèles et méthodes dits de « coûts partiels », c'est-à-dire les raisonnements et systèmes de comptabilité de gestion qui ne mettent en jeu que certains types de coûts. Plus précisément, ces méthodes et modèles font appel soit à une typologie coûts fixes/coûts variables soit à une typologie coûts directs/coûts indirects.

Ce chapitre se compose de deux parties relativement distinctes :

– **la première partie** (sections 1 et 2) est centrée sur la typologie coûts fixes/coûts variables. Elle en montre toutes les applications managériales, au niveau du produit ou de décisions ponctuelles ;

– **la seconde partie** (section 3) se place au niveau des systèmes de comptabilité de gestion et non plus au niveau d'un produit ou d'une décision. Elle présente les options possibles pour les systèmes de coûts partiels (variable, direct, mixte), leurs avantages et leurs inconvénients pour le suivi des performances et la prise de décision. La dernière section de ce chapitre propose donc une vision plus agrégée, plus synthétique des méthodes de coûts partiels.

1. Contribution simple, seuil de rentabilité et seuil d'indifférence

Dans cette première section, nous verrons successivement :

– les notions élémentaires sur lesquelles s'appuie l'analyse en coûts variables ;

– le calcul du seuil de rentabilité et du seuil d'indifférence qui permet ensuite de comprendre comment on peut utiliser l'analyse en coûts variables pour la prise de décision.

A - Les notions élémentaires

a) Définitions

Pour raisonner selon un modèle dit de « coûts variables », il faut d'abord préciser ce qu'est un coût variable. Le plus souvent, on considère qu'un coût est variable s'il dépend du niveau d'activité (du service, de l'entreprise).

Voici les principales notions de base utilisées dans les modèles de coûts variables :

– les coûts variables totaux, qui varient avec le niveau d'activité ;

– le coût variable unitaire ; attention ! il ne varie pas, sauf exception, avec le niveau d'activité[1] ;

– les coûts fixes, qui ne varient pas en fonction du niveau d'activité, pour une plage pertinente d'activité et un horizon de temps défini. On évitera, autant que faire se peut, « d'unitariser » ces coûts fixes, c'est-à-dire de les diviser par un volume d'activité ;

– la marge sur coût variable unitaire est la différence entre le prix de vente et le coût variable unitaire. Cette marge est fréquemment appelée contribution ou « contribution simple » (sous-entendu : « elle contribue à la couverture des coûts fixes »), en particulier dans les manuels ou les entreprises anglo-saxonnes. C'est cette appellation que nous retiendrons dans la suite de ce chapitre ;

– la marge sur coût variable totale ou contribution totale est la différence entre le chiffre d'affaires et les coûts variables totaux.

Résumé des notations

CV : coûts variables
CVu : coût variable unitaire
CF : coûts fixes
n : niveau d'activité
PV : prix de vente unitaire
CA : chiffre d'affaires
Csu : contribution simple unitaire
Cs : contribution simple totale

avec Csu = PV – CVu et Cs = CA – CV

1. Bien sûr, les coûts matières par exemple peuvent décroître si l'on achète par grandes quantités, si l'on économise les matériaux lors de découpes… Pour l'instant, nous négligeons ces gains.

b) L'équation de résultat

Dans tous les cas de figure, le résultat est égal au chiffre d'affaires diminué de l'ensemble des coûts :

$$R = CA - CV - CF$$

c'est-à-dire : $R = n \times PV - n \times CVu - CF$

Dans la pratique, il est souvent utile de raisonner avec la contribution car cela facilite les calculs et permet d'utiliser une donnée qui ne dépend pas des volumes ; on écrit alors l'équation de résultat sous la forme :

$$R = n \times Csu - CF$$

c) La représentation graphique des coûts et du chiffre d'affaires

La comptabilité de gestion utilisant le plus souvent, pour des raisons pratiques, des fonctions de coûts linéaires[2], on représente l'ensemble de ces données par des droites (figure ci-contre).

2. Pour une comparaison entre les fonctions de coût vues par les économistes et les fonctions de coût vues par les gestionnaires, voir *L'analyse des coûts pour le management,* Gibert et de Lavergne, Économica, 1978, chapitres 1 et 2 ou *Management Accounting,* Atkinson, Banker, Kaplan & Young, Prentice Hall, 1997, p. 149-150.

La représentation graphique du chiffre d'affaires et des coûts

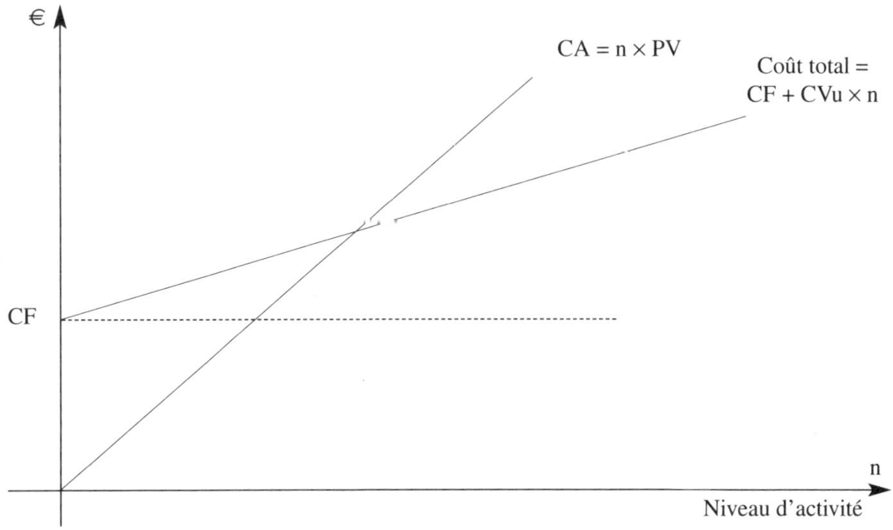

La droite « Coût total » a une ordonnée à l'origine (les coûts fixes) et une pente (le coût variable unitaire).

B - Le seuil de rentabilité

EXEMPLE

Calcul de seuil de rentabilité : le vol Paris/New-York

Un avion s'apprête à effectuer un vol Paris/New-York.

Les coûts fixes (équipage, amortissement de l'avion...) s'élèvent à 150 000 €.

Le prix de vente du billet est de 600 €.

Le coût variable d'un passager (repas...) est de 15 €.

Question : Combien faut-il avoir de passagers pour commencer à faire du profit ?

Réponse :

– Chaque passager dégage une contribution simple de 585 € (600 € – 15 €).

– Pour couvrir les coûts fixes, il faut donc $\frac{150\,000\ €}{585\ €}$ soit 257 passagers.

Définition

Le seuil de rentabilité ou **point mort** est le niveau d'activité à partir duquel le résultat est positif.

Le point mort peut se calculer à partir de l'équation de résultat, en prenant R = 0, c'est-à-dire que l'on cherche la quantité n telle que :

$PV \times n - CF - Cvu \times n = 0$,

ce qui équivaut à $$\mathbf{n = \frac{Coûts\ fixes}{Contribution\ unitaire}}$$

Dans cette formule, le point mort s'exprime toujours en volume.

Graphiquement, le point mort se trouve à l'intersection de la droite de chiffre d'affaires et de la droite de coût total. Cet exemple est illustré dans la figure suivante (qui, pour des raisons de lisibilité, ne respecte pas les ordres de grandeur).

La représentation graphique du point mort

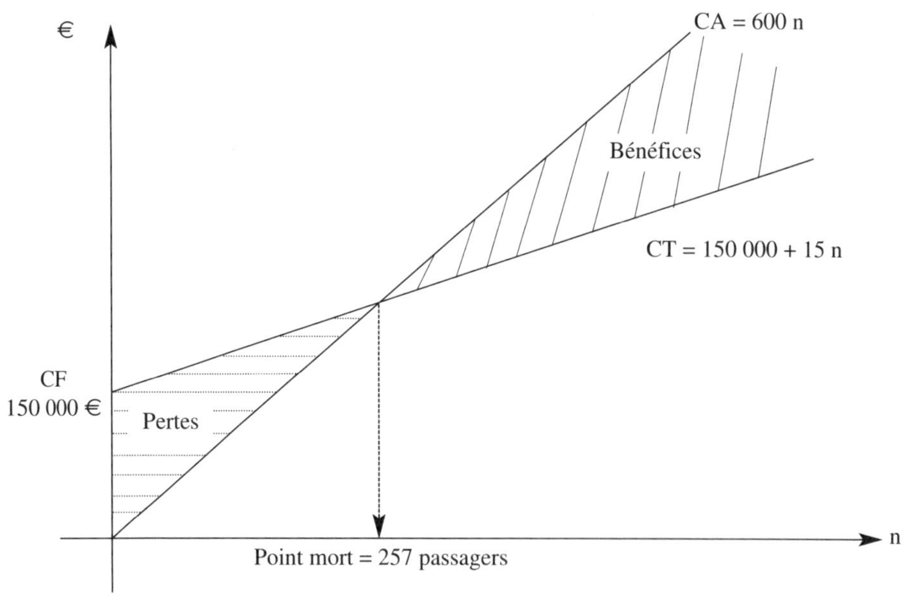

Il est également possible de représenter graphiquement le point mort en s'appuyant sur la contribution simple unitaire, qui est dans notre exemple de 585 € (voir figure ci-dessous). Dans ce cas, le point mort se trouve à l'intersection de la droite de coûts fixes et de la droite représentant la contribution simple totale.

Une autre représentation graphique du point mort

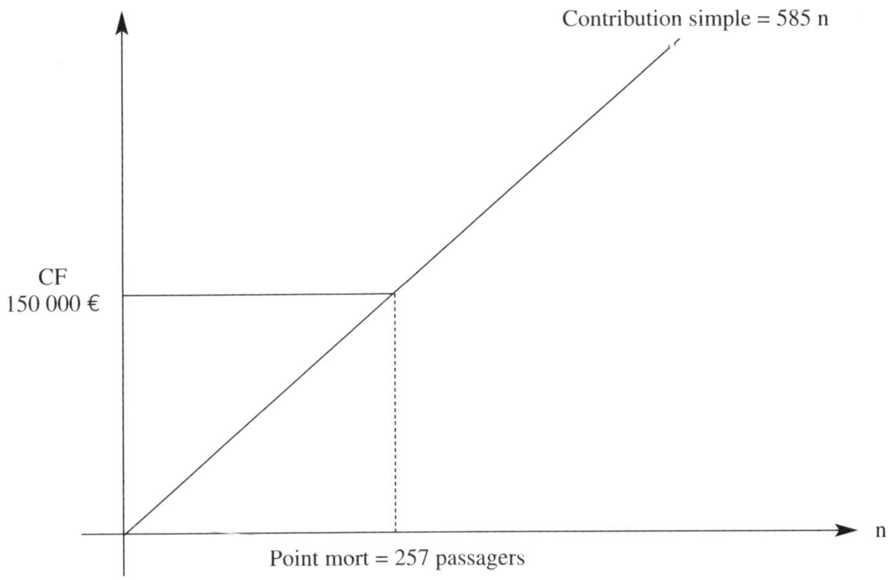

Lorsqu'une entreprise n'atteint pas son point mort, différentes actions sont possibles :

– augmenter le prix de vente ;

– réduire les coûts fixes ;

– diminuer le coût variable unitaire ;

ou une combinaison de ces actions.

L'équation de résultat permet de savoir quel va être l'impact de ces différentes actions sur le résultat. De même, elle permet d'effectuer des simulations pour déterminer les conséquences de variations dans les volumes, les prix de vente, etc.

C - Le seuil d'indifférence

EXEMPLE

Calcul de seuil d'indifférence : la Dingo essence ou diesel ?

La Dingo moteur essence coûte 11 000 €. Elle consomme 8 litres d'essence aux 100 km (à 1 € le litre).

La Dingo moteur diesel coûte 13 000 €. Elle consomme 6 litres de gasoil aux 100 km (à 0,7 € le litre).

Question

Si vous achetez une Dingo diesel, au bout de combien de temps les économies de carburant auront-elles compensé la différence de prix d'achat, sachant que vous effectuez en moyenne 20 000 km par an ?

Réponse

– La différence de prix d'achat est de 2 000 €.

– Les coûts de fonctionnement annuels sont de :

- 20 000 × 8 / 100 × 1 € soit 1 600 € pour la Dingo essence
- 20 000 × 6 / 100 × 0,7 € soit 840 € pour la Dingo diesel

– La différence de coût de fonctionnement annuel de 760 € compensera donc la différence de prix d'achat au bout de 2,63 années (2 000/760). On appelle ce point « **seuil d'indifférence** ».

Généralisation

De nombreuses situations ou décisions de gestion amènent à comparer deux ou plusieurs solutions qui se différencient par leurs niveaux de coûts fixes et de coûts variables :

– Faut-il acheter des produits ou équipements moins coûteux initialement mais qui génèrent des coûts de fonctionnement ou de maintenance plus élevés ?

– Faut-il acheter ou louer des matériels ?

– Faut-il produire soi-même ou sous-traiter ?

– Faut-il utiliser des formules d'abonnement ou payer en fonction des consommations réalisées ?

– Etc.

Tous ces problèmes peuvent être éclairés par le calcul du seuil d'indifférence, point pour lequel les deux solutions sont équivalentes ; en deçà du seuil d'indifférence, on préfèrera la solution qui a les coûts fixes les plus bas et au-delà du seuil d'indifférence, on préfèrera la solution qui a le coût variable unitaire le plus bas.

Calcul du seuil d'indifférence

Solution 1	**Solution 2**
CF1	**CF2**
CVu1	**CVu2**

n : niveau d'activité tel que

$$CF1 + n \times CVu1 = CF2 + n \times CVu2$$

$$n = \frac{CF1 - CF2}{CVu2 - CVu1}$$

Remarque : le seuil d'indifférence se trouve à l'intersection des droites de coût total représentant chaque solution :

La détermination du seuil d'indifférence

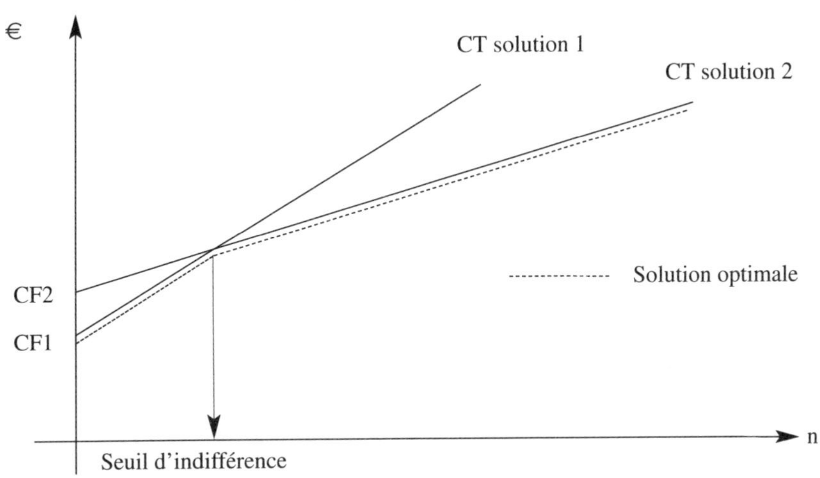

2. *Les implications managériales du concept de contribution*

Les implications et utilisations du raisonnement en contribution au sein de l'entreprise sont très nombreuses. Nous allons en mentionner quelques-unes avant de conclure sur les précautions à prendre quand on a recours à ce type d'analyse.

A - Analyse de rentabilité des produits, des activités ou des clients

EXEMPLE

Analyse de rentabilité : le produit Lambda

Voici le compte de résultat d'un produit Lambda.

Chiffre d'affaires	100 €
– Coûts variables	65 €
– Coûts fixes directs	15 €
– Coûts fixes indirects affectés à Lambda*	35 €
= Résultat analytique :	**–15 €**

Question : *Faut-il supprimer le produit Lambda ?*

Réponse : Si l'on supprime le produit Lambda, les 50 € de coûts fixes, directs et indirects, ne vont pas disparaître immédiatement. À court terme, ils seront supportés par d'autres produits qui verront leur marge diminuée d'autant, même si l'objectif de l'entreprise à moyen terme est de réduire ces coûts, en particulier les coûts fixes directs.

De fait, la contribution simple de Lambda est positive : 35 €. Si on supprime ce produit, on se prive de cette contribution.

De plus, la contribution évoluée de Lambda, c'est-à-dire sa marge sur coûts variables et coûts fixes directs (100 € – 65 € – 15 € = 20 €) est positive.

---

* Voir au Chapitre 4 les méthodes d'allocation des coûts indirects.

Enfin, le résultat analytique négatif de Lambda tient compte des coûts fixes indirects qui peuvent avoir été affectés arbitrairement au produit.

On retiendra donc (schéma ci-dessous) :

– qu'on ne supprime pas un produit (ou une activité ou un client, etc.), en se fondant uniquement sur son résultat analytique ;

– que si l'on supprime un produit (ou une activité, ou un client) dont la contribution simple est positive, il y aura un « manque à gagner » que l'entreprise devra compenser.

Vocabulaire

CA - coûts variables = contribution simple
CA - coûts variables - coûts fixes directs = contribution évoluée
CA - coûts variables - coûts fixes directs - coûts fixes indirects = résultat analytique

La décision de suppression d'un produit

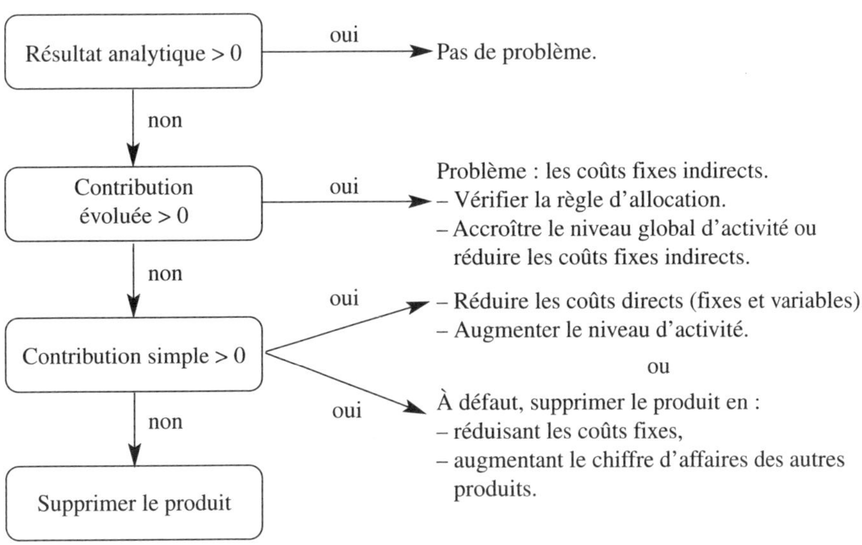

B - Décisions de tarification

Sur le long terme, les prix de vente pratiqués par une entreprise doivent lui permettre de couvrir ses coûts complets et de dégager une marge. Mais, à court terme, d'autres pratiques de tarification peuvent exister.

EXEMPLE

Tarification marginale : le vol Paris/New-York (suite)

Question : *L'avion est sur le point de partir. Un passager se présente à la dernière minute. Quel est le prix de vente minimum qu'on peut lui proposer ?*

Réponse : Si l'avion est sur le point de partir et qu'il n'est pas plein, chaque passager qui paie plus de 15 € est bienvenu car il dégage une **contribution simple positive.**

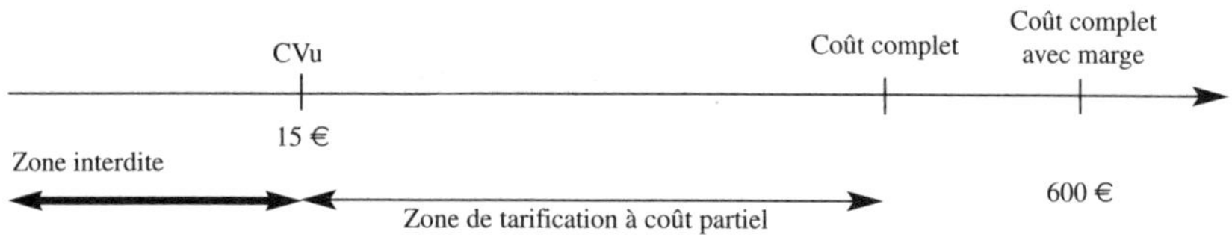

Généralisation

Une entreprise peut décider de pratiquer la tarification à coût partiel pour diverses raisons :

– surcapacité provisoire ;

– stratégie, par exemple pour conquérir de nouveaux marchés ou concurrencer un autre produit ;

– ajout d'un produit ou d'une variante d'un produit au sein d'une gamme, ou acceptation d'une commande exceptionnelle en plus de la production habituelle.

On retiendra :

– que la contribution simple doit toujours rester positive ;

– que le raisonnement en contribution simple n'est valide que si les coûts fixes, directs et indirects, ne sont pas modifiés par la décision ;

– que la tarification à coût partiel ne peut pas s'appliquer en même temps, à tous les produits, à tous les clients, à tous les marchés car elle n'assure pas la pérennité de l'entreprise ;

– qu'il faudra souvent veiller à « cloisonner » les différents marchés pour protéger les ventes réalisées « à coût complet + marge », si l'on pratique une tarification à coût partiel.

Les articles de presse ci-dessous donnent des exemples de pratiques de tarification différenciée dans des entreprises de service.

Tarification et rentabilité

Depuis novembre dernier, l'enseigne Physiomins, spécialisée dans les cures d'amincissement, a lancé les « happy hours » de la minceur. Dans ses 106 instituts, les prix fondent de 20 % le matin avant 11 heures et l'après-midi de 14 heures à 16 heures. « *Pendant ces périodes, nos cabines étaient quasi vides*, explique Édouard Falguières, responsable marketing et communication du réseau. *Nous avons voulu inciter nos clientes à changer leurs habitudes*.»

Étalez la demande pour satisfaire tout le monde

Et cela a marché ! En six mois, l'affluence a doublé durant les heures creuses et le chiffre d'affaires des centres a fait un bond de 25 %. Physiomins épouse avec succès une tendance de fond du marketing : la flexibilité des tarifs. Pratiquée depuis longtemps dans l'hôtellerie ou les transports, cette modulation ne cesse de gagner du terrain : la chaîne de restaurants Hippopotamus offre une ristourne de 30 % entre 14 h 30 et 19 h 30 ; les cinémas UGC proposent la place à 29 francs pour la séance matinale au lieu de 45 francs en temps normal ; le Gymnase Club, avec son abonnement Temps libre, consent un rabais de 1 000 francs, soit 30 % de réduction, à condition de n'utiliser les installations que pendant les heures creuses...

Jours creux ou jours pleins, c'est toujours plein

Le 3 mars dernier, en plein Salon du prêt-à-porter, l'hôtel Concorde Lafayette, à Paris, affichait complet. Impossible d'y passer la nuit pour moins de 1 850 francs. Pour trouver une chambre meilleur marché, les budgets serrés ont dû attendre le 6 mars, un jour plus « creux ». Le prix de la nuit variait alors de 1 300 francs à 1 850 francs. Soldes de dernière minute ? Non ! Tout a été planifié grâce au logiciel de « yield management » dont s'est équipé l'hôtel il y a trois ans. Le principe ? « *Nous avons une douzaine de tarifs correspondant à différentes cibles : particuliers, hommes d'affaires, groupes, etc. Si le logiciel prévoit une forte affluence, nous ne gardons que les clients qui paient le prix fort* », explique Emmanuel Scuto, responsable du programme. Résultat : l'hôtel fait le plein (+ 3 à + 5 % d'occupation chaque année) en ne bradant que quand c'est opportun. Le prix de la chambre a grimpé de 15 % en moyenne.

« Le prix fixé, c'est fini », p. 61-62, *Management*, juin 2000. Extraits.

C - Diagnostic d'entreprise

Le repérage de la structure de coûts d'une entreprise ou d'une activité, et plus particulièrement la répartition entre coûts fixes et coûts variables est un élément déterminant de son diagnostic. Examinons le cas de deux entreprises, Varus et Fixus.

EXEMPLE

Sensibilité du résultat aux structures de coût : Varus et Fixus face à une variation d'activité

Structures de coût comparées

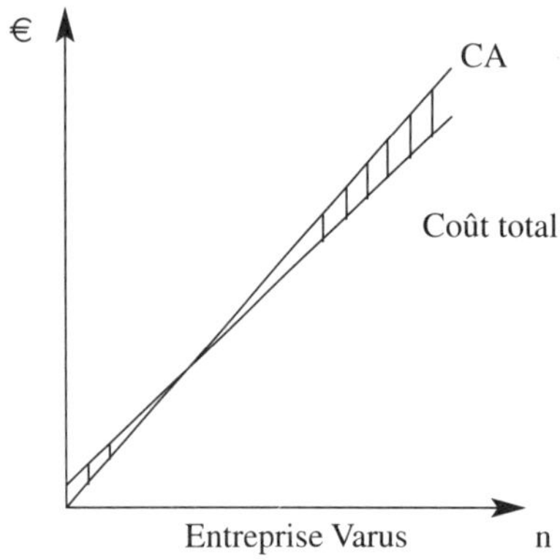

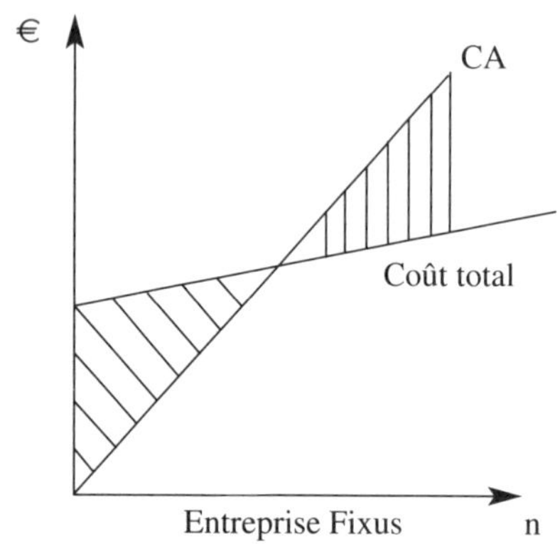

Avec un niveau d'activité de 100 000 unités, Varus et Fixus sont au point mort.

	Varus	Fixus
Volume	100 000 u	100 000 u
PV	1 €	1 €
CA	100 000 €	100 000 €
CF	10 000 €	90 000 €
CVu	0,9 €	0,1 €
Résultat	**0**	**0**

Si le niveau d'activité augmente de 10 %, Fixus a un résultat très supérieur à Varus.

	Varus	Fixus
Volume	110 000 u	110 000 u
CA	110 000 €	110 000 €
Σ coûts	109 000 €	101 000 €
Résultat	**1 000 €**	**9 000 €**
Soit en % du CA	1,1 %	8,2 %

De même, si le niveau d'activité baisse de 10 %, le résultat de Fixus se dégrade beaucoup plus que celui de Varus.

	Varus	Fixus
Volume	90 000 u	90 000 u
CA	90 000 €	90 000 €
Σ coûts	91 000 €	99 000 €
Résultat	**–1 000 €**	**-9 000 €**
Soit en % du CA	–1,1 %	–10 %

On observe que le résultat de Varus dépend peu des variations de son niveau d'activité. À l'opposé, dès que Fixus s'éloigne de son point mort, elle réalise des pertes ou des bénéfices importants. Varus est donc mieux armée que Fixus pour travailler dans un environnement instable et imprévisible.

Cette sensibilité du résultat à la structure de coûts incite beaucoup d'entreprises à « variabiliser » leurs coûts (main-d'œuvre temporaire, location de matériel, etc.) afin de se rendre moins vulnérables à des variations de niveau d'activité. L'article ci-dessous analyse de façon plus large les motivations des industriels qui décident de sous-traiter leur activité de production.

zéro usine, zéro souci ?

Confrontés à des contraintes financières et sociales, des industriels se délestent de leurs outils de production.

Serge TCHURUK, le P-DG d'Alcatel, n'a rien inventé. L'entreprise sans usine ne date pas d'hier. Mais le recours massif à la sous-traitance, qui se limitait à quelques secteurs industriels, est un phénomène qui prend de l'ampleur. L'électronique, les télécoms, l'agroalimentaire, le luxe et même les services s'y sont mis. L'entreprise virtuelle sera-t-elle le modèle du XXIe siècle ?

De grandes marques ne fabriquent plus leurs produits depuis belle lurette. Coca-Cola a conquis la planète en laissant à d'autres le soin de produire, embouteiller et distribuer son célébrissime soda. La firme d'Atlanta se contente de percevoir des redevances, de développer le marketing et la publicité. De la même façon, des groupes aussi divers qu'Ericson, Cisco, Sara Lee ou Nestlé sont en train de se défaire d'une partie de leurs unités de production au profit des sous-traitants. « Nous n'allons conserver que trois usines à vocation mondiale pour nos produits stratégiques et sous-traiter tous les autres articles », confiait récemment Uwe Specht, le directeur de la branche cosmétique de Henkel (lessives Persil, Super Croix, et Le Chat, produits Fa). Le groupe de Düsseldorf est l'un des premiers marchands de savon et de détergents de la planète mais il n'en fabrique plus lui-même depuis plusieurs années.

La faute aux consommateurs et à la Bourse

Même le luxe a sauté le pas. « C'est un mouvement de fond qui touche peu à peu toutes les industries, analyse Philippe Jaegy, directeur associé du cabinet Solving international. Les premiers ont été les constructeurs automobiles et aéronautiques, suivis maintenant par les fabricants d'équipement télécom et demain les producteurs de biens de grande consommation tels que l'alimentaire et l'entretien. »

Ce serait la faute aux consommateurs qui veulent des produits de plus en plus personnalisés et non plus des biens uniformes produits en grande série. « Cela crée une hypersegmentation des marchés qui oblige à produire en séries courtes et plus coûteuses ou alors à confier la production à un grand spécialiste mondial de chaque produit », analyse Philippe Jaegy.

Des secrets fort mal gardés
Ainsi, le marché des machines expresso, qui connaît un grand développement en France, est entre les mains d'un seul fabricant, le suisse Eugster Frismag. « Nos clients sont de grandes entreprises de renom international qui vendent les machines sous leurs propres marques », reconnaît-on volontiers chez Eugster Frismag. En gros, Krups (groupe Moulinex), Magimix et Alessi, les trois leaders des cafetières à pompe, se contentent de créer le design des appareils, de les commercialiser et d'en assurer le service après-vente. Bien entendu, ces différentes missions peu-vent ausi être confiées à des prestataires extérieurs : cabinets de design, grossistes, spécialistes de la relation client. L'entreprise peut alors se concentrer sur la promotion de ses marques et se délester de budgets importants tels que la recherche ou le fonctionnement d'une usine.
Une autre pression, tout aussi forte, est celle qu'exerce la Bourse. « Le retour sur investissement des fabricants est plus faible que celui des entreprises de service, aussi les investisseurs se détournent-ils des valeurs industrielles », confirme un analyste. Cette externalisation croissante s'explique aussi par la série de contraintes extérieures qui s'exercent sur les industriels : saturation des marchés des pays riches, pressions sur les prix des grands clients tels que la distribution ou l'industrie automobile. « Les indus-triels réalisent qu'il est beaucoup plus confortable d'être un client qu'un fournisseur. C'est pourquoi ils se transforment en clients », indique Philippe Jaegy…
Restaurer une relation de confiance
Les conséquences de ce phénomène sont diverses. Tout d'abord d'un point de vue stratégique, les industriels diminuent au maximum les coûts fixes afin de mieux se protéger d'une conjoncture défavorable. Même en ne vendant que des petits volumes, les entreprises comptent réussir à être rentables. En transférant la production à des sous-traitants, les dirigeants privilégient le droit commercial et les relations clients-fournisseurs à celles, plus délicates, régies par le droit du travail. Les questions de qualité et de délais l'emportent ainsi sur celles des revalorisations de salaires ou de la durée du temps de travail. « Luciano Benetton avait annoncé la couleur en externalisant l'essentiel de sa production : ainsi il n'avait plus à gérer les relations avec les syndicats à une époque difficile de ce point de vue, les années 70 », rapporte Frédéric Fréry, professeur à l'ESCP-EAP et auteur de Benetton ou l'entreprise virtuelle.

« Zéro usine, zéro souci ? »
Le Figaro Entreprises,
p. 7-8, 9 juillet 2001.
Extraits

D - Précautions d'utilisation

La simplicité et la pertinence de la contribution simple ne doivent pas faire oublier qu'elle présente des risques si elle est utilisée dans de mauvaises conditions. Nous avons déjà évoqué certaines de ses limites. Plus généralement, il faut noter les points suivants :

– l'analyse coûts fixes/coûts variables est essentiellement une analyse **à court terme**. Elle travaille sur les prix de vente, les volumes, et suppose figés les autres éléments de l'entreprise (coûts variables unitaires, coûts fixes). Ceci ne sera jamais vrai à moyen ou à long terme, ou si l'on s'éloigne sensiblement de la « plage pertinente d'activité » ;

– l'analyse coûts fixes/coûts variables est essentiellement « **locale** ». Elle se focalise sur un produit, une activité, un atelier, un client, une commande… mais elle ne permet pas d'envisager une entreprise dans sa globalité ou de recenser les effets induits d'une décision complexe.

Au total, l'analyse des contributions simples permet de travailler en **différentiel**, à la marge, par rapport à des situations existantes. Elle n'est pas pertinente lorsque la décision à prendre modifie de façon importante les paramètres fondamentaux de l'entreprise (répartition des produits, niveau des coûts fixes, etc).

3. Les systèmes de gestion en coûts partiels

Jusqu'ici, nous avons vu comment les notions de coûts fixes et coûts variables pouvaient être utilisées de façon ponctuelle, pour raisonner sur un produit, analyser une entreprise, prendre une décision.

Mais, à un niveau plus global, la partition des coûts en différents sous-ensembles est utilisée de façon systématique dans les entreprises pour produire des informations sur les unités de production ou de commercialisation, les lignes de produit, les segments de marché, etc.

La collecte d'informations portant sur les coûts et leur traitement de façon régulière et systématique peut revêtir plusieurs formes :

– soit l'on privilégie la partition coûts directs/coûts indirects, et l'on fait apparaître des marges sur coûts directs ;

– soit l'on privilégie la partition coûts fixes/coûts variables, et l'on fait apparaître des marges sur coûts variables ;

– soit encore on combine les deux partitions, pour faire apparaître des niveaux successifs de marge. La marge finale obtenue (CA – coûts variables – coûts directs) sera appelée, selon les entreprises et les auteurs, marge semi-brute, contribution, marge sur coût variable évoluée, etc.

D'une façon plus générale, il faut retenir que chaque entreprise construit « les marges » dont elle a besoin pour analyser son activité et qu'elle choisit une terminologie qui lui est propre. Il est donc préférable de ne pas se fier entièrement aux appellations rencontrées mais de toujours vérifier à quoi correspond chaque niveau de marge et comment il a été construit.

A - Les systèmes de coûts directs

Ils consistent à isoler les coûts directs pour les affecter à des produits, unités, clients, etc. Toutes les charges indirectes sont intégrées au compte de résultat, ultérieurement. Le schéma ci-après illustre l'approche en coût direct dans une entreprise ayant deux produits P1 et P2.

Les systèmes de coûts directs

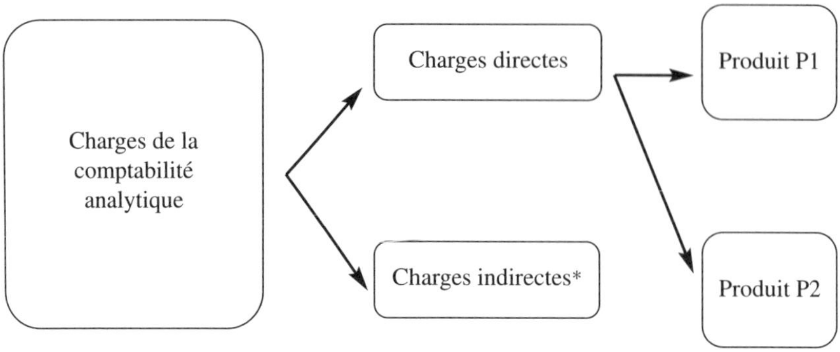

* Ces charges ne sont pas incluses dans le calcul des coûts des produits.

Dans un système de coût direct, la présentation des résultats fait apparaître une marge sur coût direct pour chacune des entités considérées (voir tableau ci-dessous).

Présentation des résultats dans un système de coûts directs

Produit P1	Produit P2	Total
CA de P1 – Coûts directs P1	CA de P2 – Coûts directs P2	CA Total – Total des charges directes
= Marge sur coût direct P1	= Marge sur coût direct P2	= Marge sur coût direct
		– Charges indirectes
		= Résultat

Ces systèmes permettent de présenter les résultats d'un chantier, d'une usine, d'une division, etc., sans leur affecter des coûts indirects qu'ils ne maîtrisent pas. On peut donc ainsi évaluer de façon « objective » ces résultats et les comparer à ceux d'autres entités.

Bien entendu, la mesure des coûts directs et des marges sur coûts directs ne présente d'intérêt que lorsque la part des coûts directs dans l'ensemble des coûts est importante, donc significative. Les sytèmes de coûts directs sont donc particulièrement adaptés à des activités jouissant d'une forte autonomie (par exemple le BTP, l'hôtellerie) ou à faible valeur ajoutée (par exemple le négoce).

À titre d'exemple, on trouvera ci-dessous la présentation des résultats d'un hôtel. On notera que la notion de coûts directs intervient à deux niveaux :

– au niveau des différentes activités de l'hôtel (restauration, hébergement, etc.), les coûts indirects sont ceux qui sont communs à l'ensemble de ces activités (réservation, direction générale, etc.) ;

– au niveau de l'hôtel lui-même, les coûts indirects sont alors ceux qui sont décidés et gérés par la chaîne hôtelière et communs à l'ensemble des hôtels.

Calcul des marges sur coûts directs dans un hôtel

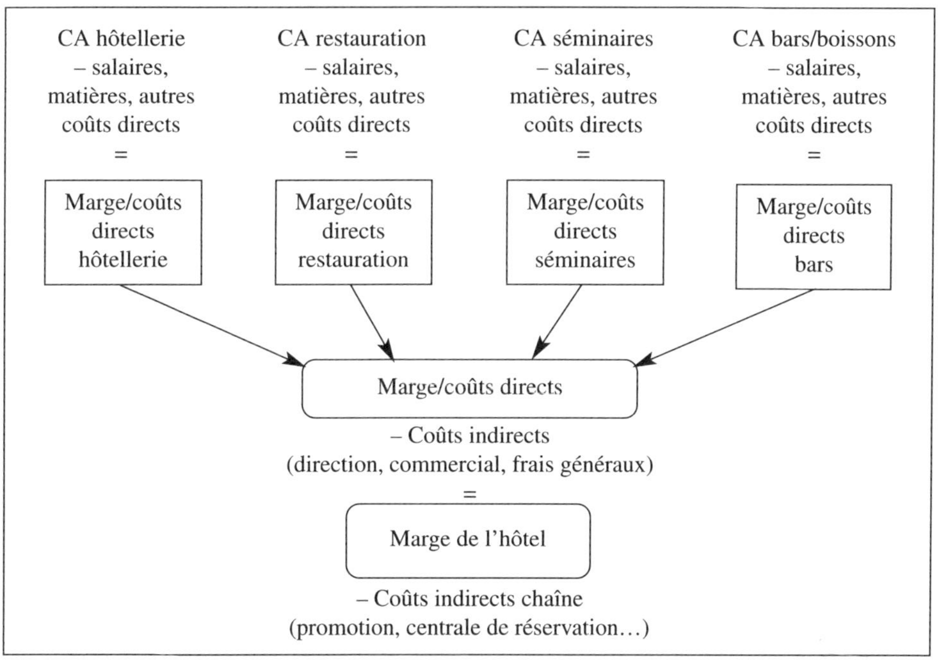

B - Les systèmes de coûts variables

Ils consistent à isoler les coûts variables pour les affecter à des produits, des unités, des clients, etc. Toutes les charges fixes sont intégrées au compte de résultat ultérieurement. La figure ci-après présente l'application d'une approche en coût variable dans le cas d'une entreprise ayant deux produits.

Les systèmes de coûts variables

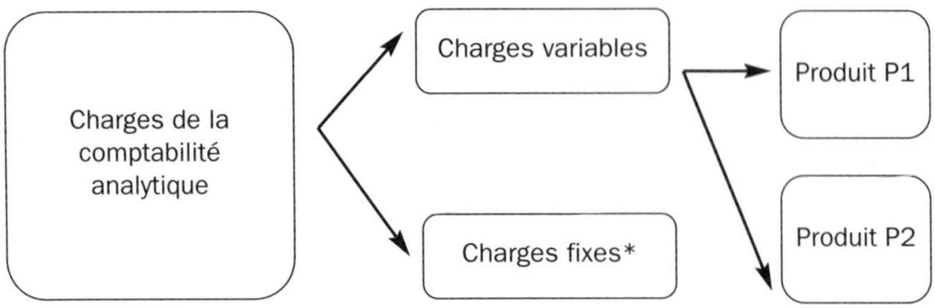

* Ces charges ne sont pas incluses dans le calcul des coûts des produits.

⚠ On emploie souvent en entreprise le terme de « *direct costing* » ; celui-ci désigne, selon les cas, des systèmes en coûts directs ou des systèmes en coûts variables. Seule une analyse de ces systèmes permet de dire sur quel principe ils sont fondés.

La présentation des résultats s'effectue de la façon suivante :

Présentation des résultats dans un système de coûts variables

Produit P1	**Produit P2**	**Total**
CA de P1 – Coûts variables P1	CA de P2 – Coûts variables P2	CA Total – Total des charges variables
= Marge sur coût variable P1 ou contribution simple	= Marge sur coût variable P2 ou contribution simple	= Marge sur coût variable ou contribution simple
		– Charges fixes
		= Résultat

Nous avons déjà vu dans les deux sections précédentes les nombreuses décisions qui s'appuient sur la typologie coûts fixes/coûts variables. Le fait de produire cette information de façon systématique dans la comptabilité de gestion focalise les gestionnaires sur la nécessité de maximiser la marge sur coûts variables et de couvrir les coûts fixes. Ce type de document de gestion permet d'imaginer et de mesurer le résultat d'actions ayant un impact sur l'équation coût/volume/profit, telles que modification de la politique tarifaire, modification du mix-produit, etc.

L'exemple suivant permet de voir l'incidence d'une modification du mix-produit sur le résultat, pour un même volume de ventes.

EXEMPLE

Amélioration du résultat par le mix-produit : la boulangerie Dupont

Situation initiale : vente de baguettes ordinaires (1 000 par jour) :

	Baguettes ordinaires
Quantité	1 000
Prix de vente	0,7 €
Coût variable unitaire	0,2 €
Contribution simple unitaire	0,5 €
Contribution simple totale	**500 €**

Coûts fixes = 400 €

Situation après introduction de baguettes du Meunier :

	Baguettes ordinaires	Baguettes du Meunier	Total
Quantité	500	500	1 000
Prix de vente	0,7 €	0,9 €	
Coût variable unitaire	0,2 €	0,28 €	
Contribution simple unitaire	0,5 €	0,62 €	
Contribution simple totale	250 €	310 €	**560 €**

Coûts fixes = 400 €

On voit donc que la contribution s'est améliorée. Ce raisonnement est valable tant que la vente de baguettes du Meunier ne modifie pas les coûts fixes de la boulangerie. Si cela était le cas, il faudrait introduire la variation des coûts fixes dans l'analyse comparative des deux situations.

C - Les systèmes mixtes

Comme nous l'avons déjà dit, il existe une grande variété de systèmes mixtes. Partant du chiffre d'affaires, ces systèmes soustraient en général d'abord les coûts variables, pour obtenir une marge sur coût variable ; puis ils retranchent les coûts fixes directs (associés à un produit, à un client, etc.) pour obtenir une nouvelle marge. Dans une entreprise, ce type de calcul peut s'effectuer selon toutes les dimensions (produit, marché, couple produit-marché, etc.) que le manager juge pertinentes pour son activité.

À titre d'illustration, nous présentons ci-dessous le tableau de synthèse de calcul des marges de l'entreprise Chiff'mod, qui distribue deux lignes de produits dans deux types de magasins, ceux qu'elle possède en propre, et ceux qui sont en franchise[3].

EXEMPLE

Analyse de contributions multidimensionnelles : les résultats de Chiff'mod

		Lingerie	Maillots	Total
Magasins maison	CA	2 000 000 €	1 500 000 €	3 500 000 €
	CV	900 000 €	1 000 000 €	1 900 000 €
	Contribution	1 100 000 €	500 000 €	1 600 000 €
	Taux de contribution	55 %	33 %	46 %
Magasins franchisés	CA	1 400 000 €	900 000 €	2 300 000 €
	CV	770 000 €	690 000 €	1 460 000 €
	Contribution	630 000 €	210 000 €	840 000 €
	Taux de contribution	45 %	23 %	37 %
Total lignes de produits	CA	3 400 000 €	2 400 000 €	5 800 000 €
	CV	1 670 000 €	1 690 000 €	3 360 000 €
	Contribution	1 730 000 €	710 000 €	2 440 000 €
	Taux de contribution	51 %	30 %	42 %
Coûts directs lignes de produits	Salaires chefs de produits	300 000 €	250 000 €	550 000 €
	Publicité	100 000 €	200 000 €	300 000 €
	Total	400 000 €	450 000 €	850 000 €
	Marge nette lignes de produits	1 330 000 €	260 000 €	1 590 000 €
	– Coûts des magasins			660 000 €
	– Coûts indirects fixes (siège)			600 000 €
	Résultat global			**330 000 €**

Dans ce chapitre, nous avons vu comment la partition des coûts en différents sous-ensembles pouvait éclairer de nombreuses décisions de

3. Ce type d'analyse fera l'objet d'un plus ample développement au chapitre 8.

gestion. Ces méthodes seront à nouveau utilisées dans le chapitre 8, pour la résolution de cas plus complexes.

Mais auparavant, les chapitres 4 et 5 de ce livre vont examiner les méthodes de « coût complet », qui ont précisément pour but de calculer le coût de revient de produits ou de services en prenant en compte la plupart des coûts générés par leur réalisation.

POUR ALLER PLUS LOIN...

Les situations de multi-produits

Bien que l'analyse de contribution simple et le calcul du point mort soient avant tout conçus pour une application à un seul produit, on peut être amené à travailler dans d'autres contextes.

Avec deux ou trois produits : le point mort du « super produit »

Dans le cas où l'on a deux produits, ayant chacun un prix de vente et un coût variable unitaire, on peut construire un « super produit » et calculer un point mort en chiffre d'affaires, **si la répartition entre les deux produits est connue et stable.**

Exemple :

Produit A	Produit B
CVa	CVb
PVa	PVb
$^1/_4$ des ventes en volume	$^3/_4$ des ventes en volume

Le « super produit » contient 1 produit A et 3 produits B.

Son prix de vente est PVa + 3 PVb = PVS.

Son coût variable est CVa + 3 CVb = CVS.

Sa contribution est PVS – CVS.

Le point mort en chiffre d'affaires est alors : $\frac{CF}{PVS - CVS} \times PVS$,

dont on peut déduire le nombre de produits A et B.

Avec de nombreux produits

Dans certains cas, et dans certains métiers (comme la distribution), on peut être amené à calculer un point mort pour de nombreux produits. Dans ce cas, il est plus aisé d'exprimer le point mort en chiffre d'affaires. Pour le calculer, il faut :

– déterminer le **taux de contribution** moyen : $\frac{\text{CA} - \text{CV}}{\text{CA}}$

– calculer le point mort en chiffre d'affaires : $\text{PM} = \frac{\text{CF}}{\text{taux de contribution}}$

La contribution par unité de ressource rare

Lorsque l'un des facteurs de production est limité, il devient plus intéressant de travailler, non pas avec les contributions des produits en valeur absolue, mais avec les contributions rapportées à la consommation de ce facteur de production. C'est ce que l'on appelle la contribution par unité de ressource rare.

EXEMPLE

Calcul de la contribution par unité de ressource rare : la supérette

La supérette vend des boîtes de sardines et des couches pour bébé :

	Boîtes de sardines	Couches pour bébé
Contribution simple	2 €	8 €
Linéaire occupé	2 cm	20 cm
Contribution simple par cm de linéaire	1 €/cm	0,4 €/cm

Si l'on raisonne uniquement en contribution simple, on peut être tenté de vendre le plus de couches possible pour maximiser la marge du magasin.

Mais, si l'on fait l'hypothèse que le centimètre de linéaire est la ressource la plus rare de la supérette, on calcule la contribution par unité de ressource rare de chacun des produits et on constate que, dans cet exemple, il vaut mieux vendre davantage de boîtes de sardines.

Cette décision doit cependant être modulée en tenant compte du contexte commercial : Quelle est la demande pour chacun des produits ? Les ventes des deux produits sont-elles liées ? Etc.

Ce raisonnement fondé sur le calcul de la contribution par unité de ressource rare peut être étendu à tout facteur de production limité (trésorerie, heures machines...) pour décider de l'affectation de ces ressources limitées à un produit ou un service.

CAS D'APPLICATION

Kamoptiko

La société Kamoptiko prépare le lancement d'une nouvelle caméra vidéo. Le prix de vente prévisionnel est de 1 000 €. Les coûts variables de production sont estimés à 450 € par unité. Les coûts fixes de production seront de 3 500 000 € par an si l'on vend moins de 12 000 caméras et que l'on peut travailler en une équipe. Au-delà de 12 000 caméras, ces coûts fixes de production monteront à 6 000 000 €. Le taux de commission sur ventes est de 5 %.

L'entreprise prévoit par ailleurs un budget publicitaire de 1 000 000 € par an.

1. *Quelle est la contribution unitaire d'une caméra ?*

2. *Déterminer les deux points morts relatifs aux deux plages d'activité.*

3. *Une étude de marché estime les ventes à 10 000 caméras pour un prix de 1 000 €. Toutefois, on pense que, si l'on baissait le prix de 10 %, les ventes augmenteraient de 20 % en volume. Quel prix de lancement assure le meilleur résultat ?*

Restaurant FJT

Le restaurant du Foyer des Jeunes Travailleurs de Val-Fleury enregistre en 2004 une perte de 5 650 €. M. Dufour, directeur du Foyer, se demande s'il sera possible, à l'avenir, de parvenir à l'équilibre pour cette activité.

En 2004, le restaurant a servi 18 200 repas dont le coût de revient global a été de 55 700 € ; plus précisément, les grandes rubriques de coût ont été les suivantes :

– Denrées	17 925 €
– Frais de personnel	28 400 €
– Amortissement de l'immeuble, des équipements et du matériel	2 760 €
– Lingerie	1 380 €
– Divers (administration, chauffage, électricité)	5 235 €

M. Dufour estimait que le coût des denrées et de la lingerie étaient des charges variant proportionnellement avec le nombre de repas servis, qu'au contraire les amortissements et les frais divers étaient des charges fixes. Quant aux frais de personnel, il pensait que la moitié d'entre eux en 2004 était constituée de frais indépendants du nombre de repas servis et que l'autre moitié pouvait être considérée comme des coûts variables.

Le restaurant encaissait 2,75 € par repas servi. La capacité de l'établissement permettait de servir annuellement jusqu'à 26 000 repas.

1. *Déterminez le nombre de repas que l'établissement devrait servir en 2005 pour atteindre l'équilibre financier.*

2. *M. Dufour ne pense pas que ce nombre puisse être atteint. Il prévoit seulement un nombre de 22 000 repas. Il se demande s'il peut atteindre l'équilibre en comprimant le coût variable unitaire. Qu'en pensez-vous ?*

3. *Il renonce également à ce moyen et voudrait savoir quel est le prix moyen par repas qui lui permettrait d'équilibrer son budget. Aidez-le.*

Village SSS

Sea, Sand and Sun est un charmant village de vacances situé sur une île française de la mer des Caraïbes. Revenant d'un stage à HEC-Management, le directeur, M. Géaux, profite d'un après-midi calme pour tenter d'utiliser son nouveau savoir.

Il s'intéresse à l'activité « hôtellerie » du village. SSS loue des chambres à deux lits, en pension complète. Les tarifs sont les mêmes, que la chambre soit occupée par une ou deux personnes, et s'élèvent à 300 €/semaine. L'hôtel de SSS compte 100 chambres.

La comptabilité analytique fournit à M. Géaux les informations suivantes, concernant l'activité hôtellerie de l'année passée :

– Chiffre d'affaires : 3 640 semaines à 300 € = 1 092 000 €
– Amortissements : 230 000 €
– Frais généraux (réception, administration, animation) : 200 000 €
– Achats (denrées, produits d'entretien, énergie, services) : 170 000 €
– Personnel de restauration : 230 000 €
– Personnel de ménage et d'entretien : 230 000 €
– Blanchisserie : 23 000 €

M. Géaux estime que les amortissements et les frais généraux sont plutôt des coûts fixes, que la blanchisserie et les achats varient en fonction de l'activité ; enfin il pense que le reste des dépenses de personnel (restauration et ménage) peut être considéré comme un coût fixe à 50 %.

1. *Quelle est la contribution d'une semaine vendue ? Quel est le point mort de l'activité hôtellerie, en nombre de semaines vendues, en taux d'occupation ?*

2. *Bien que la situation ne soit pas alarmante, M. Géaux cherche à améliorer son résultat d'exploitation.*

a. Un Tour Operator a récemment proposé à M. Géaux de s'occuper entièrement de l'activité commerciale. Il s'engagerait à lui garantir un taux d'occupation de 80 %. Mais le TO ne verserait à SSS que 270 € par semaine vendue. Que pensez-vous de cette proposition ?

b. M. Géaux se demande également s'il ne pourrait pas accroître son taux d'occupation durant l'automne (octobre, novembre, décembre).

Durant cette période creuse, SSS ne réalise que 15 % de son chiffre d'affaires.

Une étude de marché a montré qu'un tarif promotionnel de 215 € par semaine permettrait de doubler le nombre de semaines vendues sur ces trois mois. Dans ce cas, bien sûr, il ne serait plus possible d'héberger simultanément des clients à 300 € la semaine.

Ce tarif hors saison est-il intéressant pour SSS ?

3. *Pouvez-vous suggérer succinctement d'autres possibilités pour améliorer le résultat de l'activité hôtellerie ?*

La Boîte à Thés

La Boîte à Thés produit et vend 200 000 boîtes de thé vert chaque mois. Les coûts relatifs à cette activité se décomposent de la façon suivante :

Coûts de production variables	400 000 €
Coûts fixes de production	300 000 €
Coûts commerciaux variables	100 000 €
Coûts fixes d'administration et de vente	200 000 €
Total des coûts	**1 000 000 €**

Une boutique du Xe arrondissement propose d'acheter 10 000 boîtes au prix spécial de 4,5 € la boîte. La Boîte à Thés a la capacité de production nécessaire pour produire ces 10 000 boîtes mais elle devra payer des frais de transport et de vente supplémentaires de 0,3 €/boîte pour honorer cette commande.

Quel sera l'impact de cette commande sur le résultat de La Boîte à Thés si l'entreprise l'accepte ?

Cosmo

Cosmo gère deux boutiques de bibeloterie, une en centre ville et une dans un centre commercial. Un résumé des résultats du mois de novembre est présenté ci-dessous. Des informations complémentaires se trouvent à la suite du tableau.

	Ville	**Centre commercial**	**Total**
Ventes	120 000 €	80 000 €	200 000 €
- Coûts variables	84 000 €	32 000 €	116 000 €
Contribution simple	**36 000 €**	**48 000 €**	**84 000 €**
- Coûts fixes directs	40 000 €	20 000 €	60 000 €
Contribution évoluée	**(4 000) €**	**28 000 €**	**24 000 €**
- Coûts fixes communs	6 000 €	4 000 €	10 000 €
Résultat	**(10 000) €**	**24 000 €**	**14 000 €**

– Un quart des coûts fixes directs serait maintenu jusqu'au mois de décembre de l'année prochaine si l'un ou l'autre des deux magasins était fermé.

– Cosmo répartit les coûts fixes communs au prorata du chiffre d'affaires.

– Le directeur pense que la fermeture du magasin situé en ville entraînerait une baisse de 10 % des ventes de l'autre magasin, tandis que la fermeture du magasin situé dans le centre commercial n'affecterait pas les ventes du magasin de ville.

1. *Quelle hausse (ou baisse) du résultat mensuel (au cours de l'année qui vient) résulterait de la fermeture du magasin situé en centre ville ?*

2. *Cosmo envisage de lancer une campagne promotionnelle dans le* *magasin du centre ville, campagne qui n'aura pas d'impact sur l'autre magasin. Les dépenses publicitaires mensuelles du magasin du centre ville augmenteraient de 5 000 € et permettraient un accroissement des ventes de 10 %. Quelle hausse (ou baisse) du résultat mensuel de Cosmo cette campagne provoquerait-elle ?*

3. *La moitié du chiffre d'affaires du magasin situé en centre ville est réalisée sur des articles vendus au coût variable pour attirer les clients. Si l'on retirait ces articles de la vente, les coûts fixes directs diminueraient de 15 % et le chiffre d'affaires des autres articles diminuerait de 20 %. Quelle hausse (ou baisse) du résultat mensuel cette décision générerait-elle ?*

Minilever

Minilever fabrique et conditionne des produits de toilette. Ses coûts fixes annuels s'élèvent à 1 000 000 € auxquels il faut ajouter 250 000 € d'amortissements annuels.

Minilever vend deux produits : les flacons de shampooing, le principal produit de l'entreprise, sont vendus 10 € la bouteille de 50 cl. Les gels bains-douches (7 € le flacon) ne sont fabriqués et vendus qu'à la demande de distributeurs désirant une gamme complète.

Les coûts variables s'élèvent à 7 € pour le flacon de shampooing et 6 € pour le flacon de gel.

1. *Quel est le résultat de Minilever pour une fabrication et une vente de 500 000 flacons de shampooing et 200 000 flacons de gel ?*

2. *En supposant que ces proportions entre les deux produits sont maintenues, quel est le point mort en chiffre d'affaires de Minilever ?*

3. *Un ingénieur, primé au concours Lépine, propose une invention qui permettrait de diminuer de moitié le temps de remplissage d'un flacon de gel. Or, jusqu'ici, le remplissage des flacons a toujours été le facteur limitant la capacité de production, et il faut deux fois plus de temps pour remplir une bouteille de shampooing que pour remplir une bouteille de gel.*

a. Si l'on adopte l'invention, avec lequel des deux produits a-t-on intérêt à saturer l'outil de production ?

b. En supposant qu'il faut continuer à produire 500 000 flacons de shampooing pour satisfaire les distributeurs, combien pourrait-on alors produire de flacons de gel ?

c. Le directeur commercial pense que, pour vendre de telles quantités de gel, il faudrait baisser le prix de vente à 6,5 €. Cette information modifie-t-elle votre réponse à la question a) ?

Solutions

Kamoptiko

1. 500 €.

2. 9 000 et 14 000 caméras.

3. 1 000 €.

Restaurant FJT

1. 24 390 repas.

2. Coût variable unitaire = 1,74 €.

3. Prix de vente = 2,85 €.

Village SSS

1. Point mort : 3 591 semaines soit 69 % de taux d'occupation.

2. a) Perte de contribution : 29 230 €.

b) Supplément de contribution : 7 530 €.

La Boîte à Thés

Accroissement du résultat : 17 000 €.

Cosmo

1. - 10 800 €.

2. - 1 400 €.

3. - 1 200 €.

Minilever

1. 450 000 €.

2. 4 705 882 €.

3. a) Le gel.

b) 400 000 flacons.

c) Oui.

CHAPITRE 4
Les coûts complets

Ce qu'il faut retenir

• **Définition du coût complet :**

Établir le coût complet d'un objet consiste à chercher à valoriser l'ensemble des ressources consommées par cet objet. Le coût complet (d'un objet de coût) est constitué du coût direct et de la part des charges indirectes qui sont imputées à l'objet de coût.

• **Entreprise mono-activité :**

Si l'entreprise est mono-activité, l'ensemble de ses charges sont directes par rapport à sa seule et unique activité. Afin de déterminer le coût complet unitaire du produit, il suffit de diviser le montant total des charges par le nombre total d'unités.

Si l'on cherche à déterminer un coût complet prévisionnel unitaire, la principale difficulté qui se présente est *l'évaluation du volume d'unités fabriquées et vendues.*

• **Entreprise diversifiée :**

Dès lors qu'une entreprise gère plusieurs lignes de produits (et plus généralement, plusieurs objets de coût), la détermination d'un coût complet exige de procéder à une *répartition des charges indirectes.*

Trois méthodes sont examinées dans ce chapitre :

– *la méthode des coefficients :* elle consiste à utiliser des clés pour répartir les charges indirectes entre les produits ;

– *la méthode des équivalences :* elle consiste à choisir un produit comme produit de référence et à exprimer tous les autres produits comme équivalents du produit de référence ;

– *la méthode des centres d'analyse :* elle consiste à faire transiter les charges indirectes par des centres auxiliaires et principaux avant de les imputer aux objets de coût.

• **Domaines d'utilisation :**

Les méthodes coût complet peuvent être utilisées pour définir une politique de prix de vente ou pour évaluer la rentabilité comparée de différents objets de coût. Elles sont également recommandées pour la valorisation des stocks.

Dans le chapitre précédent, nous avons examiné des méthodes qui ont comme point de départ une partition des coûts : coûts directs/coûts indirects ; coûts variables/coûts fixes. Les analyses issues de ces approches en coûts partiels assistent les managers dans la préparation de différents types de décisions. Dans ce chapitre, nous allons examiner des approches en coûts complets dont la finalité est de déterminer le coût d'un objet. Le principe de départ des méthodes en coûts complets est que *le plus grand nombre possible de charges* doivent être imputées aux objets dont on cherche à calculer le coût.

Une entreprise dont l'objectif est de calculer le coût de revient de ses produits pour fixer ses prix de vente optera généralement pour une approche en coût complet. En effet, le prix de vente ainsi fixé doit permettre à l'entreprise de couvrir l'ensemble de ses charges et de dégager un profit.

Par ailleurs, la méthode du coût complet est également souvent retenue pour la valorisation des stocks de produits finis et des en-cours.

La détermination d'un coût complet ne soulève pas de difficulté majeure si l'entreprise propose un seul type de produit ou une prestation unique. En ce cas, toutes les charges pourront être considérées comme directes par rapport au produit et/ou service proposé. En revanche, les entreprises ayant diversifié leur offre de produits et de services se trouvent confrontées au problème de la répartition des charges communes aux différents produits (et plus généralement, aux différents objets de coûts) dès lors qu'elles optent pour une approche en coût complet.

Ce chapitre est structuré de la manière suivante. Après avoir introduit la démarche générale qui sous-tend une méthode coût complet (section 1), nous examinerons l'utilisation du coût complet en situation de mono-activité (section 2), puis dans le cas d'entreprises développant plusieurs activités. Cette dernière situation exige d'avoir recours à des méthodes de répartition des charges indirectes simples (section 3) ou à une méthode plus élaborée : la méthode des centres d'analyse (section 4).

1. Démarche générale

Établir le coût complet d'un objet (produit, service, fonction, etc.) consiste à chercher à valoriser l'ensemble des ressources consommées par cet objet. Le coût complet d'un produit (ou plus généralement d'un objet de coût) est donc le coût obtenu après avoir réparti l'ensemble des charges de l'entreprise entre ses différents produits. Toutes les charges sont rattachées aux produits[1]. La démarche suivie est la suivante :

– les charges sont classées en charges directes et indirectes (par rapport à l'objet dont on cherche à calculer le coût) ;

– les charges directes sont affectées au produit (ou à l'objet de coût) concerné. Par définition, cette affectation est évidente. Le coût direct d'un objet est la somme des charges directes par rapport à lui ;

– les charges indirectes sont ensuite réparties entre les différents produits (ou objets de coût). Les méthodes utilisées pour opérer cette répartition seront examinées dans les sections 3 et 4 du présent chapitre ainsi que dans le chapitre 5 ;

– le coût complet du produit ou de l'objet de coût peut alors être calculé et un résultat analytique déterminé.

Le tableau ci-après présente l'approche adoptée en coût complet.

1. Dans ce chapitre, on considèrera que toutes les charges sont affectées aux produits. Ce point sera nuancé et discuté ultérieurement.

La méthode du coût complet :
Coût complet =
coût direct + quote-part des charges indirectes imputée au produit (ou au service ou plus généralement à l'objet de coût).
Résultat analytique = Chiffre d'affaires – Coût complet.

Ainsi, considérons le cas d'une entreprise ayant deux lignes de produits : L1 et L2. Afin de déterminer le coût complet et le résultat analytique de chacune de ses lignes de produit, la société va classer les charges en distinguant celles qui sont directes par rapport à L1 et L2 de celles qui sont indirectes. Puis, les charges directes seront affectées directement aux lignes et les charges indirectes seront réparties entre les lignes. La figure ci-dessous illustre l'approche adoptée :

Méthodes du coût complet – schéma général

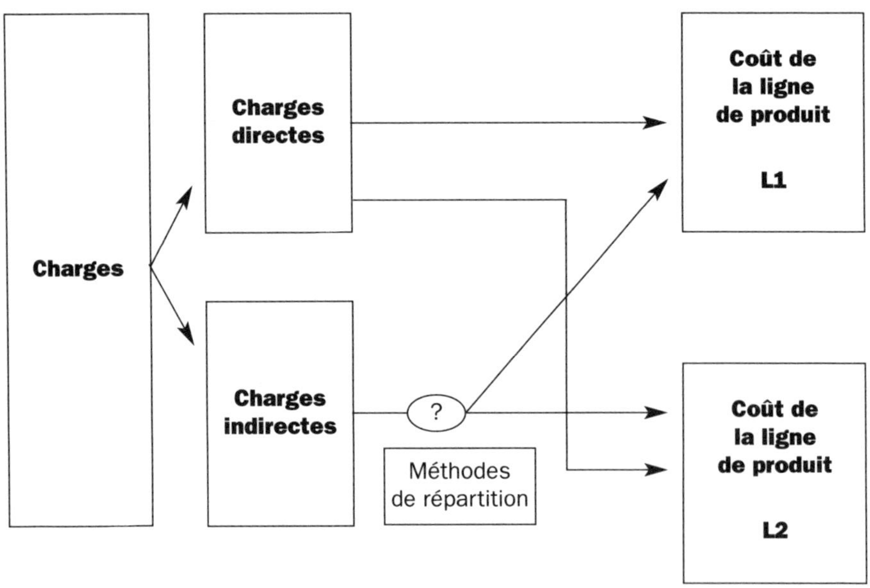

Le coût complet de chaque ligne de produit est obtenu en ajoutant au coût direct la part des charges indirectes qui lui a été imputée.

Les résultats analytiques sont alors présentés de la manière suivante :

Ligne de produit L1	Ligne de produit L2	Total
Chiffre d'affaires L1	Chiffre d'affaires L2	Chiffre d'affaires global
– Coût complet L1	– Coût complet L2	– Charges totales
= Résultat analytique L1	= Résultat analytique L2	= Résultat global

Les méthodes de coûts complets sont les seules à fournir un résultat analytique final par produit (perte ou profit). Elles permettent donc d'apprécier la capacité de chaque produit à dégager un profit compte tenu de son prix de vente et à contribuer ainsi au résultat global de l'entreprise. Les domaines d'application privilégiés des méthodes du coût complet sont donc les suivants :

– le calcul du coût des produits et l'évaluation de leur rentabilité dans une perspective à moyen ou à long terme ;

– la définition d'une politique générale de tarification ;

– la valorisation des stocks d'en-cours ou de produits (voir chapitre 6).

Nous examinerons d'abord l'application d'une méthode de coûts complets dans le cas d'une entreprise mono-produit pour ensuite étudier les techniques de répartition des charges indirectes mobilisées dès lors que la société propose différents types de produits ou de services.

2. Situation de mono-activité

Si une entreprise est mono-activité, l'ensemble des charges qu'elle encourt sont générées par sa seule et unique activité.

Le coût complet d'une unité de produit sera obtenu en divisant l'ensemble de ses charges par le nombre total de produits fabriqués et vendus.

> ***Mono-activité :***
> ***Coût complet d'un produit = Total des charges / Nombre total d'unités***

À titre d'illustration, nous considérerons le cas d'une société en création, Ludi, dont l'objectif, en déterminant le coût de revient de son futur produit, est de disposer d'une base indicative pour fixer son prix de vente. L'exemple ci-dessous détaille les étapes suivies par les dirigeants de l'entreprise pour calculer le coût de revient complet.

EXEMPLE

Coût complet dans une entreprise monoproduit

Après avoir mis au point un jeu de société, deux jeunes créateurs décidèrent de fonder leur propre société en vue d'assurer la production et la commercialisation de ce jeu. Dans la mesure où il s'agissait d'un jeu très différent de ceux existant sur le marché, il leur était difficile de s'appuyer sur la notion de prix de marché pour fixer le prix de vente. La seule indication qu'ils avaient était que le prix « psychologique » maximum qu'un client final était prêt à payer était de **52 €** (prix public).

La société Ludi fut créée au premier janvier de l'année N. On décida de sous-traiter la fabrication du jeu. Les premiers contacts pris avec les entreprises fabriquant des jeux de société aboutirent au constat suivant : la taille minimum d'une série lancée en fabrication devait être de 3 000 boîtes car aucun fabricant n'était intéressé par une commande inférieure à 3 000 unités. Par ailleurs, un certain nombre de données prévisionnelles furent recueillies :

Coûts de photogravure

La fabrication des cartes et des jetons du jeu exige une photogravure. Le devis établi par un sous-traitant fut de **6 000 €** pour l'ensemble des éléments du jeu. Si une deuxième série était lancée en fabrication sans aucune modification par rapport à la première, ces frais n'auraient plus, *a priori*, à être encourus.

L'outil de thermoformage

Afin de fabriquer l'intérieur de la boîte, il était nécessaire de mettre au point un outil de thermoformage *ad hoc*. Son coût prévisionnel était de **5 000 €**. Il devait pouvoir être utilisé pour des séries lancées en fabrication ultérieurement.

Honoraires du créatif

Une jeune styliste devait travailler sur le design de la boîte pour une rémunération de **3 400 €.**

Coût de fabrication des cartes

Un devis fut demandé à Cartamundi, une société spécialisée dans la production de cartes pour jeux de société. Le devis fit apparaître un prix prévisionnel de **4 €** par jeu de cartes.

Le coût de fabrication des autres éléments

On décida de confier la fabrication et l'assemblage des autres éléments à une société, Jimbo, spécialisée dans la fabrication de jeux de société. Le devis annonça un prix prévisionnel par boîte fabriquée de **6,5 €**. Ce prix intégrait la fabrication de toutes les pièces en carton ou en plastique (exception faite des cartes), leur assemblage et rangement dans la boîte, ainsi que le filmage et l'encartonnage.

Frais de transport

Ils furent évalués à **0,7 €** en moyenne par boîte. Les créateurs de la société comptaient livrer eux-mêmes (véhicule personnel) les clients situés à Paris ou en région parisienne. En revanche, ils pensaient devoir faire appel à des sociétés de transport comme la Sernam pour les livraisons devant être effectuées en province.

Coûts commerciaux et administratifs

Les coûts commerciaux devaient comprendre le coût d'affichettes de présentation du jeu, des frais de photocopies couleur, etc. Les frais administratifs correspondaient à des frais de téléphone, de courrier et à des frais divers. Une estimation très approximative conduisait à un montant global mensuel de **300 €** par mois.

Pour fixer le prix de vente de leur produit, les dirigeants de l'entreprise évaluèrent un coût de revient complet unitaire. Leur hypothèse de travail fut la suivante : une première série de 3 000 boîtes de jeu serait lancée en fabrication. Ils espéraient réussir à vendre l'intégralité des 3 000 boîtes au cours de l'année N.

L'entreprise étant mono-activité, toutes les charges sont directes par rapport au seul produit fabriqué et vendu. La seule difficulté présentée par le calcul d'un coût de revient complet est la définition du périmètre de coût. En effet, faut-il imputer aux premières 3 000 boîtes l'ensemble des coûts de développement et d'industrialisation (honoraires du créatif, coûts fixes de photogravure et de thermoformage) ?

En réalité, les dirigeants, incertains de l'accueil que le marché réserverait à leur produit considérèrent que les ventes des 3 000 boîtes devaient au moins permettre de couvrir l'ensemble des charges encourues.

De ce fait, ils effectuèrent le calcul suivant :

Coûts variables :	
Coût du jeu de cartes	**4 €**
Coût de fabrication des autres éléments	**6,5 €**
Coût de transport	**0,7 €**
Total coût variable unitaire	**11,2 €**
Coûts fixes ponctuels nécessaires au lancement :	
Coût de la photogravure	**6 000 €**
Coût du thermoformage	**5 000 €**
Honoraires du créatif	**3 400 €**
Coûts fixes récurrents :	
Coûts commerciaux et administratifs	**3 600 €**
Total Coûts fixes	**18 000 €**

Soit un coût fixe unitaire de : 18 000 € / 3 000 = 6 €

Le coût de revient complet unitaire est donc : 11,2 € + 6 € = 17,2 €

Le coût de revient complet ainsi estimé influença la fixation du prix de vente. Afin de couvrir leurs frais, les dirigeants de la société déterminèrent un prix de vente de **26 €.**

Celui-ci résulta de deux considérations :

– les distributeurs appliquent généralement un coefficient multiplicateur de 2. Or, 52 € était un prix public maximum ;

– ils s'étaient fixés un objectif de résultat de 25 000 € afin de pouvoir rétribuer le travail qu'ils avaient tous les deux fourni, puisqu'ils ne se versaient pas de salaire. En se fixant un objectif de prix de vente à 26 €, ils dégageaient une marge prévisionnelle de :

26 – 17,2 = 8,8 € par unité vendue et donc un résultat global de 26 400 €.

Dans l'exemple qui vient d'être présenté, deux principales difficultés ont été rencontrées pour déterminer un coût de revient complet :

– prévoir avec le maximum de précision les charges qui allaient être encourues. Cette difficulté caractérise toutes les situations où il est nécessaire d'élaborer un coût prévisionnel ;

– déterminer s'il convient d'imputer à la première série la totalité des charges de développement et d'industrialisation (coûts fixes ponctuels). En effet, une question essentielle est de prévoir un volume de vente réaliste et de définir le nombre d'unités sur lesquelles seront imputés les coûts fixes de développement. Si l'on avait choisi d'imputer ces derniers sur les éventuelles séries suivantes, on aurait obtenu un coût de revient nettement plus faible.

Plus généralement, le coût complet unitaire d'un produit est tributaire des volumes fabriqués et vendus. En effet, un coût complet est obtenu en répartissant sur les produits l'intégralité des charges. Parmi celles-ci, certaines sont des charges fixes. Par conséquent, le coût par unité variera en fonction du niveau d'activité. Ces considérations seront plus amplement développées dans le chapitre 6 de ce livre. On se limitera ici à évoquer les conséquences possibles de ce phénomène sur la politique de tarification d'une entreprise.

EXEMPLE

Variations du coût de revient complet en fonction des volumes

Dans le cas de la société Ludi, l'ensemble des charges fixes encourues pour mettre au point le produit et pour pouvoir le fabriquer ont été affectées à la première série de 3 000 unités. Si les responsables de l'entreprise avaient travaillé en s'appuyant sur d'autres hypothèses concernant les volumes vendus, ils auraient obtenu un coût de revient complet par boîte de jeu différent.

> Par exemple, en supposant que 10 000 boîtes puissent être écoulées, le coût de revient aurait été le suivant :
>
> – Coût variable unitaire = 11,2 €
>
> – Coût fixe unitaire = 18 000 € /10 000 = 1,8 €
>
> – Coût complet unitaire = 13 €
>
> En adoptant ce raisonnement, il devient alors possible de proposer le jeu à un prix plus compétitif, ce qui autorisera, peut-être, un nombre supérieur d'unités vendues.

On voit donc que la fixation d'un prix de vente à partir d'un coût est un exercice difficile. En effet, le coût estimé d'un nouveau produit oriente le prix auquel on sera prêt à le vendre. Mais, pour estimer un coût unitaire, il est nécessaire de faire des hypothèses sur les quantités qui seront vendues. Or, ces dernières sont elles-mêmes tributaires du prix de vente fixé.

Une autre source de difficultés dans l'utilisation des méthodes du coût complet est liée à l'existence de charges indirectes. Dans le cas exposé ci-dessus, la société ne fabrique et ne vend qu'un seul produit. Toutes les charges encourues peuvent être considérées comme directes par rapport à ce dernier. En revanche, si plusieurs produits sont proposés par l'entreprise, se pose alors la question de la répartition des charges indirectes. La section suivante examine des méthodes simples de répartition.

3. Les méthodes simples de répartition des charges indirectes

Il existe plusieurs méthodes de coût complet qui diffèrent suivant les choix effectués pour répartir les charges indirectes entre les produits ou entre les objets de coût.

Les méthodes simples sont généralement retenues par des entreprises dont la structure de coût se caractérise par une part relativement faible des charges indirectes. C'est souvent le cas des entreprises de petite taille et/ou peu diversifiées. Par ailleurs, les entreprises qui travaillent à la commande et qui ont besoin d'élaborer rapidement des coûts de revient prévisionnels complets pourront choisir d'opter pour une méthode simple de répartition de leurs charges indirectes.

Il existe deux méthodes simples pour calculer des coûts de revient complets :

– la méthode des coefficients ;

– la méthode des équivalences.

Nous allons les examiner successivement.

A - La méthode des coefficients

Dans cette méthode, les charges indirectes sont réparties entre les différents éléments dont on cherche à calculer le coût sur la base d'un ou de plusieurs coefficients.

Si ***un seul facteur d'imputation*** est utilisé pour répartir l'ensemble des charges indirectes, la méthode sera appelée méthode de l'affectation globale.

Dans cette méthode, la clé généralement retenue est :

– soit le chiffre d'affaires ;

– soit le coût direct des différents produits ;

– soit un facteur de production significatif comme par exemple, l'heure de main-d'œuvre directe.

L'hypothèse sous-jacente est qu'il existe une relation entre la clé retenue et la consommation de charges indirectes par les produits. Ainsi, si la clé choisie est l'heure de main-d'œuvre directe, on considérera que les produits fortement consommateurs de temps de travail direct doivent supporter une part importante des charges indirectes de l'entreprise.

De même, si le chiffre d'affaires est le facteur de répartition retenu, le produit générant le chiffre d'affaires le plus élevé se verra imputer la part la plus significative des charges indirectes.

Plusieurs facteurs de répartition peuvent également être mobilisés, suivant la nature des charges indirectes. Par exemple, les charges indirectes de production (amortissement des équipements, loyer de l'usine, salaires du personnel d'encadrement de l'usine, etc.) seront réparties au prorata du nombre de pièces usinées. Pour les charges indirectes commerciales (frais de déplacement de la force de vente, frais administratifs de vente, etc.), on choisira d'utiliser, comme clé de répartition, le chiffre d'affaires de chacun des produits.

En règle générale, la clé de répartition retenue doit être la plus représentative possible de la consommation des ressources par les objets dont on cherche à déterminer le coût.

Le cas Delattre présenté ci-dessous offre un exemple d'application de la méthode des coefficients.

EXEMPLE

Cas Delattre

La société Delattre développe une activité de négoce de bûches et de charbon de bois. Les bûches sont achetées à des scieries, puis conditionnées dans des sacs de 10 kgs. La clientèle est constituée de particuliers qui utilisent les bûches pour leurs feux de cheminée.

Comme les bûches se vendent surtout l'hiver, monsieur Delattre, dirigeant de l'entreprise, a décidé de commercialiser un autre produit : du charbon de bois pour barbecue, commercialisé en sacs de 5 kgs.

Le personnel et les équipements de l'usine ne sont pas spécialisés par produits.

La société a recours à des représentants rémunérés à la commission pour commercialiser ses produits. Les représentants sont supervisés par un responsable commercial.

Le tableau ci-contre fournit un certain nombre d'informations sur les produits.

	Bûches	Charbon de bois
Nombre de sacs produits et vendus annuellement	294 000	126 000
Prix de vente d'un sac	5 €	7 €
Poids d'un sac	10 kgs	5 kgs
Prix d'achat d'1 kg de produit	0,3 €	0,5 €
Prix d'achat d'1 sac (emballage)	0,1 €	0,2 €
Commission des représentants par sac vendu	0,5 €	0,5 €

Les charges indirectes annuelles de la société Delattre sont détaillées dans le tableau ci-dessous.

Amortissement des équipements de l'usine	60 000 €
Amortissement des camions	80 200 €
Salaires des ouvriers*	100 000 €
Salaires des chauffeurs-livreurs	100 000 €
Salaire du directeur commercial	30 000 €
Salaire du directeur administratif et financier	30 000 €
Salaire du directeur général	50 000 €
Loyer	25 000 €

* Charges incluses.

Monsieur Delattre s'interroge sur la rentabilité comparée de ses deux lignes de produits. Il décide d'adopter une approche en coûts complets, en utilisant la méthode des coefficients. Afin de définir les critères de répartition, il engage une discussion avec ses principaux collaborateurs. Le choix des clés pertinentes repose sur l'identification des facteurs les plus explicatifs de la consommation de chaque type de ressources par les produits. Les clés suivantes sont finalement retenues :

Frais d'usine : – salaires des ouvriers – amortissements des équipements	**Le nombre de sacs**
Frais de transport : – salaires des chauffeurs-livreurs – amortissements des camions	**Le nombre de kgs transportés**
Autres charges indirectes : – salaire de monsieur Delattre – salaire du responsable administratif et financier – salaire du directeur commercial – loyer	**Le chiffre d'affaires**

Afin de déterminer le coût de revient complet des deux lignes de produit, la démarche adoptée est la suivante :

a) Calcul du coût direct de chaque produit

Les coûts directs sont constitués du coût de la matière et des emballages ainsi que de la commission des vendeurs. Le coût direct d'un sac de bûches et d'un sac de charbon de bois est déterminé ci-dessous :

	Un sac de bûches	**Un sac de charbon de bois**
Prix d'achat de la matière première	3 €	2,5 €
Prix d'achat du sac d'emballage	0,1 €	0,2 €
Commissions	0,5 €	0,5 €
Coût direct total	3,6 €	3,2 €

b) Répartition des charges indirectes

Les charges indirectes sont regroupées en trois catégories et réparties entre les deux produits, suivant trois clés de répartition différentes.

Charges indirectes	Clé de répartition	Coûts indirects imputés aux sacs de bûches	Coûts indirects imputés aux sacs de charbon de bois
Frais d'usine **160 000 €** • salaires des ouvriers • amortissements des équipements	Nombre de sacs Total : 420 000 sacs	(294 000 / 420 000) × 160 000 = 112 000 €	(126 000 / 420 000) × 160 000 = 48 000 €
Frais de transport **180 200 €** • salaires des chauffeurs-livreurs • amortissements des camions	Nombre de kgs transportés Total : 3 570 000 kgs	(2 940 000 / 3 570 000) × 180 200 = 148 400 €	(630 000 / 3 570 000) × 180 200 = 31 800 €
Autres charges indirectes **135 000 €** • salaire de monsieur Delattre • salaire du responsable administratif et financier • salaire du directeur commercial • loyer	Chiffre d'affaires Total : 2 352 000 €	(1 470 000 / 2 352 000) × 135 000 = 84 375 €	(882 000/2 352 000) × 135 000 = 50 625 €
TOTAL		**344 775 €**	**130 425 €**

c) Calcul du coût complet de chaque produit

Le coût complet unitaire de chaque produit est obtenu en sommant le coût direct unitaire et les charges indirectes imputées à chacun des produits, divisées par le nombre de produits :

	Un sac de bûches	Un sac de charbon de bois
Coût direct unitaire	3,6 €	3,2 €
Coût indirect/unité	344 775 € / 294 000 = 1,17 €	130 425 € / 126 000 = 1,04 €
Coût complet unitaire	**4,77 €**	**4,24 €**

d) Détermination du résultat analytique

Le résultat analytique dégagé par un produit est obtenu en soustrayant son coût complet de son prix de vente :

	Un sac de bûches	Un sac de charbon de bois
Prix de vente unitaire	5 €	7 €
Coût complet unitaire	4,77 €	4,24 €
Résultat analytique unitaire	0,23 €	2,76 €
Résultat analytique global	0,23 € × 294 000 = 67 620 €	2,76 × 126 000 = 347 760 €

Le résultat global de l'entreprise est de 415 380 €. Les deux lignes de produit sont rentables. Le charbon de bois dégage un résultat nettement plus élevé que les bûches. Est-ce à dire qu'il convient d'abandonner la commercialisation des bûches en faveur du développement du charbon de bois ? Ce serait là une conclusion bien hâtive. En effet, deux considérations méritent d'être prises en compte. La première est que les saisonnalités des deux produits sont complémentaires. Or, une partie non négligeable des charges de la société Delattre sont des charges fixes. Il importe donc, pour l'entreprise, d'avoir un niveau d'activité relativement homogène sur l'année. La deuxième est que le résultat analytique de chaque produit est tributaire des clés de répartition choisies. Dans notre exemple, le produit « Bûches » étant le produit dont les volumes sont les plus élevés (nombre de sacs plus élevé, poids transporté supérieur, etc.), il se voit imputer une quote-part nettement plus importante de charges indirectes, compte tenu des clés de répartition qui ont été choisies.

B - La méthode des équivalences

Les problèmes de répartition des charges indirectes se posent parce que l'entreprise est multi-produits. En effet, les charges indirectes correspondent à des ressources communes consommées de manière *a priori* indifférenciée par les différents produits. On devra dès lors s'efforcer de les répartir sur les produits en introduisant le moins de biais possibles, afin que le coût complet obtenu donne une image fidèle de la consommation des ressources par les produits. La méthode des équivalences supprime cette difficulté, en ramenant l'ensemble de la production de l'entreprise à une production unique. Un produit est choisi comme produit de référence et tous les autres produits sont exprimés comme équivalents du produit de référence. L'utilisation de cette méthode exige que les produits soient suffisamment proches les uns des autres pour que des équivalences chiffrées puissent être établies : industrie papetière, industrie du bois, métallurgie, etc. Ci-dessous est fourni un exemple d'application de cette méthode dans une scierie.

EXEMPLE

Cas d'une scierie

Une scierie fabrique trois types de planches : des planches en sapin, des planches en hêtre et des planches en chêne.

Pour chaque produit, un coût complet de production est établi de la manière suivante :

1) Calcul du coût direct

Le coût direct correspond au coût de la matière première.

2) Détermination des coefficients d'équivalence

Les autres charges (frais de personnel, amortissements des équipements, énergie, loyer de l'usine, etc.) sont considérées comme indirectes par rapport aux produits et sont imputées par la méthode des équivalences. À cet effet, des coefficients d'équivalence sont établis.

Le produit choisi comme produit de référence est la planche de sapin.

La recherche d'équivalence entre les produits se fonde sur une bonne connaissance de ces derniers. Les critères pris en compte ont été leur degré de difficulté, leur consommation de temps de passage sur les machines et le temps de contrôle qu'ils exigent. On a ainsi abouti aux mises en équivalences suivantes :

– une planche en hêtre équivaut à 4 planches de sapin ;

– une planche en chêne équivaut à 5 planches de sapin.

3) Détermination de la quote-part de charges indirectes supportée par chaque produit pour un mois donné

Sur le dernier mois écoulé, les charges indirectes globales se sont élevées à : 100 000 €.

Les volumes produits dans le mois figurent ci-dessous :

Sapin	1 800 m^3
Hêtre	3 300 m^3
Chêne	5 000 m^3

À partir de ces données, on détermine un volume global de production, exprimé en équivalents du produit de référence :

Volume global d'équivalence =
1 800 m^3 + (4 × 3300 m^3) + (5 × 5 000 m^3) = 40 000 m^3.

On considère que la scierie a traité 40 000 m^3 de produit de référence.

Un m^3 de produit de référence se verra alors imputer :
100 000 € / 40 000 = 2,5 €

Le tableau ci-dessous indique la quote-part de charges indirectes imputées à chaque m^3 suivant le type de produit :

Sapin	2,5 €/m^3
Hêtre	10 €/m^3
Chêne	12,5 €/m^3

4) Calcul du coût complet de fabrication

Le coût complet d'un m^3 de produit traité est obtenu en ajoutant au coût direct de la matière première, la part des charges indirectes déterminée par la méthode des équivalences à l'étape précédente.

La méthode des coefficients et la méthode des équivalences proposent donc des solutions pour organiser la répartition des charges indirectes entre les produits (ou les objets de coût).

Les deux méthodes examinées dans cette section permettent de calculer, de manière relativement rapide, le coût complet des produits et sont particulièrement bien adaptées aux PME. En effet, dans ces dernières, la part des charges indirectes tend à être moins importante que dans les grandes entreprises. Par ailleurs, elles ne disposent pas toujours des ressources nécessaires pour mettre en œuvre des méthodes de répartition plus élaborées, comme la méthode des centres d'analyse que nous présenterons dans la section suivante ou la méthode ABC qui fera l'objet du chapitre 5.

4. La méthode des centres d'analyse

Avec la méthode des centres d'analyse[2], les charges indirectes vont transiter par des centres d'analyse avant d'être affectées aux produits.

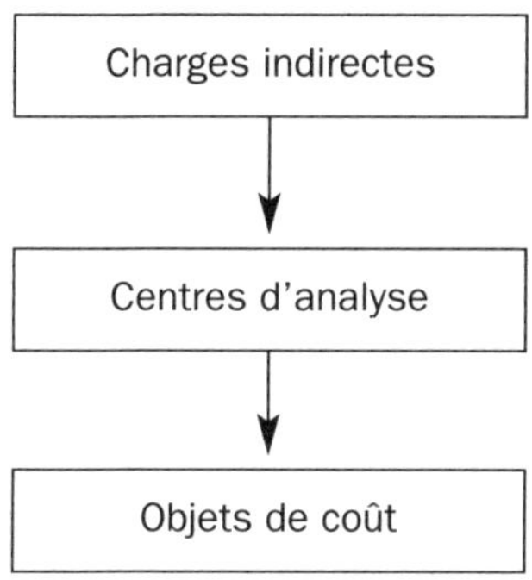

Le principe qui sous-tend cette méthode est que la consommation des charges indirectes s'effectue initialement au niveau de centres d'analyse. Dans un deuxième temps, les produits bénéficient des prestations des centres d'analyse et donc utilisent les ressources rattachées à ces derniers. Avant de présenter les étapes du calcul d'un coût complet avec la méthode des centres d'analyse, nous commencerons par définir deux notions clés : les **centres d'analyse** et les **unités d'œuvre**.

2. Cette méthode a été préconisée par le Plan Comptable. Elle est reprise aujourd'hui par les auteurs anglo-saxons sous le terme suivant : « Two stage cost allocation method » – Voir l'ouvrage de A. A. Atkinson, R. D. Banker, R. S. Kaplan et S. M. Young, *Management Accounting*, 3e édition, Prentice Hall, USA, 2001 (page 134).

A - Les centres d'analyse

Selon le Plan comptable 82, les centres d'analyse « *correspondent en principe aux centres de travail (bureaux, magasins, ateliers,...) tels qu'ils résultent de l'organigramme. Si besoin est, un centre de travail peut être scindé en plusieurs sections* ».

Ainsi, un atelier de production, responsable à part entière d'une étape dans le processus de fabrication, constituera certainement un Centre d'Analyse. De même, une machine complexe, comme par exemple une machine de soudure à la vague ou un robot, pourra être considérée comme un Centre d'Analyse. Il est possible de découper un centre d'analyse en différentes *sections de coût*. L'objectif poursuivi est d'obtenir des centres de regroupement, rassemblant des charges ayant un comportement de coût homogène. Ainsi, dans une entreprise d'impression textile, l'atelier de blanchiment des tissus constitue un centre d'analyse, partagé en sections de coût correspondant, quant à elles, à des machines ou des groupes de machines de cet atelier qui effectuent le même type d'opérations.

Pour des raisons de facilité de calcul, il peut être opportun de créer des Centres d'Analyse alors appelés « Centres de Calcul » qui ne correspondent à aucune unité organisationnelle précise. Ainsi, on peut choisir de regrouper, pour un bâtiment donné, les frais d'éclairage, de chauffage, de loyer, d'amortissement et d'entretien des mobiliers et des locaux. On créera alors un centre d'analyse « Bâtiment » sans qu'une responsabilité correspondante n'existe de façon formelle. Ce détour par un Centre de Calcul permettra d'appréhender le coût global de ce bâtiment et ainsi, en contrepartie d'un « loyer » interne, de mettre à la disposition des différents services des mètres carrés de bureaux équipés, chauffés, éclairés, entretenus. À ce stade, il convient de souligner les risques associés à ce type de procédés : les centres de calcul ne correspondant à aucune responsabilité précise, les coûts qui y sont regroupés risquent de ne pas être gérés et contrôlés.

Par ailleurs, la méthode des centres d'analyse distingue les centres principaux et les centres auxiliaires.

Un centre principal développe une activité qui est en relation directe avec la production (au sens large) et les produits ou les clients.

L'activité d'un centre principal s'exerce directement au profit des produits. À titre d'illustration, un service en charge de l'achat des matières premières, un atelier de production, un service commercial, un service livraison ou un service de soins hospitaliers constitueront des centres principaux.

D'autres centres sont considérés comme auxiliaires des centres principaux.

Un centre auxiliaire est prestataire de services à l'égard des autres centres.

Des exemples de centres auxiliaires sont fournis par les services d'entretien des équipements, par les services de support logistique ou bien encore par les services administratifs. Comme nous le verrons, leurs coûts ne sont pas rattachés aux produits mais sont déversés dans les centres principaux.

La séparation en centres auxiliaires et centres principaux vise à mieux situer où et comment les ressources sont consommées afin de parvenir à établir des liens de causalité entre les ressources et les objets de coûts qui les sollicitent.

Quelle que soit la nature d'un centre, l'affectation de ses coûts aux produits se fera par l'intermédiaire d'une unité d'œuvre.

B - Les unités d'œuvre

L'unité d'œuvre d'un centre d'analyse peut être définie comme l'unité de mesure de son activité. En ce sens, elle doit être la plus représentative possible du « travail » effectué par le centre et traduire les variations de son activité. Elle devra donc être fortement corrélée avec les coûts variables directs de ce centre.

Cette unité d'œuvre s'exprimera par une mesure physique (de temps, de poids, de quantité, de volume, etc.) correspondant au principal facteur de production mis en œuvre par le centre ou à son principal output.

Les conditions ci-dessus n'étant pas remplies pour tous les centres, il devient dans certains cas nécessaire d'opter pour une unité monétaire (euro de chiffre d'affaires ou euro d'achats par exemple).

Pour un centre d'analyse donné, plusieurs unités d'œuvre concurrentes peuvent parfois être envisagées. Ainsi, pour un atelier de fabrication de tôles, le produit fabriqué, le poids des produits fabriqués, le lot de fabrication, l'heure de main-d'œuvre travaillée, l'heure de machine utilisée sont susceptibles d'être retenus comme unités d'œuvre. Seule une étude statistique mettra en évidence laquelle de ces unités potentielles est la mieux corrélée avec l'évolution des coûts spécifiques de l'atelier. En définitive, une seule unité d'œuvre sera choisie. Par ailleurs, il importe que l'unité d'œuvre retenue puisse donner lieu à une mesure de l'activité qui soit simple, permanente et d'un coût acceptable.

Ainsi que nous allons le voir maintenant, les unités d'œuvre permettent d'opérer les transferts des coûts d'un centre d'analyse vers d'autres centres ou vers les produits.

C - Le déversement des charges

La méthode des centres d'analyse, comme toute méthode de coût complet, commence par classer les charges en deux catégories : celles qui sont directes par rapport aux produits (ou plus généralement par rapport aux objets de coût) et celles qui leur sont indirectes.

Le schéma ci-dessous présente l'organisation générale de la méthode des centres d'analyse :

La méthode des centres d'analyse

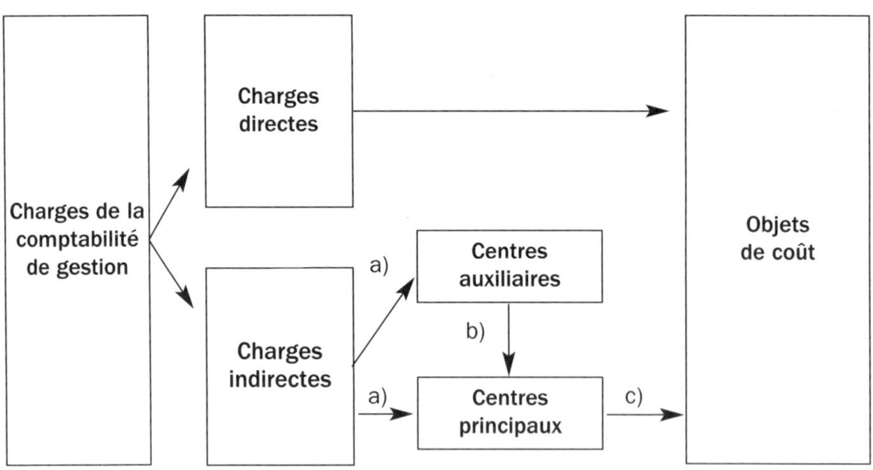

Les charges directes, ainsi que leur nom l'indique, peuvent être déversées directement sur les objets de coût correspondants. Pour l'imputation des charges indirectes aux objets de coût, la méthode des centres d'analyse procède en trois étapes :

a) Répartition des charges indirectes entre les centres d'analyse auxiliaires et principaux.

b) Déversement des charges indirectes des centres auxiliaires dans les centres principaux.

c) Déversement des charges indirectes des centres principaux sur les produits.

Nous allons examiner plus précisément chacune de ces étapes.

a) La répartition des charges indirectes entre centres auxiliaires et centres principaux

Si les centres d'analyse ont été correctement définis, une majorité de charges indirectes par rapport aux produits seront directes par rapport aux centres d'analyse. Par exemple, considérons les salaires des ouvriers chargés de l'entretien des équipements. Ils constituent un coût indirect par rapport à chacun des produits fabriqués dans l'usine dans la mesure où tous les produits bénéficient de manière indifférenciée des prestations d'entretien. En revanche, si on définit un centre auxiliaire « Entretien », il sera alors possible de considérer les salaires versés aux ouvriers de l'entretien comme un coût direct par rapport au centre d'analyse Entretien.

Les charges indirectes sont ainsi ventilées entre les différents centres d'analyse dans un tableau de répartition. Une version simplifiée de celui-ci est présentée page suivante.

Charges indirectes \ Centre d'analyse	Centres auxiliaires		Centres principaux			
	Gestion du personnel	Entretien	Approvision-nement	Atelier 1	Atelier 2	Vente
Salaires du personnel d'entretien						
Salaires des manutentionnaires						
Frais de déplacement des vendeurs						
Amortissement des machines						
Loyer						
Etc.						
Total						

Ce tableau de répartition est un tableau à double entrée dans lequel sont portés en colonne les différents centres créés et, en ligne, les charges indirectes à répartir. Il permet d'effectuer la répartition primaire. Les centres auxiliaires figurent dans la partie gauche du tableau et sont placés dans l'ordre où ils fournissent des prestations aux autres, le centre le plus utile à tous les autres étant placé en premier.

b) Cessions de prestations entre centres d'analyse

Au cours de cette étape, l'ensemble des charges figurant dans les centres auxiliaires sont déversées dans les centres principaux. Pour ce faire, il est nécessaire de faire appel à la notion d'unité d'œuvre introduite au paragraphe B, p. 119. Pour chaque centre auxiliaire, une unité d'œuvre est définie et un coût d'unité d'œuvre calculé :

> ***Le coût d'une unité d'œuvre d'un centre d'analyse est obtenu en faisant le rapport entre les charges accumulées dans le centre d'analyse pendant une période et le nombre d'unités d'œuvre « produites » par ce même centre durant cette période.***

On examine ensuite les centres qui bénéficient des prestations du centre auxiliaire ainsi que leurs consommations respectives d'unités d'œuvre. Les charges indirectes du centre auxiliaire sont alors réparties entre les centres principaux utilisateurs au prorata des unités d'œuvre consommées.

L'exemple suivant illustre, de manière simplifiée, cette étape de la méthode.

EXEMPLE

Cas du centre Entretien

Le centre d'analyse entretien de l'entreprise E s'est vu imputer 24 000 € de charges indirectes (salaires des ouvriers de l'entretien, consommables utilisés lors des opérations d'entretien, amortissement des outils utilisés par les équipes d'entretien, etc.). Au cours du mois de juin, le centre Entretien a travaillé pour trois ateliers de l'usine. Chaque fois que le service Entretien se déplace pour une opération, les heures passées sont enregistrées.

À la fin du mois de juin, le relevé des heures d'entretien indique que le centre Entretien a travaillé :

– 200 heures pour l'atelier n° 1,
– 400 heures pour l'atelier n° 2,
– 200 heures pour l'atelier n° 3,
– soit un total de 800 heures.

Le coût d'unité d'œuvre est de :

24 000 € / 800 heures = 30 €/heure d'entretien.

Ce coût d'unité d'œuvre sera utilisé pour déverser les charges du centre d'entretien entre les trois ateliers en fonction de leurs consommations respectives d'heures d'entretien.

Imputation des charges d'entretien aux centres principaux :

Atelier 1	200 UO × 30 € = 6 000 €
Atelier 2	400 UO × 30 € = 12 000 €
Atelier 3	200 UO × 30 € = 6 000 €

On notera que, pour pouvoir opérer ces déversements, il est nécessaire d'organiser le relevé des heures fournies par le centre Entretien à l'occasion de chacun de ses déplacements.

Au-delà de sa fonction d'aide au déversement des charges, l'unité d'œuvre présente un intérêt intrinsèque. En effet, le coût de l'UO – heure entretien

– constitue une information intéressante par elle-même. D'une part, elle permet de comparer le coût des prestations de l'atelier d'entretien avec celui d'éventuels opérateurs externes. D'autre part, l'entreprise est en mesure de savoir précisément quels sont les ateliers et les équipements les plus consommateurs des activités d'entretien.

Dans certains cas, un centre auxiliaire travaillera, non seulement pour des centres principaux, mais aussi pour un ou plusieurs centres auxiliaires. Par exemple, dans une entreprise industrielle, le centre d'analyse Administration/gestion du personnel gère le personnel des différents ateliers (centres principaux) mais aussi le personnel du service Entretien (centre auxiliaire). L'unité d'œuvre utilisée pour répartir les charges du centre d'analyse Administration/gestion est l'effectif géré. Une partie des charges de ce centre sera donc affectée au centre Entretien. Le centre Entretien rassemblera dès lors :

– des charges indirectes lui ayant été imputées à l'étape a)

et

– la quote-part des charges du centre Administration qu'il s'est vu affecter.

Ces charges sont sommées et leur totalité sera par la suite affectée aux différents ateliers (centres principaux) à partir, par exemple, de l'unité d'œuvre « heure entretien ». L'exemple développé à la fin de cette section offre une illustration de cette pratique.

Une situation plus complexe se présente lorsque deux centres auxiliaires travaillent simultanément l'un pour l'autre. Il s'agit alors de *prestations réciproques*. Ce cas de figure sera traité en fin de chapitre, dans la section « pour aller plus loin ».

c) Déversement des charges indirectes des centres principaux sur le coût des produits

Au cours de cette étape, toutes les charges indirectes, maintenant regroupées dans les centres principaux, doivent être imputées aux produits (ou plus généralement aux objets de coût). La démarche suivie est similaire à celle de l'étape précédente. Pour chaque centre principal, une unité d'œuvre est définie et un coût d'unité d'œuvre déterminé. Les charges indirectes de chaque centre principal sont déversées sur les différents produits qui bénéficient des prestations du centre principal en fonction de leurs consommations respectives d'unités d'œuvre. Le cas ci-dessous illustre, à travers un exemple simplifié, cette étape.

EXEMPLE

Cas de l'atelier de découpe

L'atelier de découpe est automatisé. Après déversement des centres auxiliaires, le montant total des charges indirectes qui lui ont été imputées s'est élevé à : 100 000 €.

L'unité d'œuvre de l'atelier découpe est l'heure machine. L'atelier a travaillé au cours du mois de juin 1 000 heures machine.

Son coût d'UO est de :

100 000 / 1 000 = 100 €.

Quatre composants ont fait l'objet des opérations de découpe. Les 1 000 heures machine se répartissent de la manière suivante entre les produits :

- 400 heures machine consacrées au composant X1 ;
- 100 heures machine consacrées au composant X2 ;
- 350 heures machine consacrées au composant X3 ;
- 150 heures machine consacrées au composant X4.

La répartition des charges indirectes entre les 4 composants s'effectue dès lors de la manière suivante :

Composant X1	400 UO X 100 € = 40 000 €
Composant X2	100 UO X 100 € = 10 000 €
Composant X3	350 UO X 100 € = 35 000 €
Composant X4	150 UO X 100 € = 15 000 €

Comme à l'étape précédente, la répartition des charges indirectes entre les produits exige de relever avec précision la consommation des temps machine par composant découpé au cours de la période.

D - La détermination d'un coût complet avec la méthode des centres d'analyse

Le coût complet d'un produit (ou plus généralement d'un objet de coût) est obtenu en ajoutant au coût direct d'un produit les charges indirectes provenant de chacun des centres d'analyse principaux par lesquels le produit transite.

Le texte ci-dessous propose un exemple d'utilisation de la méthode des centres d'analyse dans une entreprise de confection.

EXEMPLE

La société Modplus

La société Modplus fabrique et commercialise différentes lignes de produits de prêt-à-porter. Afin de déterminer un prix de vente par modèle, elle calcule un coût de fabrication complet en s'appuyant sur une version simple de la méthode des centres d'analyse.

Pour chaque modèle, un coût direct de fabrication est estimé. Celui-ci est constitué du coût prévisionnel de la matière première (tissu et fournitures). Toutes les autres charges de fabrication sont réparties entre quatre centres d'analyse :

– un centre Administration/gestion du personnel de l'usine ;
– un centre Découpe ;
– un centre Montage ;
– un centre Contrôle qualité/emballage.

Le centre Administration/gestion du personnel est un centre auxiliaire. Sa répartition entre les trois centres principaux s'effectue en utilisant l'unité d'œuvre : le nombre de salariés dans chaque centre principal.

Pour chaque centre principal, une unité d'œuvre a été définie :

– la minute de main-d'œuvre directe de découpe pour le centre Découpe ;
– la minute de main-d'œuvre directe de montage pour le centre Montage ;
– la pièce de vêtement contrôlée et emballée pour le centre contrôle qualité/emballage.

Le coût de production complet d'un produit est égal à :

Coût de la matière première + (nombre de minutes de découpe x coût minute de découpe) + (nombre de minutes de montage x coût minute de montage) + coût d'une unité contrôlée et emballée.

Afin de clarifier la démarche suivie, voici une application chiffrée (pour des raisons de confidentialité et de simplification, les chiffres sont fictifs).

	Administration/gestion du personnel	Centre Découpe	Centre Montage	Centre Contrôle/ Emballage
Charges indirectes	12 000 €	50 000 €	80 000 €	30 000 €
Déversement du centre auxilaire *	(12 000 €)	3 000 €	7200 €	1800 €
Total après déversement	0 €	53 000 €	87 200 €	31 800 €
Nature de l'unité d'œuvre (UO)	effectif géré	minute de MOD	minute de MOD	pièce contrôlée et emballée
Nombre d'unités d'œuvre (UO)		33 125 minutes	109 000 minutes	106 000 pièces contrôlées/ emballées
Coût de l'unité d'oeuvre		1,6 €/minute	0,8 €/minute	0,3 € par pièce

* 40 personnes travaillent dans les ateliers : 10 à l'atelier Découpe, 24 à l'atelier Montage et 6 au service Contrôle/Emballage.

Afin de déterminer le coût de production complet prévisionnel du modèle M1 (une robe de cocktail), on rassemble les données suivantes :

– le coût prévisionnel du tissu et des fournitures est de 18 € par unité ;

– les opérations de découpe nécessaires pour le modèle M1 requièrent 8 minutes de main d'œuvre de découpe ;

– les opérations de montage consommeront 15 minutes de main-d'œuvre de montage.

On peut noter qu'il s'agit de données prévisionnelles : le modèle n'a encore jamais été fabriqué. Son coût unitaire de production prévisionnel est estimé de la manière suivante :

Coût de la matière première	18 €
Charges indirectes de découpe imputées	8 UO × 1,6 € = 12,8 €
Charges indirectes de montage imputées	15 UO × 0,8 € = 12 €
Charges de contrôle et d'emballage imputées	1 UO × 0,3 € = 0,3 €
Coût complet de production	43,1 €

On remarquera que la société Modplus a choisi d'incorporer les salaires de son personnel productif direct dans les charges des centres d'analyse. Dans le cas de Modplus, les seules charges imputées directement aux produits et ne transitant pas par les centres d'analyse sont les coûts des tissus et des fournitures. Toutes les autres charges sont imputées aux centres d'analyse avant d'être réparties entre les produits. Il s'agit d'une pratique courante dans le secteur de l'habillement : elle consiste à avoir recours à des taux « chargés ». En effet, la minute de main-d'œuvre de découpe ou de montage est « chargée », c'est-à-dire qu'elle sert, non seulement à imputer la rémunération de l'ouvrier de découpe (ou de montage), mais aussi à charger le produit d'une quote-part des charges indirectes de production. Ainsi, dans le cas de Modplus, le coût de la minute de découpe de 1,6 € intègre, outre la rémunération de l'ouvrier qui effectue la découpe, un ensemble de charges indirectes ayant été imputées dans le centre principal atelier découpe : salaires du personnel d'encadrement de l'atelier, amortissements des machines, énergie, assurances, etc.

Si la méthode des centres d'analyse a, dans un premier temps, été largement adoptée par les entreprises industrielles, son utilisation s'est ensuite étendue aux entreprises du secteur des services : banques, assurances, tourisme, etc.

Ainsi que nous l'avons vu, elle permet d'obtenir un coût complet par produit sur lequel l'entreprise pourra s'appuyer pour fixer un prix de vente. Par ailleurs, elle autorise le calcul de résultats analytiques par type de produit, par type de client ou par type de prestation. Ces résultats analytiques pourront servir à l'entreprise pour évaluer la rentabilité des objets de coût auxquels elle s'intéresse. Ci-dessous, nous présentons un exemple d'application de la méthode des centres d'analyse dans le secteur de l'hôtellerie.

Le Tropical Club Vacances

Le Tropical Club Vacances (TCV) est un joli village de vacances situé près du Moule, en Guadeloupe. Il a deux principales activités. La première activité d'hôtellerie-restauration consiste à louer des chambres à deux lits en pension complète pour une durée d'une semaine. Le tarif est de 340 € pour la chambre (y compris la pension complète) et reste inchangé si une personne seulement occupe la chambre.

La deuxième activité de TCV est la location de bungalows. La capacité des bungalows est de 4 personnes et ils sont loués au tarif de 315 € la semaine. Ce tarif est indépendant du nombre d'occupants (qui ne peut en aucun cas excéder 4 personnes). Les locataires des bungalows disposent d'une petite cuisine. Ils ne fréquentent pas le restaurant car celui-ci est réservé aux clients de l'hôtel.

Le dirigeant du Tropical Club Vacances souhaite effectuer une analyse comparée de la rentabilité de ses deux activités et opte pour une approche en coût complet fondée sur la méthode des centres d'analyse. En premier lieu, il recueille les informations suivantes pour chacune des deux activités :

	Hôtellerie/ Restauration	Location de bungalows
Nombre de semaines vendues sur l'année	3 640	3 100
Nombre moyen de personnes	1,8 par chambre	3,1 par bungalow
Prix de vente d'une semaine	340 €	315 €

Afin de mettre en place la méthode des centres d'analyse, il définit 5 centres auxiliaires et 2 centres principaux.

Les centres auxiliaires sont les suivants :

- Entretien ;
- Animation ;
- Réception ;
- Ménage/blanchisserie ;
- Direction administration/commercial.

Les deux centres principaux retenus correspondent à chacune des deux activités :

– Hôtellerie ;
– Location de Bungalows.

On notera dès à présent que, dans le cas du Tropical Club Vacances, les centres d'analyse principaux se confondent avec les objets de coût. Les « produits » vendus par l'entreprise correspondent aux unités d'œuvre des centres principaux. Ce cas de figure se rencontre fréquemment dans les activités de service.

La répartition primaire

Une analyse précise des charges de l'année écoulée permet de les répartir entre les 7 centres d'analyse. Le tableau suivant présente le montant total de charges affecté à chaque centre d'analyse (en €) :

Entretien	Animation	Réception	Ménage/ Blanchis-serie	Administra-tion/ Commercial	Hôtellerie	Location de Bungalows
150 000	170 000	80 000	360 000	170 000	340 000	450 000

À partir de là, les charges indirectes des centres auxiliaires sont déversées dans les centres principaux.

La répartition secondaire

Un problème particulier est posé par le centre Entretien. En effet, comme nous allons le voir, le centre Entretien travaille non seulement pour les centres principaux mais aussi pour un autre centre auxiliaire. L'unité d'œuvre retenue pour le centre Entretien est l'heure-entretien.

Le tableau ci-dessous présente les activités de ce centre, ainsi que le nombre d'heures d'entretien consacrées à chacune de ses activités.

Activités du Centre entretien	Nombre d'heures d'entretien passées
Effectuer les réparations des chambres, de la cuisine et du restaurant	800 heures entretien
Assurer les réparations et l'inspection des bungalows	1 200 heures entretien
Assurer l'entretien des espaces verts, des tennis, du golf, etc.*	3 000 heures entretien
Total	5 000 heures entretien

* Cette dernière activité s'exerce donc au profit d'un autre centre auxiliaire : le centre Animation.

Le coût de l'unité d'œuvre du centre Entretien est de :
150 000 € / 5 000 heures = 30 €/heure

Le déversement du Centre Entretien s'effectuera donc de la manière suivante :

Entretien	Animation	Hôtellerie / restauration	Location de bungalows
150 000 €	3 000 UO × 30 € = 90 000 €	800 UO × 30 € = 24 000 €	1 200 UO × 30 € = 36 000 €

Ce déversement ayant été effectué, il apparaît que le centre Animation regroupe désormais :

– les charges indirectes issues de la répartition primaire, soit 170 000 € ;
– les charges indirectes provenant du centre Entretien, soit 90 000 €.

Le montant total des charges indirectes affectées au centre Animation s'élève donc à :

170 000 € + 90 000 € = 260 000 €.

Les autres centres auxiliaires – Animation, Réception, Ménage/blanchisserie et Administration/Commercial – cèdent l'intégralité de leurs prestations aux deux centres principaux. Pour chacun d'eux, on définit une unité d'œuvre et on calcule son coût :

Centre auxiliaire	Unité d'œuvre	Nombre d'UO	Coût de l'UO
Animation	Nombre de personnes	16 162 (1)	16,087 €/pers
Réception	Nombre de personnes	16 162 (1)	4,95 €/pers
Ménage/blanchisserie	Évaluation au %	(3/4 ; 1/4) (2)	
Administration/ Commercial	Chiffre d'affaires	2 214 100 (3)	0,0768 €/€

(1) Le nombre de personnes ayant fréquenté le village au cours de l'année écoulée est obtenu de la manière suivante : 3 640 semaines x 1,8 + 3 100 semaines x 3,1 = 16 162 personnes.

(2) Une évaluation approximative de la charge de travail du service Ménage/blanchisserie fut effectuée, à l'issue de laquelle, il est apparu que 75 % du temps de ce centre est consacré à l'activité Hôtellerie/restauration et 25 % à l'activité Location de Bungalows. Cette évaluation de la répartition de la charge de travail sera utilisée pour imputer les charges du centre Ménage/blanchisserie entre les deux centres principaux.

(3) Le chiffre d'affaires global de TCV est de : 3 640 x 340 € + 3 100 x 315 € = 2 214 100 €.

Le tableau ci-dessous présente l'ensemble des déversements des charges des centres auxiliaires sur les centres auxiliaires et principaux (en €).

Entretien	Animation	Réception	Ménage/ Blanchis-serie	Adminis-tration/ Commer-cial	Hôtellerie/ Restau-ration	Location Bungalows
150 000	170 000	80 000	360 000	170 000	340 000	450 000
	90 000 = 260 000				24 000	36 000
	(1)				105 403	154 597
		(2)			32 432	47 568
			(3)		270 000	90 000
				(4)	95 000	75 000
Total après déversement des centres auxiliaires					**866 835 €**	**853 165 €**

(1) Le centre Hôtellerie/restauration consomme : 6 552 UO x 16,087 € = 105 403 €
Le centre Location de Bungalows consomme : 9 610 UO x 16,087 € = 154 597 €

(2) Le centre Hôtellerie/restauration consomme : 6 552 UO x 4,95 € = 32 432 €
Le centre Location de Bungalows consomme : 9 610 UO x 4,95 € = 47 568 €

(3) Le centre Hôtellerie/restauration se voit imputer : 75 % x 360 000 = 270 000 €
Le centre Location de Bungalows se voit imputer : 25 % x 360 000 = 90 000 €

(4) Le centre Hôtellerie/restauration consomme : 1 237 600 UO x 0,0768 € = 95 000 € (arrondi)
Le centre Location de Bungalows consomme : 976 500 UO x 0,0768 € = 75 000 € (arrondi)

L'application de la méthode des centres d'analyse a ainsi permis d'évaluer le coût annuel global de chacune des deux activités compte tenu de leurs consommations respectives de ressources de support situées dans les centres auxiliaires.

Le calcul du coût des objets

À partir de là, il est possible de calculer le coût complet unitaire d'une semaine d'hôtellerie ou d'une semaine de location de bungalows, ainsi que le résultat analytique dégagé :

	Hôtellerie/Restauration	Location de Bungalows
Prix de vente d'une semaine	340 €	315 €
– Coût complet d'une semaine	866 835 € / 3640 s = 238,14 €	853 165 € / 3100 s = 275, 21 €
Résultat analytique par semaine	101,86 €	39,8 €
Taux de résultat	101,86 / 340 = 30 %	39,8 / 315 = 12,6 %
Résultat analytique total	3640 × 101,86 = 370 770 €	3 100 × 39,8 = 123 380 €

Les deux activités apparaissent donc comme rentables, même si les taux de rentabilité sont différents.

La clé utilisée pour imputer les charges du centre Ménage/Blanchisserie, fondée sur une appréciation sans doute quelque peu subjective, est perfectible. En particulier, on pourrait envisager de mettre en place une mesure des temps réellement passés sur une période donnée afin de valider (ou de modifier) la répartition trois quart/un quart.

Comme le montre l'exemple ci-dessus, les méthodes coût complet peuvent être utilisées afin d'évaluer la rentabilité comparée de différents objets de coût. Ceci suppose cependant d'être très rigoureux dans le traitement des charges indirectes. L'imputation des charges indirectes aux objets de coût se doit d'être la moins arbitraire possible. Cette question est devenue cruciale dans le domaine du calcul des coûts. En effet, on assiste aujourd'hui, dans beaucoup d'entreprises, à une augmentation de la part relative des charges indirectes. Il devient alors indispensable de mieux tracer les charges indirectes jusqu'aux objets de coût. Cette préoccupation, à l'origine du développement de la méthode des centres d'analyse, explique également l'essor d'une nouvelle méthode présentée dans le prochain chapitre : la méthode ABC.

POUR ALLER PLUS LOIN...

Le traitement des prestations réciproques

Une difficulté surgit dans la méthode des centres d'analyse lorsque deux centres auxiliaires C1 et C2 travaillent en partie l'un pour l'autre. Deux solutions techniques sont envisageables.

La première consiste à ignorer l'une des deux prestations, la moins significative. Par exemple, on considérera que les prestations fournies par C2 à C1 sont négligeables. En ce cas, on retrouve une situation connue : le centre auxiliaire C1 qui est prestataire de services est déversé dans le centre auxiliaire C2 et dans les centres principaux utilisateurs. On déversera ensuite le centre C2 dans les centres principaux bénéficiant de l'activité de C2.

La deuxième solution reconnaît l'existence de prestations croisées et pose un système d'équations permettant de rechercher les coûts d'unités d'œuvre de C1 et C2 qu'il convient de retenir. L'exemple ci-dessous offre une illustration de cette résolution dite par la méthode « algébrique ».

EXEMPLE

Prestations réciproques entre le centre énergie et le centre entretien

Dans une usine, deux centres auxiliaires, l'énergie et l'entretien, se rendent des services mutuellement, c'est-à-dire qu'ils se fournissent des prestations réciproques.

Le service entretien, qui a effectué en tout 400 heures d'entretien dans le mois pour l'ensemble de l'usine, a travaillé 30 heures pour le service énergie.

Le service énergie a mis à la disposition de l'usine 20 000 Kwh. Parmi ces 20 000 Kwh, 2 000 ont été utilisés par le service entretien.

L'affectation primaire des coûts indirects a donné les résultats suivants :

– Entretien : 8 000 €/mois

– Énergie : 9 325 €/mois

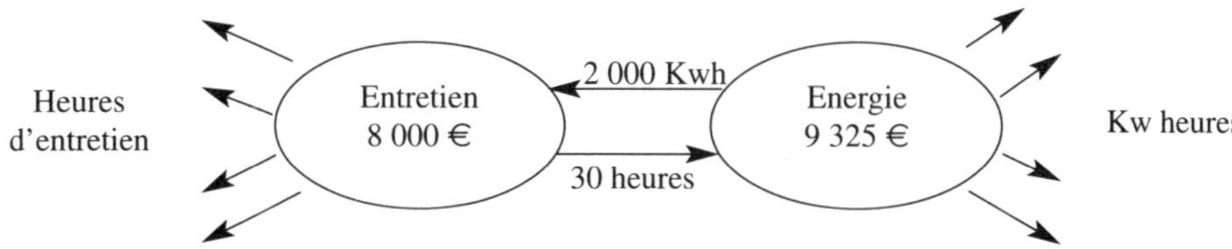

Solution

Chacun des centres d'analyse est traité comme une petite entreprise qui doit équilibrer :

– ses coûts (directs et sous forme de prestations de services) ;
– ses ressources issues des prestations de service qu'il rend.

On appellera z le coût d'unité d'œuvre de l'entretien et y le coût d'unité d'œuvre de l'énergie.

Équilibre de l'entretien

8 000 € (affectation primaire) + 2 000 Kwh × y €/Kwh = 400 heures × z €/h

Équilibre de l'énergie

9 325 € (affectation primaire) + 30 h × z €/h = 20 000 Kwh × y €/Kwh

On a alors un système de deux équations à deux inconnues :

$$\begin{cases} 8\,000\ € + 2\,000\ \text{Kwh x y}\ € = 400\ \text{h} \times z\ €/\text{h} \\ 9\,325\ € + 30\ \text{h} \times z\ €/\text{h} = 20\,000\ \text{Kwh} \times y\ €/\text{Kwh} \end{cases}$$

ce qui donne : z = 22,5 €/h
y = 0,5 €/Kwh.

Les coûts de ces deux centres d'analyse sont alors imputés à tous les autres centres en utilisant les valeurs de z et de y que l'on vient de trouver.

CAS D'APPLICATION

Cabinet ABC

Anne Béatrice Comte, diplômée d'une école de commerce et expert comptable, a créé avec un associé un cabinet d'expertise comptable qui assure à ses clients les missions traditionnelles de tenue de comptabilité, de surveillance et d'audit. En avril N, le cabinet regroupe 25 salariés.

Pour analyser la rentabilité de ses clients, A.B. Comte a mis en place dans le cabinet une comptabilité analytique. Pour ce faire, elle a identifié trois centres d'analyse :

– *la direction* qui regroupe 40 % de son salaire et 20 % de celui de son associé (salaire et charges sociales) soit pour avril N un montant de 4 909 €, plus des frais divers pour un montant de 2 409 € ;

– *le service administratif* qui regroupe 70 % du salaire du responsable, 70 % du salaire des deux secrétaires du cabinet et 90 % d'un employé, soit pour le mois d'avril N un montant, charges sociales comprises, de 7 082 € plus des frais (loyer, fournitures, téléphone, fax...) pour un montant de 28 756,5 € ;

– *le service informatique* qui regroupe 25 % du salaire du responsable administratif soit 777,5 € et les frais liés à l'informatique (maintenance, amortissements...) pour un montant en avril N de 6 708 €.

Les frais de la direction ne sont pas imputés au coût de revient des clients.

Le service administratif a pour unité d'œuvre l'heure de collaborateur facturée aux clients, soit pour avril N : 3 160 heures.

Le service informatique est réparti comme suit :

– 10 % des coûts sont affectés à la direction ;

– 20 % des coûts sont affectés au service administratif ;

– le solde est réparti au prorata du nombre de lignes d'écriture passées pour les clients soit 114 557 lignes d'écriture en avril N.

Les pourcentages indiqués ci-dessus caractérisent le temps « indirect » des personnes concernées. Ce temps est considéré comme « improductif ».

Le complément (par exemple, les 80 % de l'associé de A.B. Comte) est affirmé comme « direct » : il doit être affecté à des dossiers clients.

Le client Dupond SARL présente pour le mois d'avril les données suivantes :

Facturation

Gérard D.	manager	2 heures	taux de facturation :	80,00 €
Alexandra F.	collaborateur confirmé	10 heures	taux de facturation :	50,00 €
Henri P.	collaborateur débutant	15 heures	taux de facturation :	30,00 €

Coûts directs

Gérard D.	manager	2 heures	coût horaire (salaire et charges) :	42,00 €
Alexandra F.	collaborateur confirmé	11 heures	coût horaire (salaire et charges) :	27,00 €
Henri P.	collaborateur débutant	15 heures	coût horaire (salaire et charges) :	14,00 €

Autres nombre de lignes d'écriture pour Dupond SARL 1 100 lignes

Quel est le coût de revient du client Dupond SARL pour le mois d'avril ? Quel résultat le cabinet A.B.C. fait-il sur ce client ?

Cas Sweety

La société Sweety fabrique deux types de bonbons : un bonbon acidulé et un bonbon mou. Tous les bonbons fabriqués au cours d'un mois donné sont vendus à des grossistes au cours de ce même mois. L'entreprise n'a donc pas de stocks de bonbons. La matière première – le glucose – est achetée par kilogrammes en fonction des quantités de bonbons à fabriquer dans le mois. La société ne stocke donc pas de matière première[3]. Le processus de production comporte deux grandes étapes :

1) La transformation du glucose qui constitue la matière de base.

2) La coloration.

Un service Commercial / Distribution gère les relations avec les grossistes et assure la distribution des bonbons. Les bonbons acidulés sont vendus 0,085 € par pièce et les bonbons mous sont vendus 0,135 € par pièce.

Afin de déterminer le coût de revient des deux produits, le contrôleur de gestion de Sweety utilise la méthode des centres d'analyse (coûts complets).

3. Par souci de simplification, on ne prendra en compte ici que cette seule matière première ; il s'agit du composant majoritaire.

Les informations suivantes concernant le mois d'avril 2002 ont été recueillies :

	Bonbon acidulé	Bonbon mou
Nombre d'unités fabriquées et vendues	500 000 unités	300 000 unités
Quantité de matière première consommée	2 000 kilogrammes de glucose	2 500 kilogrammes de glucose
Quantités d'heures de Main d'œuvre (opérations de transformation)	500 heures	300 heures
Quantités d'heures de Main d'œuvre (opérations de coloration)	1 500 heures	1 500 heures

Le coût d'achat du kilogramme de glucose est de 0,7 €.

L'heure de main-d'œuvre est payée 13,5 €.

Les charges indirectes de l'entreprise Sweety s'élèvent à 23 400 €. Elles ont été réparties entre 5 centres d'analyse :

– un centre Administration ;
– un centre Entretien ;
– un centre de Transformation du glucose ;
– un centre de Coloration ;
– un centre de Vente/Distribution.

Total des charges indirectes	Administration	Entretien	Transformation	Coloration	Vente/ Distribution
23 400 €	6 000 €	2 000 €	3 000 €	8 000 €	4 400 €

– Les charges du centre Administration sont considérées comme des coûts de période et ne sont pas prises en compte dans le calcul du coût de revient des produits.

– Le service Entretien travaille à l'entretien des machines de transformation du glucose (100 heures d'entretien travaillées au cours du mois d'avril) et à celui des chaînes de coloration (100 heures d'entretien travaillées au cours du mois d'avril). Son activité, mesurée en heures d'entretien fournies, s'est donc partagée de manière équivalente entre les deux ateliers.

– L'unité d'œuvre du centre Transformation est le bonbon fabriqué.

– L'unité d'œuvre du centre Coloration est l'heure de Main d'œuvre directe de coloration.

– L'unité d'œuvre du centre Vente/distribution est l'euro de vente.

1 Calculer le coût de revient complet unitaire du bonbon acidulé et du bonbon mou.

2- Déterminer le résultat analytique unitaire et global du bonbon acidulé et du bonbon mou. Selon cette méthode, quel est le produit le plus rentable ?

3- Retrouver le résultat global de l'entreprise.

Cas Garage du Bac

Le garage du Bac possède deux ateliers principaux, mécanique et carrosserie.

Le coût de l'heure de main d'œuvre directe (salaire et charges) est légèrement différent dans les deux ateliers : 28 € par heure en mécanique et 27 € par heure en carrosserie.

Les charges indirectes du mois n ont été réparties entre 6 centres d'analyse de la manière suivante :

- **3 centres auxiliaires**

1. *Locaux et énergie* (entretien, ménage, chauffage, loyer, électricité et fuel des machines...) : 9 200 €

Ce centre est réparti sur les autres centres au prorata des m² utilisés.

2. *Administration* (direction, gestion du personnel, comptabilité...) : 8 700 €

Ce centre est réparti sur les autres centres au prorata de leurs effectifs.

3. *Service clients* (réception atelier, planning...) : 3 600 €

Ce centre est réparti sur les deux centres principaux mécanique et carrosserie au prorata des heures de main-d'œuvre directe respectivement travaillées dans chacun des deux centres.

- **3 centres principaux**

4. *Le magasin* (gestion des pièces, approvisionnements...) : 5 200 €

Les coûts du magasin sont imputés en fonction du coût des pièces de rechange facturées aux clients.

5. *Mécanique* (encadrement, amortissement machines et outillage, petites fournitures...) : 2 800 €

L'unité d'œuvre du centre Mécanique est l'heure de main-d'œuvre directe.

6. *Carrosserie* (encadrement, amortissement machines et outillage, petites fournitures...) : 4 140 €

L'unité d'œuvre du centre carrosserie est l'heure de main-d'œuvre directe.

1. *Calculez le coût de revient complet d'une heure de mécanique et d'une heure de carrosserie.*

2. *Quel est le coût de la réparation de M. Ferraro ?*

Travaux effectués pour M. Ferraro :

Révision mécanique : 1,5 heures

Remplacement montre de bord : 0,5 heure (mécanique)

Montre de bord : 50 €

Retouche peinture éraflure aile : 1,5 heure (carrosserie)

Garage du Bac

STATISTIQUES DU MOIS *n*

Surfaces	2 300 m²	Administration	25 m²
		Magasin	1 000 m²
		Service clients	200 m²
		Mécanique	400 m²
		Carrosserie	675 m²
Effectifs		Magasin	2
		Service clients	2
		Mécanique	4
		Carrosserie	3

→

(suite)

Montant des pièces de rechange facturées aux clients (HT) :	120 000 €
Heures de MOD facturées dans l'atelier de mécanique :	580 heures
Heures de MOD facturées dans l'atelier de carrosserie :	420 heures

Solutions

Cabinet ABC

Coût de revient du client Dupond : 972,14 €

Résultat fait sur le client Dupond : 137,86 €

Sweety

1. Coût de revient complet/unité Bonbon acidulé : 0,0753 €.

Coût de revient complet/unité Bonbon Mou : 0,114 €.

2.

	Résultat analytique par unité	Résultat analytique global
Bonbon Acidulé	0,0097 €	4 850 €
Bonbon Mou	0,021 €	6 300 €

3. Résultat global de l'entreprise : 5 150 €.

Garage du Bac

1. Coût de revient complet d'une heure de mécanique : 47,10 €.

Coût de revient complet d'une heure de carrosserie : 55 €.

2. Coût de la réparation de monsieur Ferraro : 231,20 €.

CHAPITRE 5
Le calcul des coûts par les activités

Ce qu'il faut retenir

La méthode de calcul des coûts par les activités *(Activity-Based Costing) (ABC)* répond aux critiques adressées aux systèmes comptables traditionnels : une répartition souvent arbitraire des charges indirectes, une concentration excessive sur les coûts directs et variables et une architecture fonctionnelle.

Elle s'inscrit dans une logique de coûts complets et revendique la vocation à calculer des coûts de revient plus précis que les méthodes traditionnelles en tentant de mieux rattacher les coûts aux objets qui les ont causés. Cette volonté s'affirme par le choix d'une gamme de clés de répartition (ou unités d'œuvre) plus large et moins liée au volume d'activité.

La mise en œuvre d'une comptabilité par les activités s'articule autour de trois étapes :

– la description de l'entreprise en **activités** définies comme des tâches élémentaires (commander, réceptionner, etc.) ;

– la répartition des charges indirectes entre les activités au moyen d'**inducteurs de ressources** afin de déterminer le coût indirect des activités ;

– l'imputation du coût des activités aux objets au moyen d'**inducteurs d'activités**.

Au-delà d'un système de calcul des coûts, la comptabilité par les activités constitue la pierre angulaire d'une approche de gestion par les processus appelée *Activity-Based Management (ABM)*. Cette approche est développée au chapitre 9 consacré à la gestion stratégique des coûts.

Dans le chapitre précédent, nous avons décrit plusieurs méthodes de calcul de coûts complets, dont celle fondée sur la définition *des centres d'analyse*. Cette approche s'inscrit dans une logique de coût complet où l'objectif est d'affecter l'ensemble des charges, directes ou indirectes, aux objets de coût.

La méthode de calcul des coûts par les activités poursuit le même objectif. Elle résulte de recherches entreprises aux États-Unis dans le milieu des années 80, qui portaient sur la pertinence des systèmes traditionnels de comptabilité de gestion dans l'industrie.

Ce chapitre est structuré de la manière suivante. D'abord nous examinerons les limites des systèmes traditionnels de calcul des coûts (section 1), ensuite nous étudierons la méthode de calcul des coûts par les activités (section 2) et enfin, nous exposerons une illustration de cette méthode (section 3).

1. La remise en cause des systèmes traditionnels de calcul des coûts

L'observation des méthodes traditionnelles de calcul des coûts révèle parfois une inadaptation des informations qu'elles produisent aux besoins des entreprises. En effet, les hypothèses sur lesquelles ces systèmes de mesures des coûts reposent sont, dans certains cas, devenues discutables.

A - La modification de la structure des coûts

Les changements technologiques ont une influence sur les systèmes de comptabilité analytique, car ils modifient la composition et la structure des coûts de revient.

Concernant la composition du coût des produits, la part des charges indirectes a augmenté aux dépens de celle des charges directes (hors consommation de matières premières), devenue souvent très faible. Concernant la structure du coût des produits, la proportion des charges fixes par rapport aux charges variables a augmenté car le coût total d'un bien est de moins en moins fonction du volume produit, mais de plus en plus lié à la diversité et à la complexité des produits.

B - Les biais introduits par les systèmes traditionnels de calcul des coûts

Les systèmes traditionnels de calcul des coûts n'ont pas pris en compte ces modifications. Les critiques adressées aux méthodes fondées sur le calcul des coûts complets et des coûts partiels peuvent se résumer à celles-ci :

– **Le système de calcul des coûts complets est trop marqué par la suprématie des coûts directs.** La répartition des charges indirectes se fait au moyen d'unités d'œuvre liées au volume de production (nombre d'heures de main-d'œuvre directe, nombre d'heures machines). Ce processus présente des limites. En cas de diversité dans les productions effectuées (produits spéciaux et produits standards), le surcoût des produits spéciaux est occulté (comme si « 1000 commandes d'une pièce » étaient équivalentes à « une commande de 1000 pièces »). Ce type d'incohérence peut amener le *subventionnement* de certains produits par d'autres. Dès lors, le coût relatif aux produits fabriqués en petites quantités doit être réparti sur toute la ligne de production. Aussi, les produits fabriqués en grande quantité sont « *sur-chargés* », alors que ceux manufacturés en petite quantité sont « *sous-chargés* ».

EXEMPLE

Le phénomène de subventionnement des produits personnalisés par les produits standards

Un atelier de l'entreprise Scapin fabrique deux produits : A un produit standard et B un produit plus sophistiqué.

La nomenclature des charges se présente ainsi :

Éléments	A	B
Production	10 000	1 000
Consommation de matières premières	1 composant d'un coût d'achat de 100 €	– 1 composant d'un coût d'achat de 200 € – 1 composant d'un coût d'achat de 150 €
Consommation de main-d'œuvre directe	1 heure de main-d'œuvre directe évaluée à 15 €	5 heures évaluées à 25 €

Les charges indirectes supportées par l'atelier sont réparties sur les produits A et B proportionnellement aux **heures de main-d'œuvre directe**. Sur la période considérée elles s'élèvent à 1 500 000 €.

Quel est le coût de production des produits A et B ?

Éléments	A	B
Matières premières	1 000 000 €	350 000 €
Main-d'œuvre directe	150 000 €	125 000 €
Charges indirectes	1 000 000 €	500 000 €
Coût total	**2 150 000 €**	**975 000 €**
Coût unitaire	**215 €**	**975 €**

Une étude approfondie du centre nous conduit à constater que les charges indirectes ne varient pas proportionnellement à la main-d'œuvre, mais en fonction de la **complexité des produits**. Ces charges sont en effet induites par les opérations de préparation de la chaîne de production. Or, ces activités sont plus ou moins sophistiquées et nombreuses selon le produit. Ainsi, A nécessite une opération pour démarrer sa production et B cinq opérations. Si l'on répartit les charges indirectes au prorata du nombre d'opérations, on obtient :

Éléments	A	B
Matières premières	1 000 000 €	350 000 €
Main-d'œuvre directe	150 000 €	125 000 €
Charges indirectes	250 000 €	1 250 000 €
Coût total	**1 400 000 €**	**1 725 000 €**
Coût unitaire	**140 €**	**1 725 €**

Selon les hypothèses de répartition des charges indirectes adoptées, les systèmes de calcul des coûts donnent des informations très différentes. Dans un premier temps, on suppose que les charges indirectes sont proportionnelles au volume fabriqué. Dans un deuxième temps, on considère qu'elles dépendent de la complexité des produits. Si l'on compare les coûts de production on constate que dans l'approche volumique, où l'unité d'œuvre est l'heure de main-d'œuvre directe, les produits A, fabriqués en grande quantité, supportent une part de charges indirectes anormalement élevée. Cette représentation économique de l'atelier, vraisemblablement fausse, conduit au **subventionnement** d'une partie des charges indirectes du produit B par le produit A.

En outre, la réduction et la mesure des coûts sont focalisées sur la main-d'œuvre directe malgré sa faible valeur relative. Ainsi face à une structure de coûts qui est généralement la suivante :

La structure des coûts dans l'industrie (Brimson et Berliner, 1988)

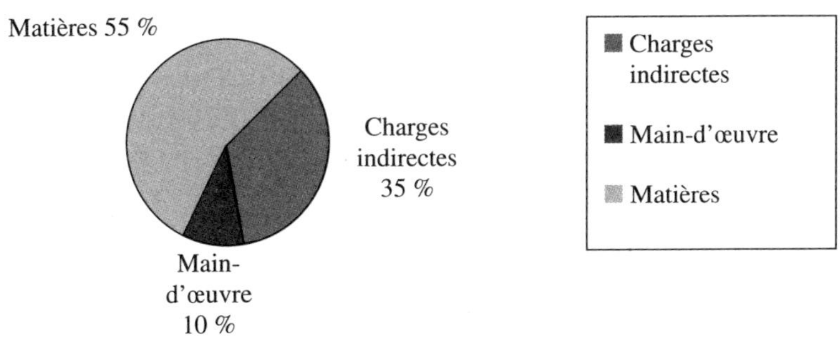

L'importance que la comptabilité de gestion accorde au contrôle de chacune de ces rubriques de coûts est :

La structure des coûts dans l'industrie (Brimson et Berliner, 1988)[1]

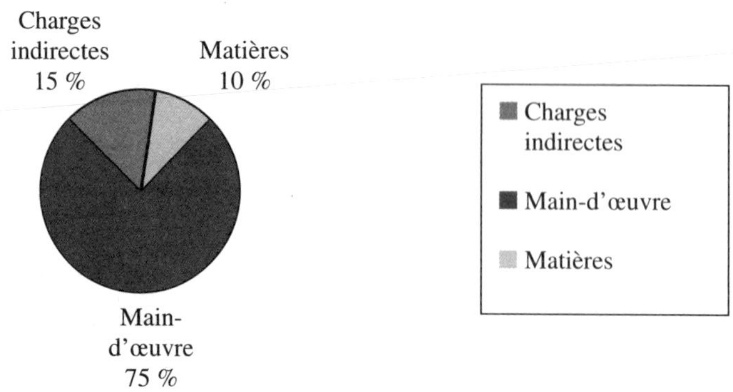

– **L'hypothèse d'homogénéité des centres d'analyse doit être remise en cause.** En effet, une section est homogène si elle est caractérisée par une seule activité. Lorsque la section regroupe plusieurs activités, l'homogénéité est maintenue si le coût de l'unité de chacune des activités est identique. Si le coût est différent, il faut que les produits consomment chacune de ces activités dans des proportions identiques. Or, on constate aujourd'hui que certaines entreprises utilisent des centres d'analyse qui regroupent plusieurs activités qui sont consommées dans des proportions différentes par les produits.

– **Le découpage en centres d'analyse ne correspond parfois plus à la réalité économique de l'entreprise.** Ce découpage, souvent vertical, par centre de responsabilité, reflète encore l'image de l'entreprise organisée selon le *modèle taylorien* et *hiérarchique*. Le développement des démarches transversales dans lesquelles deux ou plusieurs fonctions sont solidairement associées à la réalisation d'objectifs de progrès globaux met en porte à faux cette vision cloisonnée de l'entreprise.

1. J.A. Brimson, C. Berliner, *Cost Management for Today's Advanced Manufacturing : The CAM-I Conceptual Design,* Harvard Business School Press, 1988.

– **La distinction traditionnelle charge variable/charge fixe a, dans de nombreux secteurs, perdu sa pertinence.** En effet, dans le nouveau contexte industriel et technologique, les charges variables se résument souvent aux matières premières et aux matières consommables, les charges de main-d'œuvre directe de production devant être traitées comme des charges fixes en raison de leur indépendance à l'égard du niveau de production réelle. Ces modifications peuvent remettre en cause l'utilisation de méthodes fondées sur les coûts variables ou directs. En effet, la baisse relative des charges variables et directes peut conduire dans certains cas à des marges contributives de plus en plus importantes. L'ampleur de la marge combinée au flou de la mesure fait parfois courir des risques lors de son utilisation pour l'aide à la décision.

– **Les modèles traditionnels de calcul des coûts se bornent très souvent à analyser les coûts de fabrication,** et ignorent les coûts hors production (recherche et développement, etc.) qui représentent une part importante du coût total.

L'ensemble de ces critiques a favorisé le développement d'une nouvelle méthode : la *méthode de calcul des coûts par les activités* (*Activity-Based Costing* ou ABC). Celle-ci a pour but d'améliorer la qualité des informations sur les coûts fournies aux décideurs.

2. La méthode ABC

Partant du constat de l'inadéquation de la comptabilité de gestion aux exigences industrielles, la recherche conduite dans ce domaine a débouché sur la conception d'une méthode considérée comme mieux adaptée à la représentation économique de l'entreprise.

A - Le fondement de la méthode ABC : les activités

Les méthodes comptables traditionnelles sont focalisées sur les coûts de revient des produits finis. Or, la notion même de produit fait actuellement l'objet de plusieurs interrogations. D'une part, la prise en compte du produit comme une unité physique s'avère moins pertinente : ce qu'achète le client, c'est une combinaison de services et de fonctions et non un ensemble de pièces. D'autre part, les produits tendent à devenir de plus en plus éphémères et variés et leur durée de vie se raccourcit. Par conséquent, les produits ne peuvent plus être considérés comme le centre de gravité des systèmes de calcul des coûts. Il convient de chercher un centre plus stable pour organiser l'architecture d'un système de calcul. La méthode ABC suggère de s'appuyer sur les *activités*. Ce choix repose sur l'hypothèse suivante : *les ressources sont consommées par les activités qui sont elles-mêmes consommées par les produits*. En outre, les activités de base d'une entreprise tendent à être moins volatiles que les produits.

Par ailleurs, la méthode ABC adopte résolument une vision élargie des *objets de coût*. La démarche consiste à évaluer le coût de tous les éléments susceptibles de présenter un intérêt pour les responsables de façon à les éclairer dans leur prise de décision. Il sera ainsi possible de calculer, outre les coûts des produits, les coûts des réseaux de distribution, les coûts de l'obtention de la qualité, etc.

B - Objectif de la méthode ABC

L'objectif de la méthode ABC est de calculer le coût des objets en se fondant sur une description de l'entreprise en *activités*. C'est donc cette dimension organisationnelle qui constitue les fondations du système. Il s'agit de déterminer **les activités qui sont à l'origine des coûts**. Cette vision s'oppose au système traditionnel de calcul des coûts qui, au lieu de rechercher les liens de causalités à chaque étape de l'élaboration d'un produit, s'est contenté de chercher des modalités d'imputation des charges indirectes. La perte de tout lien de causalité entre les consommations effectives de ressources et les charges imputées est l'une des sources majeures des dysfonctionnements des systèmes de coûts en vigueur. Pour éviter cela, il faut procéder pas à pas en suivant, dans un premier temps, l'affectation des ressources de l'entreprise, sans se préoccuper des produits.

En outre, la mise en œuvre de la méthode ABC s'inscrit souvent dans une démarche de réduction des coûts de l'entreprise. Cette volonté se retrouve plus particulièrement dans l'approche ABM *(Activity-Based Management)* dont l'objectif est de réduire les coûts d'une entreprise en améliorant la réalisation de ses activités. Cette approche complète la méthode ABC qui en constitue la pierre angulaire. La description de l'approche ABM est abordée au chapitre 9 traitant de la gestion stratégique des coûts.

C - Mise en œuvre de la méthode ABC

L'architecture de la méthode ABC repose sur la notion d'activité ainsi que l'illustre le schéma suivant :

L'architecture de la méthode ABC (Brimson et Berliner, 1988)[2]

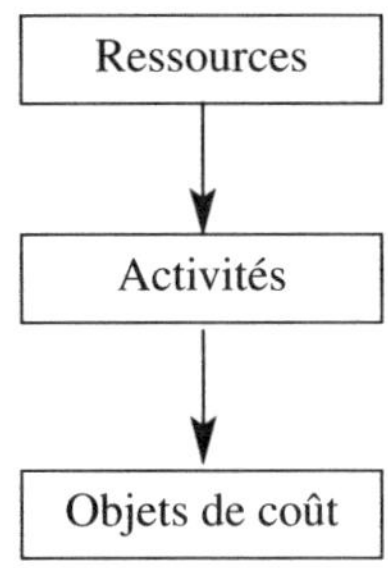

Il convient d'abord d'établir une cartographie des activités de l'entreprise, d'allouer ensuite les ressources aux activités via des *inducteurs de ressources* et de calculer enfin les coûts des objets (produits, prestations, clients, etc.) via des *inducteurs d'activités*.

a) La définition des activités

Il s'agit de découper l'entreprise en fonctions (acheter, usiner, assembler, etc.), elles-mêmes subdivisées en activités élémentaires (par exemple la fonction usiner peut se décomposer en plusieurs activités : fraiser, tourner, rectifier, etc.).

L'activité est une combinaison de personnes, de technologies, de matières et de méthodes qui fournit un produit ou un service déterminé.

Pour ne pas se perdre dans une analyse trop détaillée, seules sont identifiées et isolées les activités significatives :

– celles dont on peut identifier le résultat sous la forme d'une production (d'un bien, d'un service ou d'une information) ;

– celles qui sont repérables au sein du système d'information ;

2. J.A. Brimson, C. Berliner., *Cost Management for Today's Advanced Manufacturing : The CAM-i Conceptual Design*, Harvard Business School Press, 1988.

– celles qui consomment des ressources et qui participent à la réalisation des objectifs de l'organisation.

Les étapes suivies pour formuler une liste d'activités sont les suivantes :

➤ ***définir la portée de l'analyse.*** L'identification des activités dépend des objectifs que l'entreprise se fixe. Suivant qu'elle cherche un outil à caractère stratégique (par exemple la gestion d'une gamme de produits) ou opérationnel (par exemple l'amélioration de la fluidité sur une ligne de production) l'entreprise ne retiendra pas le même découpage en activités.

➤ ***déterminer les unités de l'analyse des activités.*** Elles peuvent correspondre à des unités organisationnelles bien définies ou être transversales. La définition de ces entités doit se faire dans le but de faciliter la compréhension et l'efficacité de l'analyse des coûts. Généralement, trois dimensions sont possibles pour conduire l'analyse :

– *se fonder sur l'organisation en suivant l'organigramme*. Cette démarche est *a priori* exhaustive, mais ne fait pas ressortir les interactions entre les activités ;

– *se fonder sur le découpage fonctionnel*. Cette démarche consiste à mener l'analyse fonction par fonction et sous-fonction par sous-fonction. Elle est structurée, mais ne fait toujours pas ressortir les interactions entre les activités ;

– *se fonder sur les processus*. C'est la méthode la plus cohérente avec un projet de comptabilité par activités, car elle met en évidence : les interdépendances entre les activités, le facteur temps (ou flexibilité), les relations entre les activités et les objectifs globaux de l'entreprise, les clients finaux des processus.

➤ ***recenser toutes les activités accomplies par une unité.*** On distingue pour cette étape deux types de démarches complémentaires : une démarche dite de *haut en bas*, qui consiste à analyser les activités niveau hiérarchique par niveau hiérarchique, en partant du niveau le plus élevé ; et une démarche dite de *bas en haut*, qui consiste à recenser de manière systématique les activités auxquelles les salariés consacrent leur temps. Les deux types de démarche peuvent s'appuyer sur la consultation des experts (un chef de département, par exemple), sur entretiens ou par des méthodes de terrain (observation, mesures de temps, analyse de données historiques, etc.).

➤ ***sélectionner et concentrer les activités définies.*** Une fois la phase d'analyse exhaustive achevée, il faut passer à une phase de synthèse. Il s'agit de réduire le nombre d'activités par éliminations et par regroupements. La **loi de Pareto** – 20 % des activités sont à l'origine de 80 % des dépenses et des performances – est généralement vérifiée. Elle permet de ne retenir que les activités les plus significatives au vu de leur poids relatif. Les activités peuvent être regroupées lorsqu'elles semblent obéir à la même logique économique (coûts et performances) et s'il est possible de leur attribuer une même production globale.

EXEMPLE

Quelques activités

Au sein d'une fonction **Approvisionnement** ou **Production,** on peut trouver la cartographie d'activités suivante :

Fonctions	Exemples d'activités
Approvisionnement	– Établir une commande, – Contrôler un bon de livraison, – Négocier avec un fournisseur, …
Production	– Emboutir, – Peindre, – Assembler, – Lustrer, …

b) L'allocation des ressources aux activités

Une fois les activités définies, il s'agit de rattacher le coût des ressources aux activités qui les ont consommées. En règle générale, il est admis qu'une entreprise est en mesure d'affecter 80 à 90 % de ses coûts aux activités. Si cette affectation se révèle impossible, c'est que les capacités du système d'information ne sont pas adaptées au découpage en activités. Cette difficulté peut être résolue, soit par une agrégation des activités, soit par une augmentation de la variété du système d'information. En outre, il est toujours possible de répartir le coût des ressources sur les activités au moyen de clés appelées **inducteurs de ressources** (à titre d'exemple, le coût relatif à la location d'un bâtiment sera réparti sur les activités qu'il abrite proportionnellement à la surface que chacune d'entre elles occupe : la surface occupée représente l'inducteur de ressource).

EXEMPLE

Allocation des frais de personnel

L'allocation des ressources humaines, notamment dans les activités de support, s'avère parfois délicate. À titre d'exemple, nous exposerons ci-dessous trois techniques possibles pour allouer les frais de personnel d'un service aux diverses activités qui y sont effectuées. La première technique consiste à évaluer de manière globale (à l'aide par exemple du responsable du service), les pourcentages du temps que le service dans son ensemble consacre aux différentes activités. Ces pourcentages sont ensuite utilisés pour répartir la masse salariale totale du service entre les différentes activités concernées. Dans la deuxième approche, l'analyse est affinée : on évalue la répartition du temps de chaque catégorie d'employés (par exemple, les cadres, les agents de maîtrise et les ouvriers) entre les activités. Enfin, il est possible d'opter pour une approche individuelle : elle consiste à déterminer le temps que chaque employé du service consacre aux activités.

c) La détermination des inducteurs d'activité

Ayant calculé le coût des activités, il s'agit de l'imputer aux objets de coût via les inducteurs d'activité. Pour chacune des activités retenues, un inducteur d'activité doit ainsi être défini.

L'inducteur est une unité de mesure qui rend compte du comportement du coût de l'activité, c'est-à-dire du lien existant entre le coût d'une activité et sa consommation par un produit ou tout autre objet de coût.

L'objectif est de parvenir à cerner les facteurs à l'origine de la variation du coût de l'activité afin de déterminer aussi pertinemment que possible les charges à affecter aux produits. La modélisation des relations de causalité commence donc à ce stade. Cette nouvelle approche considère que les charges indirectes ne varient pas systématiquement avec le volume mais en fonction de la diversité des produits et de la complexité des opérations. On distingue ainsi plusieurs types d'activités :

– **les activités dont les consommations de ressources sont liées aux volumes.** Ces activités consomment les ressources en fonction du nombre d'unités de produits. À titre d'exemple, on retiendra l'activité « assembler un produit fini ». Les ressources utilisées par cette activité sont fonction du nombre de produits assemblés et il est pertinent alors de retenir un inducteur à caractère volumique ;

– **les activités dont les consommations de ressources sont liées au nombre de séries.** Ce sont des activités déclenchées par un lot de produits. Le lancement d'un ordre d'achat, par exemple, est une activité induite non pas par le nombre de composants commandés mais par l'ordre d'achat ;

– **les activités de support produit.** Elles sont mises en œuvre afin de permettre à un produit spécifique d'être fabriqué et vendu. Les ressources consommées pour concevoir et tester les produits augmenteront avec le nombre de produits différents proposés par l'entreprise et avec leur complexité ;

– **les activités de support client.** Le facteur explicatif des variations de coût de ces activités est le nombre de différents clients auprès desquels la firme commercialise ses produits. Par exemple, l'activité « démarcher les clients » consommera d'autant plus de ressources que la société élargit son portefeuille de clients ;

– **les activités de support général.** Les ressources consommées par ces activités sont indépendantes des volumes fabriqués et vendus, de la composition du portefeuille de produits ou du portefeuille de clients. À titre d'exemple, on peut évoquer les frais associés aux activités d'entretien des locaux et de gardiennage. Ce sont des charges communes à tous les produits. Ces activités n'étant pas générées par un facteur précis, leur imputation aux objets de coûts reste problématique.

À partir de cette typologie générale, il sera possible de définir l'inducteur le plus pertinent pour chaque activité, c'est-à-dire le plus apte à expliquer les consommations des ressources par l'activité concernée. En outre, le choix des inducteurs peut soulever des problèmes pratiques de recueil d'information. Lorsque les données nécessaires sont inexistantes ou ont un coût d'obtention trop important, l'entreprise est conduite à s'orienter vers des inducteurs de substitution ou à mettre en place de nouveaux capteurs afin d'obtenir l'information souhaitée.

EXEMPLE

Calcul du coût de l'inducteur

La fonction achat de l'entreprise Rotch se décline notamment en une activité réception des commandes. Elle a pour objectif de gérer physiquement les commandes reçues. Les ressources consommées par cette activité sont induites par le nombre de références à gérer. L'entreprise Rotch achète principalement deux types de boîtiers (rond et tonneau), trois types de cadrans (bleu, noir et blanc) et deux types de verres (rond et tonneau). Elle a réceptionné 1 000 boîtiers (800 ronds et 200 tonneaux), 500 cadrans (100 bleus, 300 noirs et 100 blancs) et 400 verres (300 ronds et 100 tonneaux). Le coût de l'activité réception des commandes est évalué à 70 000 €.

On calcule, dans un premier temps, le coût fixe de l'inducteur qui représente les ressources allouées par l'activité réception des commandes aux différents types de références quel que soit le volume acheté.

Éléments	Réception des commandes
Ressources	70 000 €
Nature de l'inducteur	La référence
Volume de l'inducteur	7 références*
Coût fixe de l'inducteur	10 000 €

* L'entreprise Rotch gère 7 types de références : deux types de boîtiers, trois types de cadrans et deux types de verres.

Ce tableau nous indique que, quelle que soit la référence que l'entreprise ait à gérer, des boîtiers (ronds ou tonneaux), des cadrans (bleus, noirs ou blancs) ou des verres (ronds ou tonneaux), elle engage 10 000 € de ressources. Cela signifie que le coût de l'activité « réception des commandes », 70 000 €, est fonction du nombre de références que l'activité doit gérer. Si l'entreprise veut réduire ce budget, elle doit agir sur la dispersion des références qu'elle achète.

Dans un deuxième temps, on répartit le coût fixe de l'inducteur sur le volume acheté pour chacune des références.

Inducteur / Références	Coût fixe de l'inducteur	Base d'attribution de l'inducteur	Coût attribuable
Boîtiers ronds	10 000 €	800 b.	12,5 €
Boîtiers tonneaux	10 000 €	200 b.	50 €
Cadrans bleus	10 000 €	100 c.	100 €
Cadrans noirs	10 000 €	300 c.	33,33 €
Cadrans blancs	10 000 €	100 c.	100 €
Verres ronds	10 000 €	300 v.	33,33 €
Verres tonneaux	10 000 €	100 v.	100 €

Le coût attribuable représente le coût de l'inducteur « références » à appliquer au calcul du coût de production des produits finis. Il représente le coût unitaire de la gestion de chacune des références en tenant compte du volume acquis. Ici, le coût unitaire de gestion des boîtiers tonneaux, des cadrans bleus et blancs, des verres tonneaux est plus élevé que celui des autres types de composants parce que le nombre acheté est plus faible.

La méthode conduit parfois à identifier un très grand nombre d'activités pour représenter l'entreprise. Afin de limiter celui-ci, certains spécialistes de la méthode ABC préconisent l'agrégation de certaines activités.

d) L'agrégation des activités

Le travail de description de l'ensemble des activités réalisées au sein d'une entreprise aboutit en général à l'identification de deux ou trois cents activités différentes. Cette architecture peut conduire à un système d'information de gestion complexe et difficile. Par conséquent, il convient souvent de rassembler les activités en **centres de regroupement**. Il s'agit pour le management d'opérer un arbitrage entre la simplicité du modèle de représentation économique de l'organisation (nombre réduit d'activités et d'inducteurs) et la précision de l'information comptable fournie (l'ensemble détaillé des activités et de leurs inducteurs).

Le regroupement des activités, dès lors qu'il s'impose, ne doit pas introduire de distorsions dans le calcul des coûts. Trois critères permettent d'opérer un regroupement cohérent des activités tout en minimisant le risque de subventionnement croisé entre objets de coûts :

– **le regroupement des activités en processus.** Un processus rassemble des activités orientées vers la production d'un output final pour un client final. Il s'agit alors de regrouper les activités appartenant à un même processus ;

– **le regroupement des activités par fonction.** Il s'agit de rassembler les activités identiques dans des *macro-activités* ou fonction ;

– **le regroupement des activités ayant des inducteurs identiques.** Toutes les activités qui ont leurs consommations de ressources expliquées par le même inducteur peuvent être agrégées.

Tout le problème est de déterminer le nombre d'inducteurs d'activité suffisant pour fournir des informations pertinentes, à un moindre coût. Ce nombre dépend du niveau de précision désiré et de la complexité de la gamme de produits ou de services. Une fois le nombre minimum d'inducteurs d'activité déterminé, il s'agit de sélectionner les plus appropriés. Ce choix dépend de la facilité à obtenir les données nécessaires (le coût de mesure), du degré de corrélation de la consommation de l'activité par les produits et des effets sur le comportement des individus qui ne doivent pas penser que leur performance est évaluée sur la base du coût ou de la quantité de l'inducteur.

EXEMPLE

Agrégation d'activités

L'organisation de l'entreprise Watch peut se décrire autour des dix activités suivantes :

Centres	Administration	Approvisionnement	Montage	Distribution
Activités	1. Comptabiliser les achats 2. Comptabiliser les ventes	3. Gérer les achats 4. Réceptionner les commandes 5. Entrer les matières en magasin 6. Amener les matières en production	7. Installer les machines 8. Assembler 9. Régler	10. Gérer les détaillants

Le contrôleur de gestion a défini, pour chaque activité, les inducteurs suivants :

Activités	Inducteurs
1. Comptabiliser les achats	Nombre de références Nombre de fournisseurs
2. Comptabiliser les ventes	Nombre de détaillants
3. Gérer les achats	Nombre de références Nombre de fournisseurs
4. Réceptionner les commandes	Nombre de références Nombre de réceptions
5. Entrer les articles en magasin	Nombre de références Nombre de réceptions
6. Amener les matières en production	Nombre de lots de montage
7. Installer les machines	Nombre de lots de montage Nombre de réglages
8. Assembler	Nombre de lots de montage
9. Régler	Nombre de références
10. Gérer les détaillants	Nombre de détaillants

Si l'on croise les activités et les inducteurs on obtient la matrice suivante :

Activités / Facteurs	1	2	3	4	5	6	7	8	9	10
Nombre de références	X		X	X	X				X	
Nombre de fournisseurs	X		X							
Nombre de détaillants		X								X
Nombre de réceptions				X	X					
Nombre de lots de montage						X	X	X		
Nombre de réglages							X			

Cette matrice nous montre que le **nombre de références** constitue le facteur explicatif de cinq activités (les activités 1, 3, 4, 5 et 9), que le **nombre de détaillants** explique les activités 2 et 10 nullement expliquées par d'autres inducteurs et que le **nombre de lots de montage** rassemble les activités 6, 7 et 8. En permettant d'agréger les dix activités autour de trois **centres de regroupement** (la gestion des références, la gestion des détaillants et la gestion des lots de montage) le système de coût, représentation économique de l'entreprise, oriente le contrôleur de gestion sur les facteurs qui sont à l'origine de l'existence des coûts. En d'autres termes, si l'entreprise Watch doit faire face à des coûts c'est parce qu'elle gère des références, des lots de montage et des détaillants. Une politique de réduction des coûts passe alors par une redéfinition des processus et des produits dans le but de réduire le nombre de références à gérer, d'augmenter la taille des lots de production et de réduire le nombre de détaillants. Cette dernière proposition peut se révéler contraire à la stratégie commerciale de l'entreprise et demande un arbitrage.

L'architecture du système de coût de l'entreprise est alors la suivante :

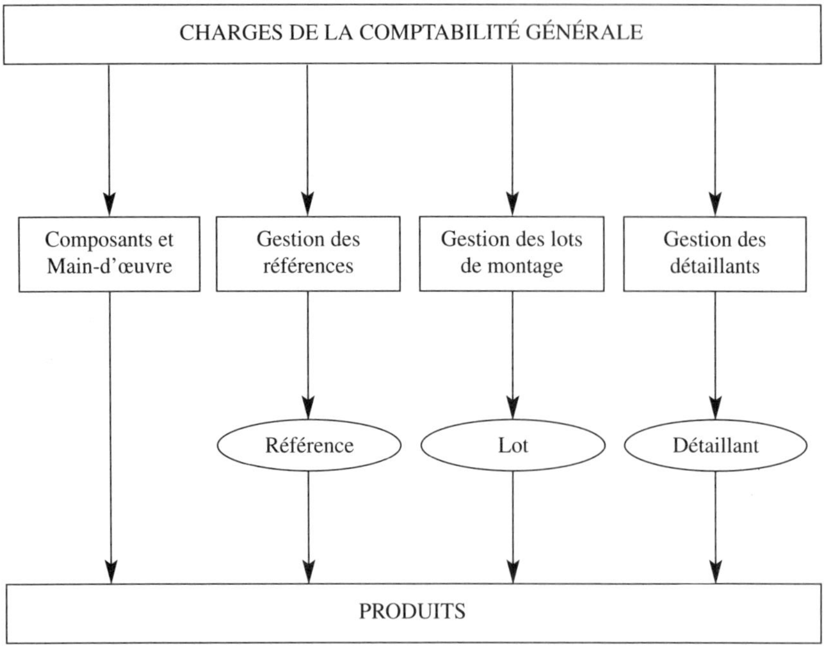

e) Le calcul des coûts des produits

L'application la plus immédiate de la méthode ABC est le calcul du coût de revient des produits à partir des activités. À cet effet, on établit pour chaque produit une fiche qui indique les activités qu'il utilise, ainsi que sa consommation d'inducteurs pour chacune des activités. Il en résulte que le coût d'un produit sera constitué des coûts des différentes activités utilisées.

Mais, cela serait détourner la méthode ABC de sa véritable finalité que de la réduire à la recherche de coûts de revient plus précis. L'objectif poursuivi est aussi une amélioration de la capacité d'action des responsables et une ré allocation plus efficace des ressources vers les activités apportant de la valeur aux clients. C'est pourquoi, de multiples analyses peuvent être conduites à l'aide de la base de données initiales : étude de la rentabilité des clients, réorganisation des activités dans le cadre d'une démarche de *reengineering* en vue de diminuer le coût, tout en augmentant l'efficacité ou la rapidité de réalisation, etc. Nous développerons plus précisément cette démarche au Chapitre 9.

3. *Une application de la méthode ABC*

L'objectif de cette section est de comparer, à travers un exemple, les résultats obtenus par la méthode des centres d'analyse et par la méthode ABC.

A - La méthode des centres d'analyse

La SA Merlin fabrique et commercialise deux types de bicyclettes, le modèle « Road », produit standard, et le modèle « Extralight » distribué en plus petites quantités.

Les informations comptables vous sont communiquées ci-après.

Les coûts directs sont constitués des matières premières et de la main-d'œuvre directe. Le coût des matières premières est de 534 € pour le produit de base et de 838 € pour le produit haut de gamme. En ce qui concerne la main-d'œuvre directe, un « Road » nécessite 1,5 heure ce qui représente un coût par unité produite de 606 €, un « Extralight » exige quant à lui 3 heures qui correspondent à un coût de 762 € par bicyclette.

Durant la période considérée, les charges indirectes se sont élevées à 890 750 €, les ventes à 1 000 bicyclettes « Road » et 150 bicyclettes « Extralight », aux prix respectifs de 2 050 € et 3 270 €.

Aucun stock, en début et fin de période, n'a été constaté.

Merlin utilise traditionnellement la méthode des centres d'analyse. Elle a défini son activité autour de trois centres : l'approvisionnement, la production et la commercialisation/administration. Le tableau de répartition des charges indirectes de la période s'établit ainsi :

Centres	Approvisionnement	Production	Commercialisation / Administration
Répartition primaire	329 850 €	386 100 €	174 800 €
Nature de l'UO	100 € d'achat de MP	H/MOD	1 bicyclette vendue
Nombre d'UO	6 597	1 950	1 150
Coût de l'UO	50 €	198 €	152 €

Le coût de revient et les résultats analytiques des deux produits, selon la méthode des centres d'analyse, s'établit de la façon suivante :

Éléments	Modèle « Road »			Modèle « Extralight »		
	Quantités	Coût unitaire	Montant en €	Quantités	Coût unitaire	Montant en €
Charges directes :						
Matières	1 000	534	534 000	150	838	125 700
Main-d'œuvre directe	1 000	606	606 000	150	762	114 300
Charges indirectes :						
Approvisionnement	5 340	50	267 000	1 257	50	62 850
Production	1 500	198	297 000	450	198	89 100
Commercialisation/ Administration	1 000	152	152 000	150	152	22 800
Coût de revient	**1 000**	**1 856**	**1 856 000**	**150**	**2 765**	**414 750**
Chiffre d'affaires	1 000	2 050	2 050 000	150	3 270	490 500
Résultat	1 000	194	194 000	150	505	75 750

M. Hino, contrôleur de gestion de l'entreprise Merlin, a assisté à une conférence sur la méthode ABC. Soucieux de fournir des coûts de revient précis, base du calcul des prix de vente des deux modèles de bicyclette, il propose à la direction générale de lancer un projet de mise en œuvre de la méthode ABC. Convaincue par les arguments de M. Hino, la direction générale donne son accord.

B - La méthode ABC

M. Hino reprend la méthodologie préconisée pour la mise en œuvre de la méthode ABC. Il décide d'identifier les activités, de définir les centres de regroupement, de calculer le coût des centres de regroupement, de déterminer le coût des inducteurs d'activité et de calculer le coût de revient des deux modèles de bicyclettes.

a) Identification des activités

Activités	Coût de l'activité (en €)	Inducteur	Rattachement aux centres d'analyse
1- Gérer les fournisseurs	72 050	Nombre de fournisseurs	Approvisionnement
2- Commander les matières premières	66 000	Nombre de références	Approvisionnement
3- Réceptionner les commandes	65 000	Nombre de réceptions Nombre de références	Approvisionnement
4- Gérer les stocks	63 020	Nombre de références	Approvisionnement
5- Gérer le mouvement des matières	63 780	Nombre de lots de montage	Approvisionnement
6- Préparer et lancer la fabrication	178 000	Nombre de lots de montage	Production
7- Assembler	208 100	Nombre d'heures de main-d'œuvre directe	Production
8- Administrer	70 400	Euro de coût ajouté	Hors production
9- Commercialiser les produits	104 400	Nombre de détaillants	Hors production

Les charges indirectes de l'entreprise Merlin, initialement réparties dans les centres d'analyse, ont été affectées aux activités. En pratique, cette étape nécessite une adaptation du système d'information comptable au découpage en activités induit par la méthode ABC. L'affectation se fait alors soit directement soit en utilisant des clés de répartition (inducteurs de ressources).

Par ailleurs, M. Hino a collecté les informations suivantes :

– l'entreprise a sélectionné quatre fournisseurs principaux : celui des roues, celui des pièces standard, celui des pièces personnalisées et celui des périphéries (pièces diverses) ;

– le service approvisionnement gère six types de références : deux types de roues (un par modèle), deux types de pièces standards (un par modèle de bicyclette), un type de pièces personnalisées (uniquement pour le modèle « Extralight ») et un type de pièces diverses ;

– la fabrication travaille par lots. La taille des lots est de dix unités pour le modèle « Road » et de cinq unités pour le modèle « Extralight ». La fabrication des 1 000 unités « Road » exige donc d'organiser 100 lots (1 000/10) ; celle des 150 unités « Extralight » demande 30 lots (150/5) ;

– la distribution des produits intéresse trois types de détaillants : les magasins d'articles de sport, les magasins spécialisés et la grande distribution. Les premiers ont vendu 400 « Road » et 60 « Extralight » ; les seconds 90 « Extralight » ; les troisièmes 600 « Road ».

b) Définition des centres de regroupement

L'objectif de cette étape est de regrouper les activités qui ont les mêmes inducteurs afin, d'une part, de simplifier la structure du modèle ABC et, d'autre part, de faire ressortir les facteurs explicatifs des coûts.

Inducteurs \ Activités	1	2	3	4	5	6	7	8	9
Nombre de fournisseurs	X								
Nombre de références		X	X	X					
Nombre de réceptions			X						
Nombre de lots de montage					X	X			
Nombre d'heures de MOD							X		
Euro de coût ajouté								X	
Nombre de détaillants									X

Le nombre de fournisseurs, et seulement cet inducteur, explique les coûts de l'activité 1. La gestion du nombre de références est à l'origine de l'existence de trois activités (les activités 2, 3 et 4). On peut noter que l'activité 3 est également expliquée par le nombre de réceptions, mais, dans un souci de simplification du modèle ABC, on choisit le regroupement de cette activité autour du nombre de références. L'activité 9, Administration, a pour facteur explicatif l'euro de coût ajouté. Il s'agit plus d'un moyen de répartir les charges que d'un véritable inducteur dans la mesure où l'hétérogénéité d'une activité administrative contrarie souvent la définition d'un inducteur pertinent.

c) Calcul du coût des centres de regroupement

Il s'agit de répartir les ressources sur les centres de regroupement définis à l'étape précédente.

Activités \ Centres	Gestion des fournisseurs	Gestion des références	Gestion des lots	Gestion des heures de MOD	Gestion du coût ajouté	Gestion des détaillants
1	72 050					
2		66 000				
3		65 000				
4		63 020				
5			63 780			
6			178 000			
7				208 100		
8					70 400	
9						104 400
Total	72 050 €	194 020 €	241 780 €	208 100 €	70 400 €	104 400 €

d) Détermination du coût des inducteurs d'activité

Cette opération se décompose en deux étapes. Il s'agit d'une part de calculer le coût fixe des inducteurs, et d'autre part d'attribuer ce coût à chaque unité de produit.

Éléments	Gestion des fournisseurs	Gestion des références	Gestion des lots	Gestion des heures de MOD	Gestion du coût ajouté	Gestion des détaillants
Ressources	72 050 €	194 020 €	241 780 €	208 100 €	70 400 €	104 400 €
Nature de l'inducteur	Le fournisseur	La référence	Le lot	L'heure	Le coût ajouté	Le détaillant
Volume de l'inducteur	4 (a)	6 (b)	130 (c)	1 950 (d)	820 348,85 (e)	3 (f)
Coût de l'inducteur	18 012,5	32 336,67	1 859, 85	106,72	0,0858	34 800

(a) Merlin a recensé 4 types de fournisseurs.

(b) Merlin gère 6 types de références.

(c) Merlin fabrique sur la période 1 000 unités « Road » et 150 unités « Extralight ». La taille des lots est de 10 unités pour les « Road » et de 5 unités pour les « Extralight ». Le nombre total de lot est donc de 1 000/10 + 150/5 = 130.

(d) Merlin fabrique sur la période 1 000 unités « Road » et 150 unités « Extralight ». Un « Road » nécessite 1,5 heure de main-d'œuvre, un « Extralight » nécessite 3 heures de main-d'œuvre directe. Le nombre total d'heures de main-d'œuvre est de $1{,}5 \times 1\,000 + 3 \times 150 = 1\,950$.

(e) 820 348,85 représente la somme des coûts indirects (autres que ceux induits par la gestion du coût ajouté) dédiés aux bicyclettes « Road » et « Extralight ». Il s'agit des coûts de la gestion des fournisseurs, de la gestion des références, de la gestion des lots, de la gestion des heures de MOD et de la gestion des détaillants : soit 550 903,34 pour le « Road » et 269 445,51 pour l'« Extralight ». La détermination du coût ajouté implique le calcul du coût de revient des bicyclettes.

(f) Les deux modèles fabriqués sont distribués par trois types de détaillants.

Il s'agit maintenant de répartir le coût fixe des inducteurs entre chaque unité de produit.

Inducteurs	Coût fixe de l'inducteur (en €)	Base d'attribution	Coût attribuable (en €)
Fournisseurs			
Roues	18 012,5	1 150	15,66
Pièces standards	18 012,5	1 150	15,66
Pièces personnalisées	18 012,5	150	120,08
Divers	18 012,5	1 150	15,66
Références			
Roues 1	32 336,67	1 000	32,34
Roues 2	32 336,67	150	215,58
Pièces standards 1	32 336,67	1 000	32,34
Pièces standards 2	32 336,67	150	215,58
Pièces personnalisées	32 336,67	150	215,58
Divers	32 336,67	1 150	28,12
Lots			
Road	1 859,85	10	185,99
Extralight	1 859,85	5	371,97
Détaillants			
Magasin articles de sport	34 800,00	460	75,65
Magasin spécialisé	34 800,00	90	386,67
Grande distribution	34 800,00	600	58,00

e) Calcul du coût de revient des deux modèles de bicyclettes

Éléments	Modèle « Road »			Modèle « Extralight »		
	Quantités	Coût unitaire (en €)	Montant (en €)	Quantités	Coût unitaire (en €)	Montant (en €)
Coûts directs (1)			1 140 000			240 000
Coûts indirects						
Gestion des fournisseurs						
Roues	1 000	15,66	15 660	150	15,66	2 349
Pièces standards	1 000	15,66	15 660	150	15,66	2 349
Pièces personnalisées				150	120,08	18 012
Divers	1 000	15,66	15 660	150	15,66	2 349
Gestion des références						
Roues 1	1 000	32,34	32 336,67			
Roues 2				150	215,58	32 336,67
Pièces standards 1	1 000	32,34	32 336,67			
Pièces standards 2				150	215,58	32 336,67
Pièces personnalisées				150	215,58	32 336,67
Divers	1 000	28,12	28 120	150	28,12	4 218
Gestion des lots	1 000	185,99	185 990	150	371,97	55 795,5
Gestion des heures de MOD	1 500	106,72	160 080	450	106,72	48 024
Gestion des détaillants						
Magasin articles de sport	400	75,65	30 260	60	75,65	4 539
Magasin spécialisé				90	386,67	34 800
Grande distribution	600	58	34 800			
Gestion du coût ajouté	550 903	0,0858	47 276,95	269 445	0,0858	23 118,42
Coût de revient	**1 000**	**1 690,9**	**1 690 903**	**150**	**3 396,3**	**509 445**
Chiffre d'affaires	1 000	2 050	2 050 000	150	3 270	490 500
Résultat	**1 000**	**359,1**	**359 100**	**150**	**(126,3)**	**(18 945)**

(1) Les coûts directs sont identiques à ceux déterminés dans la méthode des centres d'analyse.

C - Analyse comparée des deux méthodes

Éléments	Modèle « Road »			Modèle « Extralight »		
	Centres d'analyse	*ABC*	*Écarts*	*Centres d'analyse*	*ABC*	*Écarts*
Coût de revient total	1 856 000 €	1 690 903 €	(165 097) €	414 750 €	509 445 €	+ 94 695 €
Coût de revient unitaire	1 856 €	1 691 €	(165) €	2 765 €	3 396 €	+ 631 €

L'exemple de la SA Merlin est une parfaite illustration du phénomène de subventionnement des produits personnalisés (le modèle « Extralight ») par les produits standards (le modèle « Road »). En effet, le coût de revient unitaire du « Road » passe de 1 856 € (selon la méthode des centres d'analyse) à 1 691 € (selon la méthode ABC), soit une diminution de 8,9 %, alors que celui de l'« Extralight » passe respectivement de 2 765 € à 3 369 €, soit une augmentation de 21,9 %. Cette dernière augmentation est la juste contrepartie du surcoût engendré par la fabrication d'un produit plus personnalisé. Ces variations ont pour origine le changement de clés de répartition des charges indirectes. Dans la méthode des centres d'analyse, ces charges sont imputées à l'aide d'unités d'œuvre proportionnelles au volume (acheté, fabriqué ou vendu). Le produit standard (le modèle « Road »), représentant les quantités les plus fortes, supporte logiquement la majorité des charges. Cette situation n'est pas représentative de la réalité économique de l'entreprise Merlin. En effet, le produit standard demande beaucoup moins d'effort que le produit personnalisé (le modèle « Extralight ») qui implique une gestion plus complexe de ses composants, de sa fabrication et de sa commercialisation.

Comme le montre l'exemple ci-dessus, la méthode ABC a vocation à améliorer la précision des informations sur les coûts de revient. La définition de clés de répartition moins liées au volume a pour effet de gommer les effets d'absorption des charges indirectes par les produits fabriqués en grande quantité. La méthode ABC ne doit cependant pas être perçue seulement comme un système de calcul des coûts. Elle s'inscrit dans une démarche plus globale de réduction des coûts que nous étudierons au chapitre consacré à la gestion stratégique des coûts.

POUR ALLER PLUS LOIN...

Les origines de la méthode ABC

La méthode ABC semble tirer ses origines de deux mouvements distincts. D'une part, une étude menée chez General Electric dans les années 60. L'objectif est alors de mieux maîtriser les charges indirectes **en contrôlant les activités qui causent ces coûts.** L'étude débouche sur les concepts d'analyse du coût des activités et de générateur d'activité. Ce dernier sera repris par des consultants (Bain & Co., Boston Consulting Group), sous la désignation de générateur de coût. D'autre part, entre 1970 et 1980, indépendamment des développements initiés chez General Electric, plusieurs entreprises et consultants se sont attachés à améliorer la qualité de l'information sur les coûts de revient. Ces travaux ont débouché sur la méthode ABC.

La construction de cette méthode s'appuie alors sur deux concepts : l'analyse des activités à travers la *Chaîne de Valeur* (Porter, 1985)[3] et le *Budget-Base Zéro* (Pyhrr, 1973)[4]. L'adoption de l'analyse des activités se justifie par son aptitude à faciliter la compréhension de la complexité des organisations et de la création de valeur. La notion de volume de produits finis constitue l'un des fondements du calcul économique actuel. Cependant, ce concept semble devoir être remis en cause pour deux raisons. D'une part parce que la différenciation physique (options, etc.) et immatérielle (service après vente, etc.) des produits rendent le concept de plus en plus difficile à définir, et d'autre part, parce que le volume devient lui aussi plus délicat à mesurer car les variantes se multiplient et sont présentes à tous les stades de la fabrication. Dès lors, il se révèle indispensable de retracer

3. Porter M.E., *Competitive Advantage : Creating and Sustaining Superior Performance*, The Free Press, 1985.

4. Pyhrr P., *Zero-Base Budgeting : A Practical Management Tool for Evaluating Expenses*, John Wiley & Sons, 1973.

les coûts à chaque stade du processus de fabrication en substituant à la notion de produit fini, celle de composant ou sous-ensemble. De plus, **les produits ne sont que la matérialisation de la compétitivité des activités** (conception, développement, production, marketing, etc.). C'est en recherchant l'amélioration permanente des activités et des processus que l'entreprise peut se doter de facteurs de compétitivité centrés sur la maîtrise des coûts et de la valeur.

Dès 1973, Pyhrr propose d'intégrer au contrôle de gestion une analyse des activités. Son objectif est de pallier l'incapacité de la comptabilité analytique classique, organisée autour des centres d'analyse, d'expliquer l'évolution des *charges discrétionnaires*[5]. Pyhrr décrit le concept comme « *un procédé de planification et de budgétisation qui exige de la part de chaque dirigeant d'un centre de décision qu'il justifie dans le détail, et dès son origine (d'où l'intitulé de base-zéro) tous les postes de budget dont il a la responsabilité, et qu'il donne la preuve de la nécessité d'effectuer cette dépense... Plutôt que de procéder à des replâtrages incessants du budget existant, il s'agit de reconsidérer totalement les activités et les priorités, et de redéfinir de nouvelles allocations de ressources mieux adaptées* ». L'ambition du Budget-Base Zéro se retrouve dans la méthode ABC à travers le concept d'*analyse par les transactions*. Il s'agit de définir la manière dont les ressources de l'entreprise sont consommées, non plus globalement mais de manière très fine afin d'établir une relation, pour une activité individualisée au sein de l'entreprise, entre le volume produit, mesurable en unités physiques, et un montant de ressources consommées. Cette démarche révèle le **lien de causalité** précis qui existe entre la consommation de ressources et les différentes activités réalisées dans l'entreprise.

5. On qualifie de charges discrétionnaires, les charges indirectes générées par les activités de support (marketing, services financiers, contrôle de qualité, entretien, etc.) qui n'ont plus de liens avec les produits et pour lesquelles il est donc nécessaire d'abandonner le modèle volumique.

CAS D'APPLICATION

Parmi Giani

L'entreprise Parmi Giani a identifié ses charges indirectes mensuelles pour l'année 2004. Elles se présentent ainsi :

Centres	Charges indirectes (en €)	Nombre d'unités d'œuvre
Maintenance	20 000	10 000 heures machine
Manutention	25 000	250 déplacements
Réglage des machines	30 000	1 000 heures de réglage
Contrôle qualité	25 000	500 contrôles

Le tableau ci-dessous résume les caractéristiques des deux lots réalisés en janvier 2004.

	Lot 1	Lot 2
Coûts des matières	10 000 €	7 500 €
Coûts de la main-d'œuvre directe	8 000 €	5 500 €
Nombre d'articles	2 000 unités	1 500 unités
Heures de main-d'œuvre directe	640 heures	400 heures
Heures machine	700 heures	650 heures
Déplacements	40	15
Heures de réglage	80 heures	40 heures
Nombre de contrôles de qualité	35	15

1. *Calculer le coût de revient de chaque lot et le coût unitaire des produits en allouant toutes les charges indirectes au prorata des heures machine.*

2. *Calculer le coût de revient de chaque lot et le coût unitaire des produits en utilisant les différentes unités d'œuvre disponibles.*

Graham

L'entreprise Graham a recueilli les informations suivantes au sujet de ses coûts pour l'année 2004.

	Produit A	Produit B	Produit C
Production vendue (en quantité)	30 000	20 000	8 000
Consommation unitaire de matières (en quantité)	5	5	11
Coût unitaire des matières	5 €	4 €	1 €
Consommation unitaire d'heures de main-d'œuvre	1,33	2	1
Consommation unitaire d'heures machine	1,33	1	2
Coût horaire de la main-d'œuvre	8 €	12 €	6 €
Nombre de modifications apportées aux produits	3	7	20
Nombre de livraisons	9	3	20
Nombre de réceptions matières (1)	15	35	220
Nombre d'ordres de fabrication	15	10	25

(1) Nombre de matières × nombre de séries (gestion des matières en juste à temps)

Par ailleurs, les charges indirectes peuvent se résumer ainsi :

Centres	Montant (en €)
Réglage	30 000
Amortissement des machines/entretien	760 000
Réception	435 000
Emballage/expédition	250 000
Méthodes	373 000
Total	**1 848 000**

Dans le passé, l'entreprise Graham allouait les charges indirectes au prorata des heures de main-d'œuvre directe. Toutefois, on observe que la plupart de ces charges sont davantage liées au temps machine qu'au temps main-d'œuvre.

L'entreprise a donc récemment modifié sa comptabilité de gestion. Les charges indirectes sont désormais réparties grâce à deux unités d'œuvre : les charges du service Réception sont réparties entre les produits en fonction du coût des matières nécessaires à leur fabrication ; l'unité d'œuvre utilisée pour les autres charges indirectes est l'heure machine. L'ancien et le nouveau système font apparaître de faibles marges pour le produit A, le plus vendu par l'entreprise Graham.

En outre, le comptable a récemment assisté à une conférence sur la comptabilité par les activités et il tente d'analyser les charges indirectes afin de les classer par activité et de calculer les coûts.

1. *Calculer le coût de revient des produits :*

– en allouant toutes les charges indirectes au prorata des heures de main-d'œuvre directe (ancien système) ;

– en allouant les charges indirectes de la réception au prorata des coûts matières et les autres charges indirectes au prorata des heures machine (nouveau système).

2. *Calculer les coûts de revient des produits avec un système de type « comptabilité par les activités ».*

Jazz

L'entreprise Jazz fabrique deux types de lecteur de disques compacts : un modèle sophistiqué et un modèle de base. Elle produit ce dernier depuis plusieurs années, alors que le modèle sophistiqué a récemment été lancé sur le marché. Depuis son introduction le résultat de l'entreprise ne cesse de décroître et la direction sde plus en plus sur la précision de son système de calcul des coûts.

Le système de comptabilité de gestion traditionnellement utilisé dans l'entreprise Jazz répartit les coûts indirects de fabrication sur la base des heures de main-d'œuvre directe. Pour l'année 2004, l'entreprise a estimé les charges indirectes de fabrication à 1 000 000 € pour une production de 5 000 unités du modèle sophistiqué et 40 000 unités du modèle de base. Le modèle sophistiqué nécessite deux heures de main-d'œuvre directe et le modèle de base une heure. Les coûts directs des matières et de la main-d'œuvre par unité, ainsi que les prix de vente par unité sont les suivants :

Éléments	Modèle sophistiqué	Modèle de base
Coût direct des matières	45 €	30 €
Coût direct de la main-d'œuvre	20 €	10 €
Prix de vente	140 €	80 €

1. *Calculer le coût de l'unité d'œuvre main-d'œuvre directe pour 2004.*

2. *Déterminer le coût de production de chacun des modèles en utilisant une seule unité d'œuvre.*

L'entreprise décide d'allouer les charges indirectes de fabrication sur la base de quatre activités. Pour l'année 2004, la répartition de ces charges sur les activités est la suivante :

Activité	Inducteur d'activité	Coût (en €)	Volume des inducteurs d'activité		
			Total	Modèle sophistiqué	Modèle de base
Commander	Nombre de commandes	180 000	600	200	400
Contrôler la qualité	Nombre de contrôles	250 000	2 000	1 000	1 000
Lancer la-production	Nombre de lancements	220 000	200	100	100
Entretenir les machines	Nombre d'heures machine	350 000	35 000	20 000	15 000
	Total	1 000 000			

En utilisant les informations de la comptabilité par les activités :

3. *Calculer le coût des inducteurs.*

4. *Déterminer le coût unitaire de production de chacun des modèles.*

5. *Comparer les coûts de production ainsi calculés. Pourquoi l'ancien système de calcul des coûts sous-charge-t-il le modèle sophistiqué ?*

Rangetout

L'entreprise Rangetout[6] est une filiale industrielle du groupe Équipements Industriels depuis 1971. Elle est spécialisée dans la fabrication et la vente de moyens de rangement et de conditionnement industriels. Ses principaux produits sont des boîtes à outils, des établis, des coffres et des coffrets. Chaque type de produit est décliné en différents modèles et l'offre Rangetout comprend entre 650 et 700 références de produits finis.

Ces produits sont vendus à différentes catégories de clients. 70 % du chiffre d'affaires est réalisé auprès du groupe Équipements Industriels. Ce dernier achète les produits de Rangetout pour les revendre à ses propres clients, principalement des distributeurs et des garagistes. Il s'agit là de ventes internes au groupe. Mais l'entreprise a également cherché à développer de nouveaux segments de clientèle : elle vend à des grossistes et à des clients directs.

Le groupe Équipements Industriels souhaite développer une réflexion sur les apports de la méthode ABC en tant qu'outil de calcul des coûts. La filiale Rangetout a été retenue comme terrain d'expérimentation pour la mise en place d'une gestion complète des activités.

À ce titre, on vous demande de dresser une cartographie des activités du service commercial dont la description est la suivante.

Le service commercial de l'entreprise Rangetout se compose d'un responsable, d'un VRP et d'une secrétaire commerciale. Il est notamment chargé d'un travail de marketing et de publicité qui consiste à préparer les insertions dans des journaux spécialisés ou dans des catalogues de Vente Par Correspondance, à faire des mailings et à créer la documentation commerciale. La force de vente visite des clients, prend des commandes et participe aux salons professionnels. En outre elle suit commercialement en direct certains gros clients. Au-delà de ces missions, le service commercial coordonne la conception d'un catalogue annuel conçu par une agence de publicité.

---

6. D'après le cas Rangetout, ESCP-EAP, J. Laverty et C. Mendoza.

Solutions

Parmi Giani

1. Coût de l'unité d'œuvre « heures machine » : 10 € ; coût de production du lot 1 : 25 000 € ; coût de production du lot 2 : 19 500 € ; coût unitaire de production du lot 1 : 12,5 € ; coût unitaire de production du lot 2 : 13 €.

2. Coût de production du lot 1 : 27 550 € ; coût de production du lot 2 : 17 750 € ; coût unitaire de production du lot 1 : 13,78 € ; coût unitaire de production du lot 2 : 11,83 €.

Graham

1. Une seule unité d'œuvre (la main-d'œuvre directe) :

A : 63,67 ; B : 86 ; C : 38.

Deux unités d'œuvre (le coût matières et les heures machines) :

A : 69,24 ; B : 69,62 ; C : 58,05.

2. Comptabilité par les activités :

Activité réglage : nombre d'ordres de fabrication.

Activité entretien : nombre d'heures machines.

Activité réception : nombre de réceptions matières.

Activité expédition : nombre de livraisons.

Activité méthodes : nombre de modifications apportées aux produits.

A : 53,69 ; B : 62,64 ; C : 133,8.

Jazz

1. 20 €.

2. Modèle sophistiqué : 105 € ; modèle de base : 60 €.

3. Coût d'une commande : 300 € ; coût d'un contrôle : 125 € ; coût d'un lancement : 1 100 € ; coût d'une heure machine : 10 €.

4. Modèle sophistiqué : 164 € ; modèle de base : 52,63 €.

5. Le modèle de base, fabriqué en grande quantité, subventionne le modèle sophistiqué produit en plus petite série. En effet, l'ancien système de calcul des coûts affecte les charges indirectes sur la base d'une unité d'œuvre liée au volume : les produits fabriqués en grande quantité en supportent par conséquent la plus grande part.

Rangetout

Cartographie des activités du service commercial :

1. Réaliser les mailings.

2. Réaliser les insertions dans les catalogues de vente directe.

3. Réaliser les insertions dans la presse.

4. Créer et enrichir la documentation commerciale.

5. Répondre aux demandes des clients.

6. Relancer les clients.

7. Rendre visite aux clients.

8. Participer à des salons.

9. Gérer le fichier clients et suivre l'activité.

CHAPITRE 6
Exploitation et capacités

Ce qu'il faut retenir

• Les « **coûts de produit** » sont constitués de l'ensemble des charges qu'une comptabilité de gestion attache aux produits ; les autres charges forment les « **coûts de période** ». Cette distinction est opérante pour comparer les différentes méthodes de calcul des coûts. La convention (charges attachées, charges non attachées) faite par une entreprise, en raison de son impact sur la valorisation des stocks, a une influence sur le résultat d'exploitation d'un exercice donné.

• La **valorisation des stocks** est un point d'articulation entre la comptabilité générale et la comptabilité de gestion. Ainsi, les choix faits pour calculer les coûts déterminent la valeur des stocks et partant le résultat de l'exercice. Le point de vue des autorités, fiscales notamment, ne peut donc être ignoré.

• Les coûts fixes de production sont le reflet de la capacité acquise par l'entreprise. La mobilisation de cette capacité est le plus souvent soumise aux aléas du marché. Le coût de production est alors fortement corrélé à la mobilisation effective et le résultat de l'exercice est lié à la production réalisée. La méthode de l'**imputation rationnelle**, en considérant la sous activité comme génératrice de coûts de période, apporte une vision plus acceptable du résultat par produit.

Les chapitres qui précèdent ont présenté les différentes méthodes disponibles pour calculer le coût de revient d'un produit. En complément, ce chapitre étudie diverses questions qui sont reliées entre elles par un souci commun : analyser la rentabilité des produits (ou de tout autre objet de coût) de manière cohérente et permanente. Les réponses apportées prennent en compte les principes comptables d'indépendance des exercices (l'année bien sûr, mais toute autre périodicité d'analyse : mois, trimestre, etc.), de prudence et de continuité de l'exploitation. En cela, elles accroissent la compréhension de la formation du résultat analytique d'exploitation.

La **section 1** pose la notion de « coûts de produit », en opposition aux « coûts de période » pour mieux appréhender et comparer les différents choix de méthode qui s'offrent à une entreprise.

La **section 2** traite de la valorisation des stocks qui sont un lien fort entre deux exercices comptables ou deux périodes d'analyse.

La **section 3** examine la question posée par l'utilisation – variable selon les exercices – des capacités productives de l'entreprise et son effet sur le coût de revient des produits fabriqués.

Enfin dans la **section 4**, une application illustre l'incidence de ces questions sur la structuration d'un système de comptabilité de gestion et le calcul des coûts de revient.

1. Coûts de produit et coûts de période

Les appellations « coûts de produit » et « coûts de période » reflètent la convention interne à l'entreprise qui distingue les charges qui seront attachées aux produits (les coûts de produit) de celles qui seront appréhendées globalement (les coûts de période) et affectées directement au compte de résultat.

> ***Par convention, on appelle « coûts de produit » l'ensemble des charges analytiques que l'on décide d'attacher aux produits pour en calculer les coûts.***

> ***Les « coûts de période » sont formés par les charges non attachées aux produits.***

Rappelons que les produits ici en cause peuvent correspondre à des biens matériels comme à des services produits par l'entreprise.

Cette convention est d'une grande portée pratique. D'une part, elle distingue entre elles les différentes méthodes de calculs des coûts. D'autre part, elle permet de savoir quelles charges seront constitutives du coût de revient des produits. Ainsi une entreprise, très grande et très diversifiée, qui aurait fait le choix des coûts complets dans leur logique extrême, attacherait-elle à un produit en particulier, comme à tous les autres biens fabriqués ou vendus, une part, sans doute très infime, du salaire de son PDG. *A contrario*, une autre entreprise souhaitant une vision de ses résultats par produits fondée sur les seuls coûts variables, choisirait alors de traiter la totalité de ses coûts fixes, quelque soit leur nature ou leur importance et y compris le salaire du PDG, comme des coûts de période.

L'illustration ci-dessous montre que les choix concernant la composition des « coûts de produit » ont une incidence directe sur le résultat analytique dès lors qu'un effet de stock apparaît.

Données : Durant l'exercice 200n, l'entreprise **MQMC** a enregistré les événements suivants :

Quantités

St initial	0 u
Production	1 000 u
Ventes	500 u
St final	500 u

Coûts de production

	Totaux	par unité
Directs Variables		50,00 €
Directs Fixes	120 000 €	

Frais généraux 45 000 €*

Prix de Vente /u
500,00 €

Coûts Commerciaux

	Totaux	par unité
Directs Variables		20,00 €
Directs Fixes	60 000 €	

* Par simplification, les frais généraux (qui sont fixes) seront associés aux coûts de production.

→

(suite)

Le calcul de son résultat analytique(*) sera fait selon trois méthodes de calcul des coûts. Les unités fabriquées sont valorisées au coût de production (*cf.* Chapitre 2). Le coût de revient des produits vendus est la somme du coût de fabrication des produits vendus et de leur coût de distribution et de commercialisation.

Ces coûts seront ainsi constitués :

Méthodes	Coûts de Produit		Coûts de Période
	Coûts de fabrication	Coûts de distribution	
Coût complet	Tous les coûts de fabrication	Tous les coûts de distribution	A priori aucun
Coût direct	Les seuls coûts directs de fabrication	Les seuls coûts directs de distribution	Tous les coûts indirects
Coût variable	Les seuls coûts variables de fabrication	Les seuls coûts variables de distribution	Tous les coûts fixes

(*) Le résultat analytique, solde du compte de résultat analytique, est calculé sur la base des éléments de la comptabilité analytique. Il peut s'écarter du résultat comptable, notamment du fait des différences d'incorporation dans les charges prises en compte (charges non liées à l'exploitation, charges supplétives, etc.). Une réconciliation devra alors être faite pour rapprocher les deux résultats : Résultat analytique ± Différences d'incorporation = Résultat comptable (*cf.* Chapitre 2).

Entreprise **MQMC**

Méthode des Coûts complets : ***Tous les coûts sont des coûts de produits.***

	Q	**Valeur /u**	**Valeur totale**	
St Initial	0 u			
Production	1000 u	215,00 € ⇐	215 000 € ⇐	*(1 000 × 50 € + 120 000 € + 45 000 €)*
Ventes	500 u	⇓ 215,00 €	107 500 €	
St Final	**500 u**	**215,00 €**	**107 500 €**	

Compte de Résultat Analytique

C.A.	250 000 €	
Coût de Fabrication des produits vendus	107 500 €	
Coûts Commerciaux	70 000 €	*(500 × 20 € + 60 000 €)*
Résultat	**72 500 €**	

→

(suite)

Méthode du Coût Direct : ***Seuls les coûts directs sont des coûts de produits.***

	Q	**Valeur /u**	**Valeur totale**	
St Initial	0 u			
Production	1 000 u	170,00 €	170 000 €	***(1 000 × 50 € + 120 000 €)***
Ventes	500 u	170,00 €	85 000 €	
St Final	**500 u**	**170,00 €**	**85 000 €**	

Compte de Résultat Analytique

C.A.	250 000 €	
Coût de Fabrication des produits vendus	85 000 €	
Coûts Commerciaux	70 000 €	***(500 × 20 €+ 60 000 €)***
Résultats /produits	95 000 €	
Coûts de Période	45 000 €	***(= les coûts indirects)***
Résultat	**50 000 €**	

Méthode du Coût Variable : ***Seuls les coûts variables sont des coûts de produits.***

	Q	**Valeur /u**	**Valeur totale**	
St Initial	0 u			
Production	1 000 u	50,00 €	50 000 €	***(1 000 × 50 €)***
Ventes	500 u	50,00 €	25 000 €	
St Final	**500 u**	**50,00 €**	**25 000 €**	

Compte de Résultat Analytique

C.A.	250 000 €	
Coût de Fabrication des produits vendus	25 000 €	***(50 € par unité)***
Coûts Commerciaux	10 000 €	***(20 € par unité)***
Résultats /produits	215 000 €	
Coûts de Période	225 000 €	***(= les coûts fixes)***
Résultat	**– 10 000 €**	

Le lecteur pourra calculer le résultat de la période n+1 sous les hypothèses suivantes : production = 500 unités, ventes = 1000 unités, tous les coûts ou prix étant identiques à ceux de la période n. Il vérifiera que le résultat analytique consolidé des deux périodes est alors le même quelle que soit la méthode de calcul suivie.

Les différences de résultat entre les méthodes ainsi mises en œuvre s'expliquent par la valeur allouée aux 500 unités qui constituent le stock final. Par nature les coûts de produit sont transférables d'une période à une autre ; les coûts de période sont par contre en totalité à la « charge » de la période où ils sont engagés.

La vue comptable du « Compte de Résultat » montre bien ce point :

CHARGES		PRODUITS	
Charges d'exploitation	177 500 €	Production vendue	250 000 €
Résultat	↓ ④	Production stockée (500 u à ? €) →	①
Total	③ ↑ ←	←	S ②

Au-delà de la question de la valeur du stock final qui est étudiée dans la section suivante, cette illustration peut rendre perplexe. Quelle est la bonne méthode, quel est le juste résultat, quelles sont les pratiques des entreprises ?

La tradition française est celle des coûts complets. Pour autant certains frais généraux, jugés trop difficiles à « attacher » aux produits, seront de fait des coûts de période : les centres d'analyse « auxiliaires » qui les regroupent ne seront pas répartis sur les autres centres, ni directement sur les produits.

Le « juste » résultat est affaire de point de vue : sans effet de stock, les trois méthodes conduisent au même résultat, mais l'analyse par produit (ou toute autre segmentation pertinente) est bien différente. En fait, ces méthodes apportent des visions plus complémentaires qu'opposées. Les sections et chapitres qui suivent permettront de mieux fonder les différents points de vue.

2. Stocks et encours

La valorisation des différents stocks[1] et des encours est un problème important pour les entreprises, notamment industrielles. Les encours sont le fruit d'une distinction administrative et peuvent être considérés comme un stock de nature particulière à savoir la valeur des fabrications non encore terminées donc qui sont « en cours » de production.

1. Stocks de marchandises ou matières premières achetées, produits semi-finis, produits finis, etc.

Les entreprises doivent prendre en compte les stocks pour déterminer le coût de production, comme l'illustre la figure suivante :

L'articulation des valeurs au travers des stocks

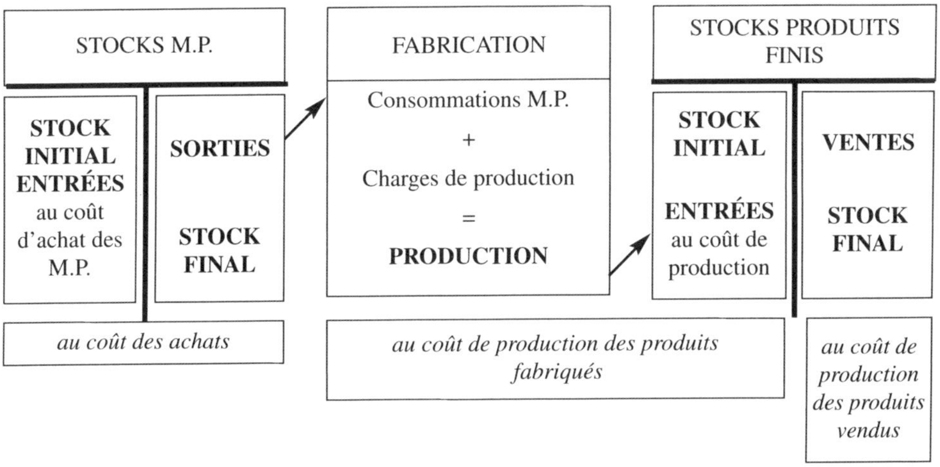

De plus, les stocks sont des actifs de l'entreprise. Il faut les évaluer pour déterminer le résultat et la valeur nette (soit la somme des actifs moins la valeur des dettes) de cette dernière. La figure page suivante montre l'articulation entre l'exploitation et le bilan.

De l'exploitation au bilan

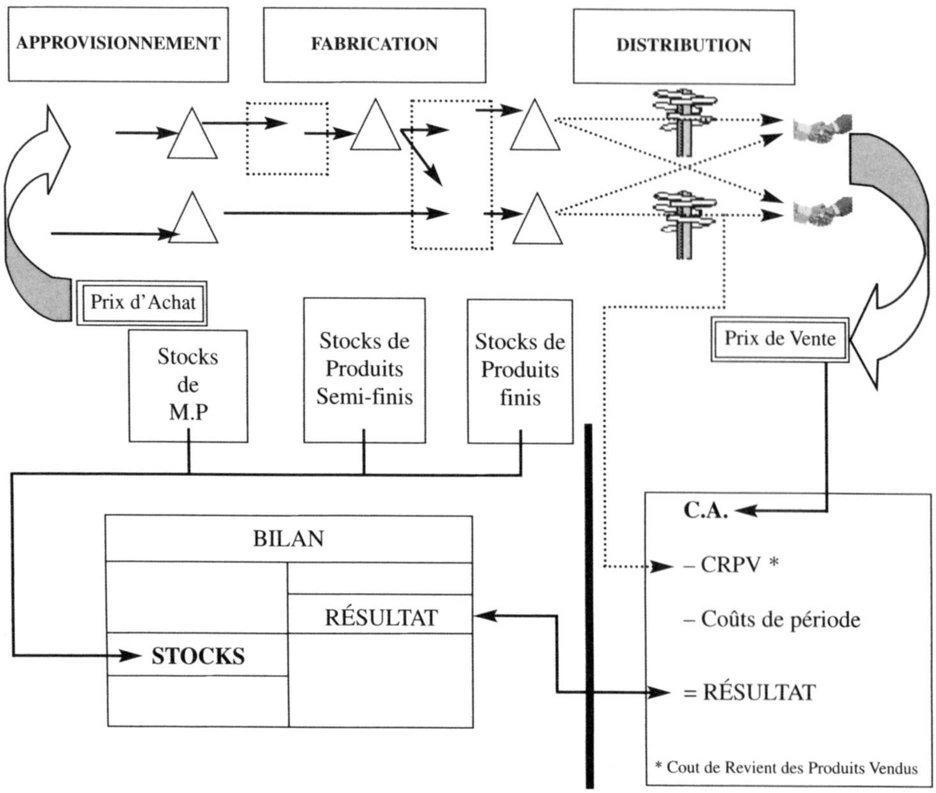

Enfin, le stock est un élément qui par nature relie deux exercices, deux cycles d'exploitation différents : en ce sens toute décision de valorisation crée un lien entre ces deux exercices.

La valorisation des stocks pose deux questions de nature différente :

– la valorisation des « sorties » de stocks qui est un problème de choix d'une règle pertinente économiquement et acceptable par les différentes parties prenantes à l'entreprise ;

– la valorisation des « entrées » en stocks qui est principalement un problème de calcul des coûts.

Tout ceci se retrouve dans l'arithmétique qui implique les égalités, en quantités comme en valeur, suivantes :

Stock initial + Entrées = Sorties + Stock final
Stock $final_n$ = Stock $initial_{n+1}$

A - La valorisation des sorties de stocks

Il y a sortie de stock quand l'entreprise prélève sur un existant donné, le stock, un élément pour l'incorporer à une production avale ou en transférer la propriété à un client.

À partir du moment où le stock est composé de plusieurs éléments qui ont une valeur d'entrée différente, et c'est le cas le plus fréquent, il existe de nombreuses règles pour attribuer une valeur à un élément sortant du stock.

Nous présenterons les principales possibilités en nous appuyant sur une illustration dans le domaine du négoce. Durant une période donnée, le mois n, les différents mouvements ayant affecté le stock du produit Lambda sont les suivants :

Entrées					Sorties				
Date	Origine	Quantités	Valeur /u	Valeur totale	Date	Motif	Quantités	Valeur /u	Valeur totale
	Stock initial	10 u	480 €	4 800 €					
8/n	Achat	20 u	504 €	10 080 €					
					10/n	Vente	12 u	?	?
28/n	Achat	6 u	502 €	3 012 €					
					30/n	Stock final	24 u	? ? ?	? ? ?

Chacune des règles de calcul qui suivent peut se décliner différemment selon le moment de la valorisation des sorties :

– **à chaque mouvement :** on parle alors d'inventaire permanent ;

– **en fin de période :** on parle alors d'inventaire intermittent.

a) Le coût moyen pondéré (CMP)

Les sorties et le stock final sont valorisés à un coût qui est la moyenne des valeurs unitaires du stock initial et des différentes entrées, pondérées par leurs quantités respectives. Dans notre exemple, la mise en œuvre du CMP donnerait les résultats suivants :

➤ *En inventaire permanent*

(4 800 € + 10 080 €) / (10u + 20 u) = **496 €** par unité pour la sortie du 10/n, soit 5 952 € pour les 12 unités, seules étant pris en compte les unités entrées en stock avant cette sortie ;

(**496** € × 18 u + 502 € × 6 u) / (18 u + 6 u) = **497,5 €** par unité pour le stock final, soit 11 940 € pour les 24 unités.

Entrées					Sorties				
Date	**Origine**	**Quantités**	**Valeur/ u**	**Valeur totale**	**Date**	**Motif**	**Quantités**	**Valeur /u**	**Valeur totale**
	Stock initial	10 u	480 €	4 800 €					
8/n	Achat	20 u	504 €	10 080 €					
			496 €		10/n	Vente	12 u	496 €	5 952 €
28/n	Achat	6 u	502 €	3 012 €					
					30/n	Stock final	24 u	497,5 €	11 940 €

➤ *En inventaire intermittent*

(4 800 € + 10 080 € + 3 012 €) / (10 u + 20 u + 6 u) = **497 €** par unité, soit le coût moyen de la période intégrant l'ensemble des entrées, pour valoriser la sortie du 10/n et le stock final, soit respectivement 5 964 € et 11 928 €.

Entrées					Sorties				
Date	**Origine**	**Quantités**	**Valeur /u**	**Valeur totale**	**Date**	**Motif**	**Quantités**	**Valeur /u**	**Valeur totale**
	Stock initial	10 u	480 €	4 800 €					
8/n	Achat	20 u	504 €	10 080 €					
					10/n	Vente	12 u	497 €	5 964 €
28/n	Achat	6 u	502 €	3 012 €					
			497 €		30/n	Stock final	24 u	497 €	11 928 €

b) Premier Entré – Premier Sorti (ou FIFO[2])

Cette méthode considère le stock comme composé de strates historiques dans lesquelles les sorties sont comptablement prélevées[3] en partant de la strate la plus ancienne. Ceci est valable quelque soit le mode d'inventaire.

2. First In – First Out.

3. Et ceci indépendamment des modalités de gestion physique des stocks.

Ainsi dans notre exemple, son application conduit à valoriser la sortie du 10/n en considérant que sur les 12 unités, 10 sont prélevées sur la strate la plus ancienne (soit à 480 €) qu'elles épuisent, et 2 dans la strate successive (soit à 504 €). Au total la sortie du 10/n a une valeur de 5 808 € et le stock final de 12 084 €.

Entrées					Sorties				
Date	**Origine**	**Quantités**	**Valeur/ u**	**Valeur totale**	**Date**	**Motif**	**Quantités**	**Valeur /u**	**Valeur totale**
	Stock initial	10 u	480 €	4 800 €					
8/n	Achat	20 u	504 €	10 080 €					
			→		10/n	Vente	12 u	484 €*	5 808 €
28/n	Achat	6 u	502 €	3 012 €					
					30/n	Stock final	24 u	503,5 €***	12 084 €**

* 484 € = (10u × 480 € + 2u × 504 €) / 12u
** 12 084 € = (18u × 504 € + 6u × 502 €)
*** 503,5 € = (12 084 €) / 24u

c) Dernier Entré – Premier Sorti (ou LIFO[4])

La méthode LIFO suit une approche chronologique comme la précédente, mais inverse, c'est-à-dire en partant de la strate la plus récente.

➤ ***En inventaire permanent***

Les 12 unités de la sortie du 10/n sont prélevées dans la strate la plus proche de la date de valorisation (qui est la date du mouvement) soit au coût unitaire de 504 € pour une valeur totale de 6 048 €. Le stock final vaut alors 11 844 €.

Entrées					Sorties				
Date	**Origine**	**Quantités**	**Valeur/ u**	**Valeur totale**	**Date**	**Motif**	**Quantités**	**Valeur /u**	**Valeur totale**
	Stock initial	10 u	480 €	4 800 €					
8/n	Achat	20 u	504 €	10 080 €					
			→		10/n	Vente	12 u	504 €	6 048€
28/n	Achat	6 u	502 €	3 012 €					
					30/n	Stock final	24 u	493,5 €**	11 844 €*

* 11 844 € = (10 u × 480 €) + (8 u × 504 €) + (6 u × 502 €)
** 493,5 € = 11 844 € / 24 u

4. Last In – First Out.

➤ *En inventaire intermittent*

À la date de valorisation, date d'inventaire soit le 30/n, la strate la plus récente correspond à 6 unités à 502 €. La sortie du 10/n sera valorisée comme comprenant 6 unités à 502 € et 6 unités à 504 € soit au total 6 036 € ; le stock final valant alors 11 856 €.

Entrées					Sorties				
Date	**Origine**	**Quantités**	**Valeur/ u**	**Valeur totale**	**Date**	**Motif**	**Quantités**	**Valeur / u**	**Valeur totale**
	Stock initial	10 u	480 €	4 800 €					
8/n	Achat	20 u	504 €	10 080 €					
					10/n	Vente	12 u	503 €	6 036 €*
28/n	Achat	6 u	502 €	3 012 €					
					30/n	Stock final	24 u	494 €***	11 856 €**

* 6036 € = (6 u × 502 €) + (6 u × 504 €)

** 11 856 € = (14 u × 504 €) + (10 u × 480 €)

*** 494 € = 11 856 € / 24 u

Ces différentes modalités conduisent à des montants différents pour la valeur des sorties de stocks et du stock final. Elles vont donc influencer le résultat de la période, par le biais du coût de revient des produits vendus dans le compte de résultat analytique, par celui de la variation des stocks dans le compte de résultat général.

Ainsi pour le mois n, avec un prix de vente de 600 € par unité soit un CA de 7 200 €, la marge brute du négociant serait :

Modalité	CMP – I.P.	CMP – I.I.	FIFO – I.P. ou I.I.	LIFO – I.P.	LIFO – I.I.
Chiffre d'affaires	7 200 €	7 200 €	7 200 €	7 200 €	7 200 €
Coût des produits vendus	5 952 €	5 964 €	5 808 €	6 048 €	6 036 €
Marge Brute	1 248 €	1 236 €	1 392 €	1 152 €	1 164 €
en % du C.A.	**17,3 %**	**17,2 %**	**19,3 %**	**16,0 %**	**16,2 %**
Stock Final	**11 940 €**	**11 928 €**	**12 084 €**	**11 844 €**	**11 856 €**

Cette sensibilité du résultat, qui est bien sûr liée à la variabilité du coût d'entrée[5], pose le problème du choix du mode de calcul qu'une entreprise adoptera. Deux points de vue peuvent alors se heurter : le point de vue comptable et fiscal d'une part, le point de vue économique qui privilégiera la pertinence de l'information interne, d'autre part.

L'incidence du choix sur la marge brute et donc sur le résultat, qui est aussi la base de l'imposition fiscale et de l'information financière, a conduit le législateur ou le normalisateur à réduire l'éventail des possibles : ainsi en France seules les modalités de CMP et FIFO sont admises, la méthode LIFO étant cependant acceptée pour les comptes consolidés.

La pertinence économique peut conduire à préférer dans certains cas une vision moins historique, plus prospective : en ce sens la notion de coût de remplacement dans une optique de continuité de l'exploitation peut être jugée pertinente. En effet, le dernier prix (ou coût) connu peut apparaître, à défaut d'un prix (ou coût) futur[6], comme la meilleure évaluation et la méthode LIFO comme la moins imparfaite, en particulier pour les produits spéculatifs.

Coût de remplacement : estimation par l'entreprise du coût qu'elle devra engager pour disposer à nouveau d'une unité d'un « facteur » de production (matière première, machine, etc.).

Si le stock est bien un outil d'exploitation, et non un lieu de spéculation, le résultat d'une période doit être le gage de la capacité de l'entreprise à créer de la valeur dans le futur.

Ces points de vue différents peuvent conduire une entreprise à multiplier les valorisations et partant à alourdir le système de comptabilité de

5. Cette variabilité peut-être très grande dans le secteur des matières premières ou *commodities* : pétrole, cacao, papier, viande de porc... mais aussi composants informatiques. Elle peut en outre être amplifiée par des effets de change !

6. La méthode NIFO, next in - first out, valorise la sortie au prix estimé de la prochaine entrée. Dans notre exemple et en admettant qu'il n'y ait pas d'erreur d'estimation, la sortie serait valorisée à 502 €/u soit 6 024 € pour un résultat de 1 176 € soit 16,3 % du C.A. La valeur du stock final n'a plus alors qu'une signification historique !

gestion : une valorisation pour l'administration fiscale et l'information financière, une valorisation pour les besoins internes.

Si l'on rajoute le choix de l'inventaire permanent[7], la tâche de comptabilisation des stocks requiert alors des moyens conséquents de traitement de l'information, indépendamment des impératifs d'information pour la gestion opérationnelle et physique des stocks. Une simplification est alors de retenir des coûts standards (*cf.* Chapitres 2 et 10) pour la valorisation des mouvements de stock, qu'ils soient d'entrée ou de sortie.

B - La valorisation des entrées de stocks

C'est le point crucial d'articulation entre le calcul des coûts et la comptabilité générale ou financière. En effet, cette dernière ne sait pas en pratique quelle valeur attribuer à un élément stocké :

– **soit parce qu'acheté,** il faut adjoindre à son prix d'achat les charges encourues pour en avoir la disponibilité. Celles-ci comprennent les charges directes relatives à son achat en particulier (frais de transport, d'assurances, de manutention, taxes éventuelles), mais aussi celles engagées pour procéder aux achats en général (les coûts de la fonction achats qui sont des coûts indirects par rapport à un achat en particulier). Son coût d'achat est alors constitué du prix d'achat et des coûts d'approvisionnement[8] (spécifiques et répartis) ;

– **soit parce que fabriqué par l'entreprise** (produit intermédiaire ou fini), il faut alors pouvoir déterminer son coût de production. Là encore, ce coût est la résultante de coûts directs et d'une part plus ou moins importante de coûts indirects.

Seule la mise en œuvre d'une comptabilité analytique apporte une réponse récurrente et stable à cette question et donc à la détermination du résultat d'exploitation et à celle de la valeur d'inventaire du stock final requise pour l'élaboration du bilan.

---

7. L'inventaire intermittent ou de période, implique que les résultats analytiques ne peuvent être connus qu'à l'issue de la période et non en temps « réel ».

8. On trouve aussi dans les entreprises et les ouvrages spécialisés la dénomination de « coûts d'acquisition ».

Dans le cas des entreprises ayant un cycle de production particulièrement long (la construction navale ou aéronautique, le bâtiment et les travaux publics en sont des exemples, mais aussi certaines activités de service : conseil en organisation ou en informatique), l'enjeu de la détermination de la valeur des encours de production ou de réalisation sera tel qu'il structurera le système de calcul des coûts.

Historiquement et au moins pour la France, l'impératif comptable de valorisation des stocks explique :

– la prédominance du CMP comme méthode de valorisation des sorties ;

– celle du coût complet pour le calcul des coûts servant à valoriser les entrées.

En effet, la lourdeur et le coût d'obtention des informations imposant le choix d'une seule méthode de calcul, l'arbitrage fut alors fait en faveur de l'obligation légale au détriment éventuel d'une plus grande pertinence.

3. L'imputation rationnelle

L'imputation rationnelle, a été développée très tôt[9] et souvent de façon concomitante avec les méthodes de coûts complets. Elle est une réponse aux problèmes que ces méthodes posent – ou plus justement qu'elles ne posent pas – quant au traitement de la fixité de certains coûts.

A - Présentation du problème

Une formulation simple permet d'expliciter le problème soulevé par les coûts fixes. Le point de départ est la détermination d'un coût de revient obtenu par une méthode quelconque de répartition des coûts indirects, qui permet d'écrire :

Coût de Revient = CR = Coûts DIRECTS + fraction des Coûts INDIRECTS

Si l'on fait l'hypothèse, plausible, que dans les coûts directs comme dans les coûts indirects, certains d'entre eux peuvent être considérés comme fixes, on peut légitimement écrire :

CR = **C**oûts **V**ARIABLES + **C**oûts **F**IXES

9. Voir par exemple H.L. Gantt en 1915 !

D'où l'expression du coût de revient unitaire moyen, **n** étant les quantités vendues :

CRu = CR / n = (CV + CF) / n = CVu + CF / n

Cette formulation, bien que simpliste, a le mérite de montrer :

– la cause et l'effet du problème posé par tout calcul d'un coût de revient qui n'implique pas un traitement spécifique des coûts fixes ;

– la contradiction temporelle inhérente à ce même calcul, le calcul étant daté donc conjoncturel, les coûts fixes étant par nature structurels.

Notons que cette expression du coût de revient ne préjuge pas de la méthode retenue pour le calculer. Cette dernière peut être particulièrement frustre ou au contraire rechercher une grande précision au travers d'une décomposition fine grâce à un réseau de centres d'analyse et/ou d'activités : *in fine*, le coût de revient sera bien composé de coûts directs variables et fixes et de coûts indirects variables et fixes !

a) Cause et effets : variabilité des quantités, stabilité des coûts, errance du coût de revient unitaire

Un coût de revient qui serait calculé de façon répétitive à intervalles de temps assez rapprochés, peut être fortement influencé par les quantités (l'activité). Si celles-ci, durant ces intervalles, ne connaissent que de faibles fluctuations, le coût de revient aura une certaine stabilité. Les éventuelles variations pourront être aisément expliquées par des effets de prix ou de rendement. L'information ainsi élaborée est facilement lisible.

À l'opposé, si ces quantités ont des évolutions fortes, pour des causes structurelles ou conjoncturelles, le coût de revient unitaire subira des variations dont l'amplitude sera d'autant plus grande que le poids des coûts fixes est relativement important. C'est souvent le cas des entreprises industrielles mais également dans les services (par exemple l'hôtellerie ou le transport aérien). L'information perd en lisibilité car elle ne dégage pas les effets « volumes » des autres sources d'évolution.

De plus, si l'on estime que le coût de revient d'un « objet » doit inclure tous les coûts qui lui sont directs – variables et fixes – mais également une part, plus ou moins grande, de coûts indirects, on accepte une part d'arbitraire dans la détermination de ce coût. Si la méthode de calcul est constante, la cohérence des évolutions est conservée. Cette cohérence peut voler en éclats du fait des coûts fixes indirects : la variation du coût d'un « objet » peut dépendre alors de l'activité d'un autre « objet ». C'est la conséquence de l'effet des subventions croisées entre « objets » partageant des moyens communs, donc des coûts indirects fixes !

EXEMPLE

Les différents effets imputables aux coûts fixes

Laborantus est un petit laboratoire d'analyses médicales qui pratique un seul type d'analyse biologique. La structure des coûts est la suivante (par mois) :

Loyer	2 000 €
Salaires et charges	3 200 €
Charges diverses	1 600 €
Amortissements	2 200 €
Total	**9 000 €**

De plus, chaque analyse entraîne une dépense de **10 €** (réactifs utilisés, petits matériels jetables, etc.).

Le tableau suivant détaille le coût de revient de l'analyse biologique :

	Mars	Avril	Mai	Juin
Nb d'analyses pratiquées	**100** base 100	**120** +20 %	**80** -20 %	**130** +30 %
Coûts variables	1 000 €	1 200 €	800 €	1 300 €
Coûts fixes	9 000 €	9 000 €	9 000 €	9 000 €
Total des coûts	10 000 €	10 200 €	9 800 €	10 300 €
Coût unitaire	**100 €** base 100	**85 €** –15 %	**122,50 €** +22,5 %	**79,23 €** –20,8 %

On mesure bien, ici, l'impact de la variation de l'activité sur le coût de revient d'une analyse.

Supposons maintenant qu'avec la même structure, c'est-à-dire avec les mêmes coûts fixes de 9 000 €, Laborantus pratique deux types d'analyse :

– **K** qui consomme **8 €** de dépenses propres ;

– **J** qui consomme **12 €** de dépenses propres.

Si, par exemple, les coûts indirects fixes sont répartis entre les deux types d'analyse en raison de leur nombre, le coût de revient de chacun est alors :

	Mars	Avril	Mai	Juin
Nb d'analyse **K**	**50**	**50**	**50**	**50**
Nb d'analyse **J**	**50**	**70**	**30**	**80**
Nb total d'analyses	**100**	**120**	**80**	**130**
Coûts totaux	10 000 €	10 240 €	9 760 €	10 360 €
Coûts fixes par analyse	90 €	75 €	112,5 €	69,23 €
Coût unitaire **K**	**98 €**	**83 €**	**120,5 €**	**77,23 €**
Evolution	Base 100	–15,3 %	+23 %	–21,2 %
Coût unitaire **J**	**102 €**	**87 €**	**124,5 €**	**81,23 €**
Evolution	Base 100	–14 ,7 %	+22,1 %	–20,4 %

Ainsi, alors que le type d'analyse **K** a une activité uniforme sur la période, son coût unitaire connaît des variations et même des variations relatives plus importantes que celui du type **J** qui est pourtant à la source du phénomène.

b) Contradictions

La formulation CRu = CVu + CF / N montre également que le coût de revient est le point de confrontation de deux horizons de temps différents : le court terme[10] qui est traduit notamment dans la quantité N et le long terme qui est porté par les coûts fixes CF. Aux coûts fixes correspond une structure productive, capacité[11] et combinaison de facteurs, décidée à un certain moment du passé et dont la flexibilité, au moins à court terme, est

10. La notion de court terme, comme celle de long terme, est bien sûre relative aux caractéristiques du secteur d'activité.

11. Le terme de capacité est ici un terme générique qui sera explicité dans le point C -. Il désigne pour l'instant les possibilités matérielles de produire, stocker, transporter, présenter, etc. qui caractérisent l'entreprise et sa structure à un moment donné.

faible. Les quantités en jeu, ventes ou production, sont le fait de la conjoncture (les ventes) ou d'une adaptation à la conjoncture (la production qui est ajustée aux ventes pour ne pas gonfler les stocks).

Le coût de revient est ainsi le point de rencontre de décisions qui diffèrent :

– **par leur nature :** mise en place de capacités *versus* adaptation conjoncturelle ;

– **par leur horizon :** long ou moyen terme *versus* court terme.

Soulignons également que les responsables qui portent ces décisions sont le plus souvent des personnes différentes, situées à des niveaux hiérarchiques différents : le long terme est le fait de décisions peu nombreuses, prises à la frontière du centre stratégique de l'entreprise et de sa technostructure ; le court terme est le fruit de l'agrégation de microdécisions issues des niveaux opérationnels.

B - La correction des variations d'activité

a) Principe

L'imputation rationnelle apporte une réponse appropriée au traitement des coûts fixes. Le principe en est fort simple. Il repose sur le fait que les moyens permanents acquis ou développés, dont les coûts fixes sont la contrepartie périodique et monétaire, ont été choisis dans le cadre d'une volonté stratégique de long ou moyen terme. Cette volonté s'exprime notamment dans la détention d'une capacité : dès lors, cette capacité détermine la part des coûts fixes normalement imputable à une unité de produit. De fait, la démarche est analogue et préparatoire à celle des coûts standards puisqu'elle repose sur la définition préalable d'une norme qui corresponde à une intention stratégique.

Ainsi, les coûts fixes seront partagés en deux parts : l'une correspondant à l'utilisation normale de la capacité productive (au sens large) et imputable au(x) produit(s), l'autre correspondant à la sur ou sous-activité caractérisant la période étudiée. Cette décomposition se fait au prorata de l'activité réelle (unités produites) par rapport à l'activité normale (capacité en nombre d'unités).

Si **n** définit l'activité réelle et **N** l'activité normale, alors le montant des coûts fixes imputés aux produits est :

$$CF_{imputé} = CF \times n/N$$

EXEMPLE

Dans l'exemple du Laboratoire Laborantus et en admettant que les structures (équipements, locaux et personnel), correspondent à une « activité normale » de **100** analyses par mois, la mise en œuvre de l'imputation rationnelle conduit à une vision très différente des résultats :

	Mars	Avril	Mai	Juin
Coûts totaux	10 000 €	10 200 €	9 800 €	10 300 €
Nb d'analyses	**100**	**120**	**80**	**130**
Part des CF imputable aux analyses	9 000 € × **100**/100 = 9 000 €	9 000 € × **120**/100 = 10 800 €	9 000€ × **80**/100 = 7 200 €	9 000 € × **130**/100 = 11 700 €
Coûts des analyses	10 000 €	12 000 €	8 000 €	13 000 €
Coût d'une analyse	100 €	100 €	100 €	100 €
Coûts imputables à la variation de l'activité	0 €	-1 800 €	1 800 €	-2 700 €

Dans le cas des deux types d'analyse, la vision analytique est alors :

	Mars	Avril	Mai	Juin
Nb d'analyses **K**	**50**	**50**	**50**	**50**
Nb d'analyses **J**	**50**	**70**	**30**	**80**
Coût unitaire **K**	98 €	98 €	98 €	98 €
Coût unitaire **J**	102 €	102 €	102 €	102 €
Coût des analyses	10 000 €	12 040 €	7 960 €	13 060 €
Coûts imputables à la variation de l'activité	0 €	–1 800 €	1 800 €	–2 700 €
Coûts totaux	10 000 €	10 240 €	9 760 €	10 360 €

L'imputation rationnelle conduit dans cet exemple à un coût de revient unitaire qui est invariant : ceci est normal puisque aucun des facteurs de production ne connaît une évolution de son coût. Par contre, elle fait apparaître clairement ce que coûte à Laborantus la sous-activité du mois de mai, et ce que lui rapporte la suractivité des mois d'avril et juin.

En ce sens, l'impact de la variation d'activité est bien perçu comme un coût de période, imputable à un mois donné. Le coût d'une analyse en particulier ne dépend plus que des caractéristiques propres à sa réalisation.

Imputation rationnelle ou non, le résultat mensuel de Laborantus est bien le même (il n'y a pas dans cette activité d'effet de stock possible) mais la vision que l'entreprise peut en avoir est singulièrement différente.

b) Avantages

Le principe de l'imputation rationnelle a le grand mérite d'évacuer du coût de revient d'un produit les effets de la variation d'activité mais aussi ceux des subventions croisées entre produits. Il permet également de mieux analyser certaines situations :

➤ Dans le cadre d'une modélisation simple de l'entreprise, il est cohérent avec le point mort. Avec ou sans objectif de résultat, la définition de l'activité normale est bien de même nature que le résultat de la recherche d'un point mort.

EXEMPLE

Laborantus facture les analyses 110 € avec un objectif de résultat de 1 000 € par mois. Le coût variable unitaire est de 10 € et les coûts fixes sont de 9 000 € par mois. La marge unitaire sur coûts variables est de 100 €. Le seuil d'activité respectant l'objectif de résultat est alors de : (9 000 € + 1 000 €) / 100 € = **100 analyses** par mois. Il correspond bien à l'activité normale de l'imputation rationnelle.

➤ Toute action permettant de réduire le coût de la sous-activité peut être rapidement analysée.

EXEMPLE

Au mois de mai, Laborantus doit faire face à une sous-activité qui lui coûte 1 800 €. Toute commande supplémentaire traitée à un prix inférieur au coût normal (100 €) mais supérieur au coût variable (10 €), diminuera le coût de la sous-activité.

➤ À moyen ou long terme, le niveau de la sous-activité, ou de la suractivité, montre les objectifs des efforts structurels à engager.

EXEMPLE

Admettons que sur plusieurs mois, Laborantus connaisse une suractivité moyenne de 25 analyses par mois. Les gains imputables à cette suractivité peuvent être estimés à : (9 000 € × 125/100) – 9 000 € = 2 250 € ; c'est le montant que Laborantus peut engager mensuellement pour ajuster sa capacité à son activité sans dégrader sa rentabilité normale.

Toutefois la méthode n'est pas sans poser un certain nombre de difficultés. La principale est bien de définir la notion d'activité normale.

C - La mise en œuvre

La mise en œuvre de la méthode de l'imputation rationnelle des charges fixes requiert de fixer le niveau d'activité normale. Ceci ne peut se faire qu'en relation avec la capacité des facteurs de production disponibles et mobilisés. Or celle-ci peut être déterminée de plusieurs façons.

Prenons l'exemple d'une ligne automatisée pouvant peindre 10 éléments identiques par heure. La capacité théorique annuelle est de :

$$10 \times 24 \text{ h} \times 365 \text{ j} = 87\ 600 \text{ éléments}$$

Mais il faut prendre en compte l'organisation de la production de l'usine en deux équipes de travail de 7 heures productives chacune et ce 5 jours par semaine. De plus on dénombre 5 jours chômés. Par ailleurs l'entretien et la maintenance de la ligne occupent celle-ci pendant 12 jours.

La capacité maximale de cette machine, en fonction des conditions actuelles de son exploitation, est alors de :

10 × 14 h × [365 j – (2 j × 52) – 5 j – 12 j] = 34 160 éléments.

En outre, il apparaît que statistiquement des problèmes en amont et en aval de la ligne (rupture de charge, goulot d'étranglement, défauts dans les éléments à peindre, etc.) font perdre l'équivalent de 20 jours de production ; la capacité est alors réduite à 31 360 éléments.

Lors de l'acquisition de cette ligne, les perspectives de production à moyen terme étaient de 30 000 éléments par an. Le budget de l'année en cours est basé sur une production de 31 000 éléments mais la projection de la tendance actuelle des ventes est de 29 500 éléments.

Si l'on admet que les coûts fixes relatifs à cette ligne sont de 500 000 € par an, le coût par élément peut être calculé sur plusieurs bases.

Base	Coût annuel	Activité	Coût par élément
Théorique	500 000 €	87 600	5,71 €
Maximale	500 000 €	34 160	14,64 €
Possible	500 000 €	31 360	15,94 €
Programmée	500 000 €	30 000	16,67 €
Budgétée	500 000 €	31 000	16,13 €
Réalisée	500 000 €	29 500	16,95 €

Une vision possible de l'activité normale est celle qui fait référence à la décision d'investissement, soit dans l'exemple une capacité de 30 000 unités pour un coût par unité de 16,67 €. Dans ce cas, une suractivité était budgétée pour un gain de 1 000 unités à 16,67 € soit 16 670 € (*boni* de suractivité ou sur-absorption des charges fixes). Une sous-activité sera réalisée pour un coût de 500 unités à 16,67 € soit 8 335 € (*mali* de sous-activité ou sous-absorption des charges fixes).

Un choix également pertinent de l'activité normale serait de retenir les hypothèses du budget soit un niveau de 31 000 unités : ceci conduirait à un coût de 16,13 € par élément. C'est vraisemblablement ainsi que serait fixé le coût standard. Le volume réalisé ferait alors apparaître une sous-activité dont le coût peut être estimé à 24 195 € (1 500 unités à 16,13 €).

4. Cas de synthèse : La Belle Bretonne

Yves Le Quellec a donné suite à son projet et créé sa société à l'enseigne de « La Belle Bretonne » (*cf.* chapitre 1 pour les données de base). Les premiers mois sont consacrés à l'achat du matériel, à l'embauche du personnel, au démarchage des clients, à l'organisation de l'entreprise et particulièrement à celle de la production. Il obtient ainsi ses premiers clients, fabrique et livre ses premières boîtes et enregistre avec plaisir une bonne réaction du marché à la qualité de ses produits.

Début novembre 200N, les principaux problèmes opérationnels sont enfin résolus. YLQ souhaite étudier la rentabilité des produits et mettre en place un système de pilotage de ses coûts. Il a pour cela réuni un ensemble de données détaillées portant sur les réalisations des mois de septembre et d'octobre.

A - Données

a) Ventes

La collation des factures émises durant ces deux mois, donne par produits les résultats ci-dessous, lui permettant de déterminer son chiffre d'affaires mensuel et les prix de vente moyens qu'il a pu obtenir.

	Boîtes de sardines entières : « SE »			Boîtes de sardines en filet : « FS »		
	Quantités	Chiffre d'affaires	Prix de vente moyen	Quantités	Chiffre d'affaires	Prix de vente moyen
Septembre	152 700 b	124 850 €	0,82 €/b	50 800 b	71 220 €	1,40 €/b
Octobre	196 400 b	151 700 €	0,77 €/b	79 200 b	106 520 €	1,34 €/b

Pour obtenir ces ventes, il a engagé des dépenses commerciales conformes à ses prévisions. Il a ainsi rémunéré des représentants par une commission égale à 10 % du prix de vente hors taxes obtenu.

b) Achats et production

Par souci de simplification, YLQ a regroupé les différents achats en trois postes :

– les achats de sardines ;

– les achats[12] de condiments, de saumure, d'huile d'olive pour la garniture et de boîtes en fer blanc ;

– les achats d'huile de cuisson.

Il tient naturellement une comptabilité matière pour chacun de ces éléments. Les données synthétiques sont les suivantes :

<table>
<tr><th rowspan="2">ACHATS</th><th colspan="2"></th><th colspan="2">Septembre</th><th colspan="2">Octobre</th></tr>
<tr><th colspan="2">Stock au 1/09</th><th>Quantités</th><th>Valeur</th><th>Quantités</th><th>Valeur</th></tr>
<tr><td>Sardines</td><td colspan="2">0</td><td>770 736 s</td><td>74 381 €</td><td>889 677 s</td><td>86 749 €</td></tr>
<tr><td>Condiments, etc.</td><td colspan="2">15 500 €</td><td></td><td>30 000 €</td><td></td><td>20 000 €</td></tr>
<tr><td>Huile de cuisson</td><td>300 l</td><td>336 €</td><td>0</td><td></td><td>800 l</td><td>896 €</td></tr>
</table>

La production est organisée par semaine : le vendredi, il détermine pour la semaine à venir la production en lots de 100 boîtes « SE » ou « FS », et ce, en fonction du carnet de commande, de l'effectif présent prévu et des rendements de la semaine qui se termine. Il en déduit les achats de sardines qu'il sera nécessaire d'effectuer tout au long de la semaine à venir puisque sa politique est de ne détenir aucun stock de sardines. Naturellement, ce programme de production est adapté au jour le jour.

À la fin de chaque semaine, YLQ établit un récapitulatif de la production effectuée en regroupant la production de boîtes, les temps passés pour l'atelier de préparation, les consommations de sardines, les consommations de condiments, huile d'olive et boîtes en fer blanc, les consommations d'huile de friture. Pour les mois de septembre et d'octobre, il a établi les tableaux[13] de synthèse présentés page suivante.

12. Ces différents achats sont connus et suivis catégories par catégories. Il ne sont regroupés ici que pour des raisons de simplification.

13. YLQ a utilisée un tableur pour constituer ces différents tableaux. Les calculs font souvent l'objet d'arrondis (à l'unité, au dixième, au centième ou au millième). Ceci explique de légères différences (une ou deux unités ou e) dans les éléments récapitulatifs.

	N° sem	nb jours	Effectif	ATELIER PRÉPARATION							
				Production		Temps MOD		Consommations Sardines		Consommations autres	
				SE	FS	SE	FS	SE	FS	SE	FS
Septembre	36	5	20	38 700 b	10 400 b	387,9 h	205,6 h	159 444 s	32 510 s	3 677 €	988 €
	37	5	20	38 700 b	10 400 b	390,1 h	208,3 h	159 444 s	32 510 s	3 290 €	884 €
	38	5	20	39 100 b	10 500 b	390,2 h	211,6 h	160 779 s	32 729 s	3 910 €	1 050 €
20 jours	39	5	20	39 100 b	10 500 b	387,9 h	207,9 h	160 623 s	32 697 s	4 301 €	1 155 €
Total mois				155 600 b	41 800 b	1 556,1 h	833,4 h	640 290 s	130 446 s	15 178 €	4 077 €
Octobre	40	5	20	33 900 b	13 900 b	336,4 h	277,5 h	138 990 s	43 243 s	3 695 €	1 515 €
	41	5	20	34 300 b	14 000 b	339,9 h	276,0 h	140 493 s	43 470 s	3 910 €	1 596 €
	42	5	20	34 700 b	14 200 b	350,4 h	278,2 h	141 854 s	44 091 s	2 637 €	1 079 €
	43	5	20	34 700 b	14 200 b	347,6 h	284,7 h	141 576 s	44 219 s	3 297 €	1 349 €
24 jours	44	4	20	28 400 b	11 600 b	282,0 h	235,7 h	115 758 s	35 983 s	3 067 €	1 253 €
Total mois				166 000 b	67 900 b	1 656,3 h	1 352,1 h	678 671 s	211 006 s	16 606 €	6 792 €

ATELIER PRÉPARATION					
Septembre		**Nb. de semaines de production**			**4**
Salaires et charges sociales				Coût /sem.	Coût /mois
Effectif direct	***20***	*1 160 €*	*50 %*	*9 078 €*	*36 312 €*
Heures directes		*2 389,5 h*		***Taux /h***	***15,20 €***
Contremaître	**1**	1 600 €	50 %	626 €	2 504 €
Autres					
Huile de cuisson	cons.	182 l	1,12 €		204 €
Amortissements				313 €	1 252 €
Total frais indirects					**3 960 €**
Octobre		Nb. de semaines de production			**5**
Salaires et charges sociales				Coût /sem.	Coût /mois
Effectif direct	***20***	*1 160 €*	*50 %*	*9 078 €*	*45 390 €*
Heures directes		*3 008,4 h*		***Taux /h***	***15,09 €***
Contremaître	**1**	1 600 €	50 %	626 €	3 130 €
Autres					
Huile de cuisson	cons.	227,5 l	1,12 €		255 €
Amortissements				313 €	1 565 €
Total frais indirects					**4 950 €**

ATELIER FINITION					
Septembre		Nb de semaines de production			**4**
Production		**197 400 b**		Heures machines	**71,7 h**
Salaires et charges sociales				Coût /sem.	Coût /mois
Ouvriers	**2**	1 160 €	50 %	908 €	3 632 €
Magasinier	**1**	1 300 €	50 %	509 €	2 036 €
Conducteur	**1**	1 500 €	50 %	587 €	2 348 €
Autres frais					
Electricité					559 €
Amortissements				557 €	2 228 €
Total frais indirects					**10 803 €**
Octobre		Nb de semaines de production			**5**
Production		**233 900 b**		Heures machines	**85,1 h**
Salaires et charges sociales				Coût /sem.	Coût /mois
Ouvriers	**2**	1 160 €	50 %	908 €	4 540 €
Magasinier	**1**	1 300 €	50 %	509 €	2 545 €
Conducteur	**1**	1 500 €	50 %	587 €	2 935 €
Autres frais					
Electricité					1 265 €
Amortissements				557 €	2 785 €
Total Frais indirects					**14 070 €**

YLQ a en outre recueilli l'ensemble des frais généraux, c'est-à-dire ceux qu'il a décidé de ne pas imputer à l'un des ateliers en particulier. Il s'agit de son salaire et de celui de la secrétaire administrative, du loyer et de l'ensemble des frais divers de gestion. Soit pour les deux derniers mois, les montants présentés dans le tableau page suivante.

AUTRES CHARGES			Calcul sur	11	mois
				Septembre	**Octobre**
	Salaires généraux				
Directeur	1	2 500 €	45 000 €	4 090 €	4 090 €
Sec. Adm.	1	1 580 €	28 440 €	2 590 €	2 590 €
			Total	6 680 €	6 680 €
	Loyer	30 000 €	30 000 €	2 730 €	2 730 €
	Autres charges			2 610 €	3 500 €
			TOTAL	**12 020 €**	**12 910 €**

Notes sur les différents éléments regroupés par YLQ :

1. *Les temps de MOD sont connus par lot de fabrication. Une fiche suiveuse par lot permet d'inscrire, sous la supervision du contremaître, le temps passé à la préparation.*

2. *Les consommations de sardines sont également suivies par lot et portées sur la fiche suiveuse. Les sardines sont comptées au fur et à mesure de leur préparation. Elles sont cependant achetées au poids. YLQ a converti ces achats en utilisant un nombre moyen de sardines par dizaine de kilogrammes.*

3. *Les consommations « autres » sont suivies journellement par le contremaître qui les ventile ensuite entre « SE » et « FS ».*

4. *En ce qui concerne l'ensemble des frais de personnel de production, YLQ a décidé de pratiquer un abonnement par semaine de production. Il a calculé la masse salariale annuelle (effectif par catégorie × salaire mensuel × coefficient de charges sociales × 12 mois) qu'il a divisée par le nombre de semaines de production (46 semaines).*

5. *La consommation de l'huile de cuisson est suivie journellement par le contremaître.*

6. *Les amortissements ont été calculés sur la base des immobilisations spécifiques à chaque atelier. Là encore YLQ pratique un abonnement de ces amortissements sur les semaines de production.*

7. *Les heures machines effectives de l'atelier de finition sont comptabilisées journellement par le conducteur. Les installations de l'atelier travaillant indifféremment pour les lots « FS » ou « SE » selon les mêmes spécifications, YLQ a jugé inutile de vouloir distinguer les heures machines par destination de produit.*

8. *Les dépenses d'électricité sont estimées mensuellement par un relevé hebdomadaire de la consommation.*

9. *Pour son salaire, celui de la secrétaire administrative et pour le loyer, YLQ a décidé de raisonner par un abonnement de leurs charges annuelles sur 11 mois d'activité.*

B - Le schéma de calcul

YLQ a décidé de calculer un coût de revient réel mensuel par boîte « SE » et « FS ». En effet dans cette phase de démarrage, il lui semble indispensable :

– de pouvoir contrôler les différents éléments du coût de revient et leurs évolutions et d'être ainsi en mesure de hiérarchiser les axes de progrès à court terme ;

– d'être en mesure de piloter son action commerciale, essentiellement au niveau des prix de vente, par une connaissance fine et rapide de sa marge ;

– d'avoir mensuellement une estimation fiable de son résultat d'exploitation et de son évolution.

Le schéma de calcul qu'il retient est celui des coûts de revient complets par la méthode des centres d'analyse. Il considère trois centres :

– un centre administratif qui regroupe les dépenses de direction et d'administration générale ainsi que le loyer. Il décide que les coûts regroupés sur ce centre ne seront pas attachés aux produits : ils constitueront ainsi des coûts de période ;

– un centre « atelier de préparation » qui regroupe tous les coûts liés à cette phase de production. Les **éléments directs** sont suivis par lot (temps de main-d'œuvre de préparation, consommation de sardines), par jour (consommation « autres »), mais YLQ ne veut faire leur valorisation qu'hebdomadairement (sardines et « autres ») ou mensuellement (MOD). Les **éléments indirects** ne sont calculés que mensuellement. YLQ estime que l'heure de MOD est l'unité d'œuvre qui s'impose pour attacher ces derniers au coût de revient des produits ;

– un centre « atelier de finition ». Les coûts engagés à cette étape sont tous indirects par rapport aux produits. YLQ se propose de retenir comme unité d'œuvre pour ce centre le nombre de boîtes produites mensuellement.

YLQ a représenté ainsi son schéma de calcul :

La Belle Bretonne : schéma de calcul des coûts de revient

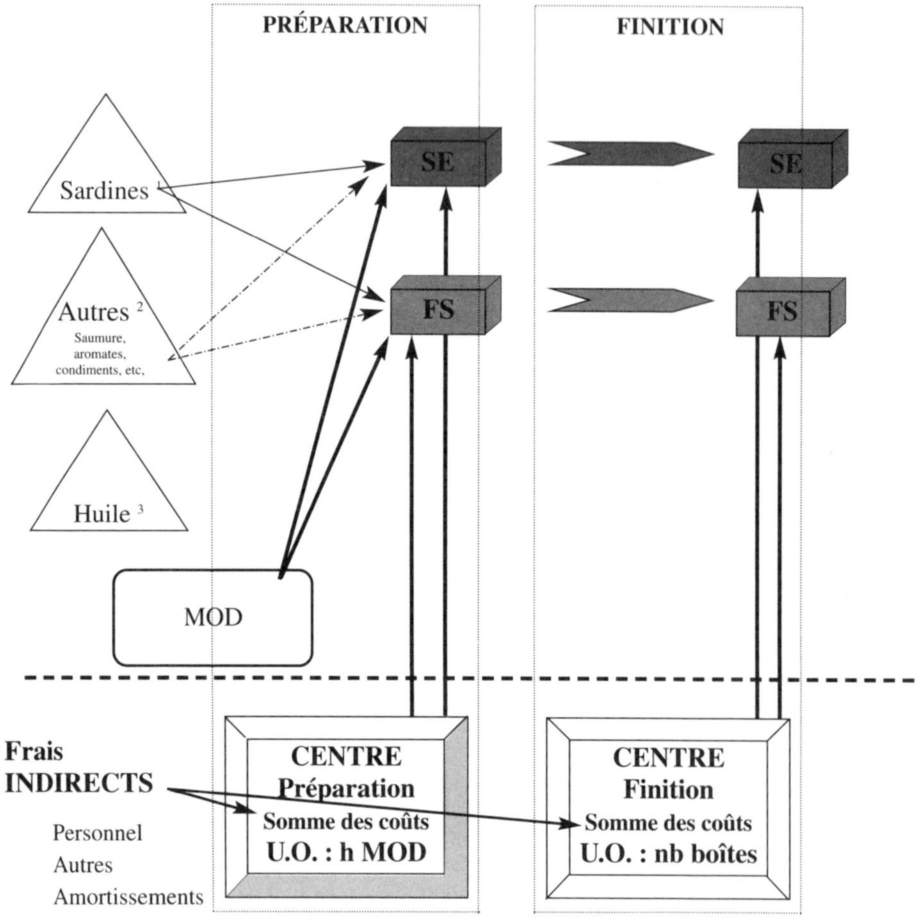

1 : Consommation = Achats : il n'y a pas de stockage au-delà de 24 heures.

2 : Inventaire hebdomadaire = valorisation des consommations au c.u.m.p. correspondant.

3 : Inventaire mensuel = valorisation des consommations au c.u.m.p. correspondant.

C - Les résultats

L'application de cette démarche de calcul des coûts de revient conduit aux résultats ainsi présentés :

Achats et stocks des produits de base

		SARDINES					
		Entrées = Achats			Sorties = Consommations		
		Q	p.u.	Valeur	Q	p.u.	Valeur
STOCK INITIAL		**0 s**		0 €			
Septembre	**36**	191 954 s	**0,092 €**	17 659,77 €	191 954 s	**0,092 €**	17 659,77 €
	37	191 954 s	**0,098 €**	18 811,49 €	191 954 s	**0,098 €**	18 811,49 €
20 jours	**38**	193 508 s	**0,096 €**	18 576,77 €	193 508 s	**0,096 €**	18 576,77 €
	39	193 320 s	**0,100 €**	19 332,00 €	193 320 s	**0,100 €**	19 332,00 €
STOCK FINAL			**0 s**	0 €			
Octobre	**40**	182 233 s	**0,098 €**	17 858,83 €	182 233 s	**0,098 €**	17 858,83 €
	41	183 963 s	**0,098 €**	18 028,37 €	183 963 s	**0,098 €**	18 028,37 €
	42	185 945 s	**0,097 €**	18 036,67 €	185 945 s	**0,097 €**	18 036,67 €
24 jours	**43**	185 795 s	**0,095 €**	17 650,53 €	185 795 s	**0,095 €**	17 650,53 €
	44	151 741 s	**0,100 €**	15 174,10 €	151 741 s	**0,100 €**	15 174,10 €
STOCK FINAL			**0 s**	0 €			

		AUTRES					
		Entrées = Achats			Sorties = Consommations		
		Q	p.u.	Valeur	Q	p.u.	Valeur
STOCK INITIAL				**15 500,00 €**			
Septembre	**36**			30 000,00 €			4 664,50 €
	37						4 173,50 €
20 jours	**38**						4 960,00 €
	39						5 456,00 €
STOCK FINAL				**26 246,00 €**			

→

(suite)

		AUTRES					
		Entrées = Achats			Sorties = Consommations		
		Q	p.u.	Valeur	Q	p.u.	Valeur
Octobre	**40**						5 210,20 €
	41						5 506,20 €
	42			20 000,00 €			3 716,40 €
24 jours	**43**						4 645,50 €
	44						4 320,00 €
STOCK FINAL				**22 847,70 €**			

		HUILE de CUISSON					
		Entrées = Achats			Sorties = Consommations		
		Q	p.u.	Valeur	Q	p.u.	Valeur
STOCK INITIAL		300,0 l	1,12 €	336,0 €			
Septembre	**36**				45,5 l	1,12 €	51,0 €
	37				45,0 l	1,12 €	50,4 €
20 jours	**38**				47,0 l	1,12 €	52,6 €
	39				44,5 l	1,12 €	49,8 €
STOCK FINAL		118,0 l	1,12 €	132,2 €	182,0 l		203,8 €
Octobre	**40**				45,5 l	1,12 €	51,0 €
	41	800,0 l	1,12 €	896,0 €	48,0 l	1,12 €	53,8 €
	42				50,0 l	1,12 €	56,0 €
24 jours	**43**				47,0 l	1,12 €	52,6 €
	44				37,0 l	1,12 €	41,4 €
STOCK FINAL		690,5 l	1,12 €	773,4 €	227,5 l		254,8 €

Coût de fabrication

		SEPTEMBRE				
	n° sem	36	37	38	39	TOTAL
	nb de jours	5	5	5	5	
Production	**SE**	38 700 b	38 700 b	39 100 b	39 100 b	155 600 b
	FS	10 400 b	10 400 b	10 500 b	10 500 b	41 800 b
Temps MOD	**SE**	387,9 h	390,1 h	390,2 h	387,9 h	1 556,1 h
	FS	205,6 h	208,3 h	211,6 h	207,9 h	833,4 h
Coût MOD	**Taux horaire**			**15,20 €**		
	SE	5 896,00 €	5 930,00 €	5 931,00 €	5 896,00 €	23 653,00 €
	FS	3 125 €	3 166 €	3 216 €	3 160 €	12 667 €
Consommations Sardines Coûts Sardines	**SE**	159 444 s	159 444 s	160 779 s	160 623 s	640 290 s
	FS	32 510 s	32 510 s	32 729 s	32 697 s	130 446 s
	Coût unitaire	**0,092 €**	**0,098 €**	**0,096 €**	**0,100 €**	
	SE	14 669 €	15 626 €	15 435 €	16 062 €	61 792 €
	FS	2 991 €	3 186 €	3 142 €	3 270 €	12 589 €
Consommations et coûts autres	**SE**	3 677 €	3 290 €	3 910 €	4 301 €	15 178 €
	FS	988 €	884 €	1 050 €	1 155 €	4 077 €
Coût direct de préparation	**SE**	24 242 €	24 846 €	25 276 €	26 259 €	100 623 €
	C /b	*0,626 €*	*0,642 €*	*0,646 €*	*0,672 €*	*0,647 €*
	FS	7 104 €	7 236 €	7 408 €	7 585 €	29 333 €
	C /b	*0,683 €*	*0,696 €*	*0,706 €*	*0,722 €*	*0,702 €*
Coûts indirects de préparation	**Coût UO**			**1,657 €/h**		
	SE	643 €	646 €	647 €	643 €	2 579 €
	C /b	*0,017 €*	*0,017 €*	*0,017 €*	*0,016 €*	*0,017 €*
	FS	341 €	345 €	351 €	344 €	1 381 €
	C /b	*0,033 €*	*0,033 €*	*0,033 €*	*0,033 €*	*0,033 €*
Coûts indirects de finition	**Coût UO**			**0,055 €/b**		
	SE	2 129 €	2 129 €	2 151 €	2 151 €	8 560 €
	C /b	*0,055 €*	*0,055 €*	*0,055 €*	*0,055 €*	*0,055 €*
	FS	572 €	572 €	578 €	578 €	2 300 €
	C /b	*0,055 €*	*0,055 €*	*0,055 €*	*0,055 €*	*0,055 €*
Coût de revient	**SE**	27 014 €	27 621 €	28 074 €	29 053 €	111 762 €
	C /b	***0,698 €***	***0,714 €***	***0,718 €***	***0,743 €***	***0,719 €***
	FS	8 017 €	8 153 €	8 337 €	8 507 €	33 014 €
	C /b	***0,771 €***	***0, 784 €***	***0,794 €***	***0,810 €***	***0,790 €***

		OCTOBRE					
	n° sem	40	41	42	43	44	TOTAL
	nb de jours	5	5	5	5	4	
Production	SE	33 900 b	34 300 b	34 700 b	34 700 b	28 400 b	166 000 b
	FS	13 900 b	14 000 b	14 200 b	14 200 b	11 600 b	67 900 b
Temps MOD	SE	336,4 h	339,9 h	350,4 h	347,6 h	282,0 h	1 656,3 h
	FS	277,5 h	276,0 h	278,2 h	284,7 h	235,7 h	1 352,1 h
	Taux horaire		15,09 €				
Coût MOD	SE	5 076,00 €	5 129,00 €	5 288,00 €	5 245,00 €	4 255,00 €	24 993,00 €
	FS	4 187 €	4 165 €	4 198 €	4 296 €	3 557 €	20 403 €
Consommations Sardines	SE	138 990 s	140 493 s	141 854 s	141 576 s	115 758 s	678 671 s
	FS	43 243 s	43 470 s	44 091 s	44 219 s	35 983 s	211 006 s
Coûts Sardines	Coût unitaire	**0,098 €**	**0,098 €**	**0,097 €**	**0,095 €**	**0,100 €**	
	SE	13 621 €	13 768 €	13 760 €	13 450 €	11 576 €	66 175 €
	FS	4 238 €	4 260 €	4 277 €	4 201 €	3 598 €	20 574 €
Consommations et coûts autres	SE	3 695 €	3 910 €	2 637 €	3 297 €	3 067 €	16 606 €
	FS	1 515 €	1 596 €	1 079 €	1 349 €	1 253 €	6 792 €
Coût direct de préparation	SE	22 392 €	22 807 €	21 685 €	21 992 €	18 898 €	107 774 €
	C /b	*0,661 €*	*0,665 €*	*0,625 €*	*0,634 €*	*0,665 €*	*0,649 €*
	FS	9 940 €	10 021 €	9 554 €	9 846 €	8 408 €	47 769 €
	C /b	*0,715 €*	*0,716 €*	*0,673 €*	*0,693 €*	*0,725 €*	*0,704 €*
Coûts indirects de préparation	Coût UO		1,645 €/h				
	SE	553 €	559 €	576 €	572 €	464 €	2 724 €
	C /b	*0,016 €*	*0,016 €*	*0,017 €*	*0,016 €*	*0,016 €*	*0,016 €*
	FS	456 €	454 €	458 €	468 €	388 €	2 224 €
	C /b	*0,033 €*	*0,032 €*	*0,032 €*	*0,033 €*	*0,033 €*	*0,033 €*
Coûts indirects de finition	Coût UO		0,060 €/b				
	SE	2 034 €	2 058 €	2 082 €	2 082 €	1 704 €	9 960 €
	C /b	*0,060 €*	*0,060 €*	*0,060 €*	*0,060 €*	*0,060 €*	*0,060 €*
	FS	834 €	840 €	852 €	852 €	696 €	4 074 €
	C /b	*0,060 €*	*0,060 €*	*0,060 €*	*0,060 €*	*0,060 €*	*0,060 €*
Coût de revient	SE	24 979 €	25 424 €	24 343 €	24 646 €	21 066 €	120 458 €
	C /b	***0,737 €***	***0,741 €***	***0,702 €***	***0,710 €***	***0,741 €***	***0,725 €***
	FS	11 230 €	11 315 €	10 864 €	11 166 €	9 492 €	54 067 €
	C /b	***0,808 €***	***0,808 €***	***0,765 €***	***0,786 €***	***0,818 €***	***0,797 €***

Note sur la détermination des coûts de fabrication :

Les tableaux ci-dessus déterminent les coûts de revient par addition des différents coûts de fabrication.

En premier lieu, les coûts directs :

– coûts de main-d'œuvre directe par l'emploi d'un taux horaire mensuel et des temps réels passés ;

– coûts matières : sardines (quantités et coûts unitaires) et autres.

Puis, les coûts indirects :

– coûts indirects de l'atelier de préparation dont l'unité d'œuvre est l'heure de main-d'œuvre directe et dont le coût est calculé mensuellement (par exemple en septembre : 3 960 € de frais indirects pour 2 389,5 heures de MOD, soit un coût de 1,657 €) ;

– coûts indirects de l'atelier finition dont l'unité d'œuvre est la boîte fabriquée soit en septembre (calcul mensuel), 10 803 € de frais indirects pour une production de 197 400 boîtes, soit 0,0547 € par boîte (arrondi dans les calculs à 0,055 €).

Stocks de produits finis

		BOÎTES « SE »					
		Entrées = Production			Sorties = Ventes		
		Q	p.u.	Valeur	Q	p.u.	Valeur
STOCK INITIAL		55 500 b	***0,723 €***	**40 134 €**			
Septembre 20 jours	**36**	38 700 b		27 014 €	152 700 b	*0,720 €*	**109 874 €**
	37	38 700 b		27 621 €			
	38	39 100 b		28 074 €			
	39	39 100 b		29 053 €			
STOCK FINAL		58 400 b	***0,720 €***	**42 021 €**			
Octobre 24 jours	**40**	33 900 b		24 979 €	196 400 b	*0,724 €*	**142 206 €**
	41	34 300 b		25 424 €			
	42	34 700 b		24 343 €			
	43	34 700 b		24 646 €			
	44	28 400 b		21 066 €			
STOCK FINAL		28 000 b	***0,724 €***	**20 274 €**			

Le stock initial (en volume et en valeur) est une donnée. Le coût unitaire moyen pondéré est calculé ainsi : par exemple 0,720 € = (40 134 + 27 014 + 27 621 + 28 074 + 29 053) / (55 500 + 38 700 + 38 700 + 39 100 + 39 100). La méthode est ici celle de l'inventaire intermittent et du CUMP de période.

		BOÎTES « FS »					
		Entrées = Production			Sorties = Ventes		
		Q	p.u.	Valeur	Q	p.u.	Valeur
STOCK INITIAL		43 600 b	***0,796 €***	**34 725 €**			
Septembre 20 jours	**36**	10 400 b		8 017 €	50 800 b	*0,793 €*	**40 294 €**
	37	10 400 b		8 153 €			
	38	10 500 b		8 337 €			
	39	10 500 b		8 507 €			
STOCK FINAL		34 600 b	***0,793 €***	**27 445 €**			
Octobre 24 jours	**40**	13 900 b		11 230 €	79 200 b	*0,795 €*	**62 983 €**
	41	14 000 b		11 315 €			
	42	14 200 b		10 864 €			
	43	14 200 b		11 166 €			
	44	11 600 b		9 492 €			
STOCK FINAL		23 300 b	***0,795 €***	**18 529 €**			

Résultats

Septembre	SE			FS			**TOTAL**
	Quantités	**Coût**	**Valeur**	**Quantités**	**Coût**	**Valeur**	
Chiffre d'affaires	152 700 b	0,82 €	124 850 €	50 800 b	1,40 €	71 220 €	196 070 €
Coût des produits vendus	152 700 b	0,72 €	109 874 €	50 800 b	0,79 €	40 294 €	150 169 €
Marge industrielle	152 700 b	0,10	14 976 €	50 800 b	0,61	30 926 €	**45 901 €**
Frais commerciaux		10 %	12 485 €		10 %	7 122 €	19 607 €
Frais de livraison	152 700 b	0,045 €	6 872 €	50 800 b	0,045 €	2 286 €	9 158 €
Autres charges							12 020 €
Total frais hors production							40 785 €
Résultat							**5 116 €**

→

(suite)

Octobre	SE			FS			TOTAL
	Quantités	Coût	Valeur	Quantités	Coût	Valeur	
Chiffre d'affaires	196 400 b	0,77 €	151 700 €	79 200 b	1,34 €	106 520 €	258 220 €
Coût des produits vendus	196 400 b	0,72 €	142 206 €	79 200 b	0,80 €	62 983 €	205 188 €
Marge industrielle	196 400 b	0,05	9 494 €	79 200 b	0,54	43 537 €	**53 032 €**
Frais commerciaux		10 %	15 170 €		10 %	10 652 €	25 822 €
Frais de livraison	196 400 b	0,045 €	8 838 €	79 200 b	0,045 €	3 564 €	12 402 €
Autres charges							12 910 €
Total frais hors production							51 134 €
Résultat							**1 898 €**

D - Analyse des résultats

Sur la base des résultats ainsi calculés, YLQ peut mener un certain nombre d'analyses et ainsi, mieux orienter ses actions.

Les deux mois dégagent un résultat positif mais faible, celui du mois d'octobre étant inférieur malgré une progression de vente, à celui de septembre, ce qui est peu encourageant ! Plusieurs causes expliquent cette évolution.

Les prix de vente

Pour assurer au mieux la charge de production et développer ses ventes, YLQ a dû consentir des efforts de prix importants. Il lui semble difficile de pouvoir augmenter ses prix dans l'avenir, sa priorité étant bien de se positionner sur un plan commercial.

Les coûts de production

Leur maîtrise est l'élément essentiel qui permettra donc l'amélioration des résultats. En effet, les autres coûts sont conformes à ses hypothèses de départ.

Les coûts de production évoluent sur les deux mois dans une fourchette de plus de 6 % :

– « SE » : moyenne 0,723 € par boîte avec un maximum de 0,743 € en semaine 39 et un minimum de 0,698 € en semaine 36, soit une amplitude de 0,045 € ;

– « FS » : moyenne de 0,794 € par boîte avec un maximum de 0,818 € en semaine 44 et un minimum de 0,765 € en semaine 42, soit une amplitude de 0,053 €.

Différents paramètres expliquent le niveau de ces coûts et identifient les actions possibles :

➤ ***Le niveau d'activité :*** le volume de production, qui dépend naturellement de celui des ventes, implique la répartition des coûts fixes. Ceux-ci sont peu élevés en dehors des coûts de main-d'œuvre. Ils peuvent être estimés à :

Coûts fixes de production par semaine		
MO directe préparation	9 078 €	72 %
MO indirect préparation	626 €	
MO indirecte finition	2 004 €	
Total	11 708 €	93 %
Amortissement préparation	313 €	
Amortissement finition	557 €	
Total	**12 578 €**	**100 %**

Le taux d'emploi de la MOD est donc un élément essentiel qui se combine avec son rendement.

➤ ***Le rendement de la main-d'œuvre de préparation :*** les relevés des heures passées par lot permettent de suivre cette variable importante. Ainsi au cours des semaines 36 à 44, la production de boîtes « SE » rapportée aux temps de préparation a évolué comme suit :

Semaine	36	37	38	39	40	41	42	43	44	Total
Production	38 700 b	38 700 b	39 100 b	39 100 b	33 900 b	34 300 b	34 700 b	34 700 b	28 400 b	321 600 b
MOD	387,9 h	390,1 h	390,2 h	387,9 h	336,4 h	339,9 h	350,4 h	347,6 h	282,0 h	3 212,4 h
Rendement	**99,77 b/h**	**99,21 b/h**	**100,21 b/h**	**100,80 b/h**	**100,77 b/h**	**100,91 b/h**	**99,03 b/h**	**99,83 b/h**	**100,71 b/h**	**100,11 b/h**

En moyenne, le rendement apparaît conforme à la norme initiale (remplissage de 100 boîtes par heure de MOD). Il en est de même pour celui de la production des boîtes « FS ».

Par rapport à la disponibilité de la MOD de préparation (20 personnes travaillant 35 heures par semaine soit au total : 700 heures disponibles pour la production), la mobilisation a été la suivante :

Semaine	36	37	38	39	40	41	42	43	44
Heures « SE »	387,9 h	390,1 h	390,2 h	387,9 h	336,4 h	339,9 h	350,4 h	347,6 h	282,0 h
Heures « FS »	205,6 h	208,3 h	211,6 h	207,9 h	277,5 h	276,0 h	278,2 h	284,7 h	235,7 h
Heures totales	593,5 h	598,4 h	601,8 h	595,8 h	613,9 h	615,9 h	628,6 h	632,3 h	517,7 h
Mobilisation	**84,8 %**	**85,5 %**	**86,0 %**	**85,1 %**	**87,7 %**	**88,0 %**	**89,8 %**	**90,3 %**	**92,4 %**

Elle est en moyenne sur la période de 87,7 % : il reste donc une marge pour accroître la production, si les ventes le permettent.

➤ ***Le coût de la MOD :*** par rapport à ses hypothèses initiales, YLQ a dû pratiquer des salaires actualisés. Il paie actuellement ses ouvriers sur la base de 1 160 € par mois. Pour 20 ouvriers, ceci représente un coût par semaine de production égal à 9 078 €, soit pour 700 heures disponibles, un coût horaire de 12,97 €. En octobre, le taux moyen de l'heure productive a été de 15,09 €, soit une différence de 2,12 €. On peut estimer que cette différence a généré pour une boîte « SE » un surcoût de 0,0212 € (2,12 € par heure pour un rendement de 100 boîtes par heure).

➤ ***Rendement et coûts matières, les sardines :*** les informations qui ont été recueillies par YLQ, lui permettent de suivre les consommations et les coûts correspondants. Ainsi pour les boîtes « FS », il peut observer les données suivantes :

	36	37	38	39	40	41	42	43	44	Total
Production	10 400 b	10 400 b	10 500 b	10 500 b	13 900 b	14 000 b	14 200 b	14 200 b	11 600 b	109 700 b
Consommation	32 510 s	32 510 s	32 729 s	32 697 s	43 243 s	43 470 s	44 091 s	44 219 s	35 983 s	341 452 s
Rendement	**3,126 s/b**	**3,126 s/b**	**3,117 s/b**	**3,114 s/b**	**3,111 s/b**	**3,105 s/b**	**3,105 s/b**	**3,114 s/b**	**3,102 s/b**	**3,113 s/b**
Prix d'achat	0,092 s/b	0,098 s/b	0,096 s/b	0,100 s/b	0,098 s/b	0,098 s/b	0,097 s/b	0,095 s/b	0,100 s/b	
Coût /boîte	**0,288 €/b**	**0,306 €/b**	**0,299 €/b**	**0,311 €/b**	**0,305 €/b**	**0,304 €/b**	**0,301 €/b**	**0,296 €/b**	**0,310 €/b**	**0,302 €/b**

En moyenne, la norme est respectée : 3 sardines par boîte à un prix unitaire de 0,10 € par sardine. En fait, le rendement est moins bon que prévu (environ 3,11 sardines par boîte : rebut des poissons de qualité médiocre, pertes en production), mais ceci est compensé par un gain sur le prix d'achat des sardines.

Ces différents éléments permettent à YLQ d'identifier des actions : développer ses ventes pour produire plus et mieux absorber les coûts fixes ; contrôler les rendements et l'occupation de la main-d'œuvre directe ; acheter le mieux possible en qualité et en prix.

E - Conclusion

Les quelques exemples d'analyses menées ci dessus illustrent l'importance d'une connaissance approfondie des coûts. Ils montrent également que, même dans un contexte simple (une PME, deux produits) et simplifié (simplification du processus de production et de la gestion des stocks, pas d'encours de production, etc.), de telles analyses mobilisent un grand nombre d'informations et de calculs. Ce sont celles et ceux qu'une comptabilité analytique requiert pour mettre à disposition des managers un outil utile de pilotage de leurs performances économiques.

POUR ALLER PLUS LOIN...

Effet de l'imputation rationnelle sur les stocks et le résultat

Données : l'entreprise **MQMC** (*cf.* section 1) durant l'exercice 200N a enregistré les événements suivants :

Quantités	
St Initial	0 u
Production	1 000 u
Ventes	500 u
St Final	500 u

Coûts de production	Totaux	par unité
Directs Variables		50,00 €
Directs Fixes	120 000 €	

Frais généraux	45 000 €

Prix de Vente/u
500,00 €

Coûts Commerciaux	Totaux	par unité
Directs Variables		20,00 €
Directs Fixes	60 000 €	

Ses capacités de production et de commercialisation sont de 1 200 u. Elle décide de pratiquer l'imputation rationnelle des charges fixes pour calculer le résultat de l'année 200N :

– en prenant comme activité normale la capacité de 1 200 u ;

– en calculant des coûts de revient complets.

• Le coût unitaire de fabrication d'imputation rationnelle est alors de :

50,00 € + ([(120 000 € + 45 000 €) × 1000/1200] / 1000 u)
= 187,50 €

et la sous-activité en production pèse pour 27 500 €

(= 165 000 € × 200/1200).

• Le coût unitaire de commercialisation d'imputation rationnelle est alors de :

20,00 € + [(60 000 € _ 500/1200) / 500 u] = 70 €

et la sous-activité commerciale est de 35 000 €.

Le compte de résultat analytique est alors :

	Valeur /u	Quantités	TOTAL
Chiffres d'affaires	500 €	500 u	250 000 €
Coût de fabrication	187,50 €	500 u	93 750 €
Coût de commercialisation	70,00 €	500 u	35 000 €
Coût de revient	257,50 €	500 u	128 750 €
Résultat « Produit »	242,50 €	500 u	121 250 €
Sous-activité de la production			27 500 €
Sous-activité commerciale			35 000 €
RESULTAT			58 750 €

Le compte de résultat général pourrait être présenté ainsi :

CHARGES		PRODUITS	
Frais de production	170 000 €	Production vendue	250 000 €
Frais commerciaux	70 000 €	Production stockée	93 750 €
Frais généraux	45 000 €		
Résultat	58 750 €		
Total	343 750 €	Total	343 750 €

Par rapport au résultat obtenu dans le cadre de la méthode du coût complet, soit un bénéfice de 72 500 € (*cf.* section 1), la différence peut s'analyser comme suit :

Différence de résultat	72 500 € – 58 750 € = 13 750 €
Coût de fabrication en coût complet (C.C.)	215,00 €/u
Coût de fabrication en I.R.	187,50 €/u
Valeur du stock final en C.C.	107 500 € (500 u à 215,00 €)
Valeur du stock final en I.R.	93 750 € (500 u à 187,50 €)
Différence de valeur du stock	13 750 €

Cette différence correspond au coût de la sous-activité qui dans la méthode du coût complet est partiellement inclue dans la valeur du stock final :

– soit 120 000 € + 45 000 € de coûts fixes inclus au niveau de la fabrication dont l'incidence analytique de la sous-activité pèse pour : 165 000 € × (200 u / 1 200 u) = 27 500 € ;

– donc au total : 27 500 € répartis sur 1 000 unités produites dont 500 sont stockées soit : 27 500 € × 50 % = 13 750 €.

CAS D'APPLICATION

Imputation rationnelle

Une entreprise industrielle a mis en place une comptabilité analytique par centre d'analyse. Un des centres de production est très automatisé et supporte donc des coûts importants : certains sont fixes (amortissements, personnel technique et d'encadrement, maintenance et assurances, etc.) ; d'autres sont variables avec l'activité du centre (énergie, fluides, divers consommables).

Celle-ci est mesurée par une unité d'œuvre (par exemple l'heure machine).

Pour le 2e trimestre de l'année 200N, les données du centre sont :

Activité :	5 000 u
Frais du centre :	500 000 €

Quel est le coût de l'unité d'œuvre ?

Si l'activité normale est de 6 000 u et si les coûts fixes du centre sont évalués à 400 000 €, quel serait alors le coût de l'unité d'œuvre en pratiquant l'imputation rationnelle des charges fixes ? Quel est le coût de la sous-activité du centre pour ce trimestre ? Quelle serait la dépense normale du centre pour une activité de 5 800 u ?

Imputation rationnelle

Dans quelle mesure l'imputation rationnelle des charges fixes répond-elle aux principes comptables de prudence, d'indépendance des exercices et de continuité de l'exploitation ? Illustrer votre réponse par les données suivantes :

Ventes réalisées	500 unités à un prix de vente de 100 000 €		
Production réalisée	800 unités pour une capacité de 1 000 u		
Coûts de production		variables :	12 400 000 €
		fixes :	30 000 000 €
Frais commerciaux et généraux		fixes :	12 000 000 €

Au début de l'exercice, les stocks sont nuls.

Vincenot Le Duc

L'entreprise Vincenot – Le Duc est spécialisée dans la restauration de bâtiments classés monuments historiques. Elle travaille simultanément sur plusieurs chantiers et tient une comptabilité analytique par chantier. Celle-ci est fort simple : à chaque chantier correspond un numéro d'ordre qui permet d'affecter les dépenses directes qui le concernent (matériaux et fournitures consommés, heures passées par les compagnons, honoraires d'architecte ou de bureau d'étude, frais d'assurance, location de matériels spécialisés, factures diverses relatives au chantier tel des frais de déplacement, d'hébergement ou d'indemnité de repas). Les coûts indirects sont attachés aux chantiers par le biais d'une part horaire : au coût direct de chaque heure passée sur un chantier, on ajoute un montant forfaitaire sensé « absorber » les charges indirectes de l'entreprise. Ce montant est calculé annuellement.

Durant le mois de mars 200N, l'entreprise a travaillé sur 3 chantiers différents.

Chantier 802 :	commencé en octobre N-1, livré en mars 200N	
	Encours au 1/03/200N :	115 680 €
	Matières livrées en mars :	5 600 €
	Frais divers :	325 €
	Heures passées en mars 200N :	265 H
Chantier 803 :	commencé en janvier N, livrable en juin 200N	
	Encours au 1/03/200N :	45 736 €
	Matières livrées en mars :	25 480 €
	Frais divers :	1 915 €
	Heures passées en mars 200N :	946 H
Chantier 804 :	commencé en mars n, livrable en mai 200N+1	
	Encours au 1/03/200N :	0 €
	Matières livrées en mars :	1 247 €
	Honoraires :	3 600 €
	Frais divers :	2 180 €
	Heures passées en mars 200N :	28 H

Le coût horaire moyen, charges comprises, d'un compagnon est de 28,30 € et la part horaire est de 45 €.

1. *Quel est le montant total des encours au 1/03/200N ? ; au 31/03/200N ?*

2. *Quel est le coût de revient du Chantier 802 ?*

3. *Quel est le montant total des dépenses affectées aux chantiers en mars 200N ?*

Solutions

Imputation rationnelle

Le coût de l'unité d'œuvre est de 100 €.

Si l'on appliquait l'imputation rationnelle des charges fixes, le coût de l'unité d'œuvre serait de 87 € (arrondi à l'unité).

Le coût de la sous-activité du centre pour ce trimestre est de 65 000 € (en tenant compte de l'arrondi).

Imputation rationnelle

Le résultat sans imputation rationnelle est de 11 500 000 €.
Le résultat avec imputation rationnelle est de 9 250 000 €.
L'écart de résultat est expliqué par les stocks.

Vincenot Le Duc

1. 161 415 € et 151 552,20 €.
2. 141 029,50 €.
3. 131 165,70 €.

Partie 3
Les pratiques

Chapitre 7	Comptabilité de gestion : des méthodes aux modèles
Chapitre 8	Des coûts au service des décideurs
Chapitre 9	La gestion stratégique des coûts
Chapitre 10	Les systèmes d'information

CHAPITRE 7

Comptabilité de gestion : des méthodes aux modèles

Les chapitres précédents ont détaillé les méthodes mises en œuvre par les entreprises pour calculer leurs coûts, analyser leurs résultats, comprendre leurs performances et préparer leurs décisions. Ils montrent comment il est possible de modéliser les performances économiques à partir d'une mesure des coûts. L'objectif de ce chapitre est d'inscrire ces démarches de modélisation et de mesure dans une représentation plus globale qui articule les différents modes d'élaboration des informations sur les coûts avec la nature des questions qui se posent dans une entreprise. Ceci nous conduira à définir le domaine de la comptabilité de gestion.

1. *La comptabilité analytique, « système » de calcul des coûts*

La maîtrise des coûts, ou dans un contexte concurrentiel la réduction continue des coûts, qu'elle soit absolue (baisse des coûts) ou relative (moindre hausse), implique une information régulière, comparative et rapide.

– **Régulière,** car les progrès accomplis doivent pouvoir être mesurés et analysés dans la durée. En effet les actions de réduction des coûts sont rarement des opérations ponctuelles et leurs résultats ne sont pas nécessairement mesurables à court terme. Enfin, la maîtrise des coûts est un souci permanent et on constate une pression constante à la diminution des coûts.

– **Comparative,** car les biais introduits par chaque méthode sont importants. Dès lors tout choix de calcul doit être balancé par sa permanence qui garantit la comparabilité des résultats : les évolutions et les comparaisons, dans le temps comme dans l'espace, seront alors significatives malgré le caractère largement conventionnel des calculs.

– **Rapide,** car les écarts et les dérives doivent être appréhendés rapidement pour pouvoir induire des actions correctives et obtenir *in fine* les gains attendus.

Pour atteindre ces objectifs, l'entreprise doit systématiser le calcul des coûts au sein de ce qui formera un système de « comptabilité analytique »[1]. Ce système, autrefois manuel, est maintenant informatisé et fait l'objet de nombreuses offres de la part des éditeurs de progiciels. Il matérialise dans la durée les choix de calcul des coûts de revient. Il se décompose en sous systèmes (comptabilité matière, comptabilité main d'œuvre, etc.) et s'articule avec d'autres éléments du système d'information et de pilotage de l'entreprise (comptabilité fournisseur, paye, gestion de production, etc.). Le système de calcul des coûts détermine ses propres règles (centres d'analyse et/ou activités, unités d'œuvre ou inducteurs, coefficients de répartition, codification, natures comptables, etc.) et les caractéristiques des informations (formats, fréquences, origine et contrôle, etc.) qui le feront vivre[2].

Dans les systèmes de comptabilité analytique des entreprises, la logique principale retenue est celle d'une accumulation des coûts sur les produits tout au long du cycle de production. Au fur et à mesure que les produits se concrétisent, ils se chargent de coûts jusqu'au transfert de propriété (le produit appartient au client) : le coût de revient peut alors être comparé au prix de vente. Cette logique est aussi celle qui permet la connaissance des coûts aux différents stades de l'élaboration du produit : sa fabrication avec ses différentes étapes, puis sa distribution avec les différents coûts commerciaux et logistiques. Et cette connaissance fine est à la base des actions de réduction et de « benchmarking » des coûts.

1. Historiquement les dénominations furent nombreuses : comptabilité industrielle, comptabilité des prix de revient, comptabilité analytique d'exploitation.

2. L'ensemble de ces points est repris et détaillé dans le chapitre 10.

On trouvera ci-dessous une illustration de cette logique dans un contexte industriel où elle est particulièrement développée :

Une vision de l'attachement des coûts au long du cycle de production

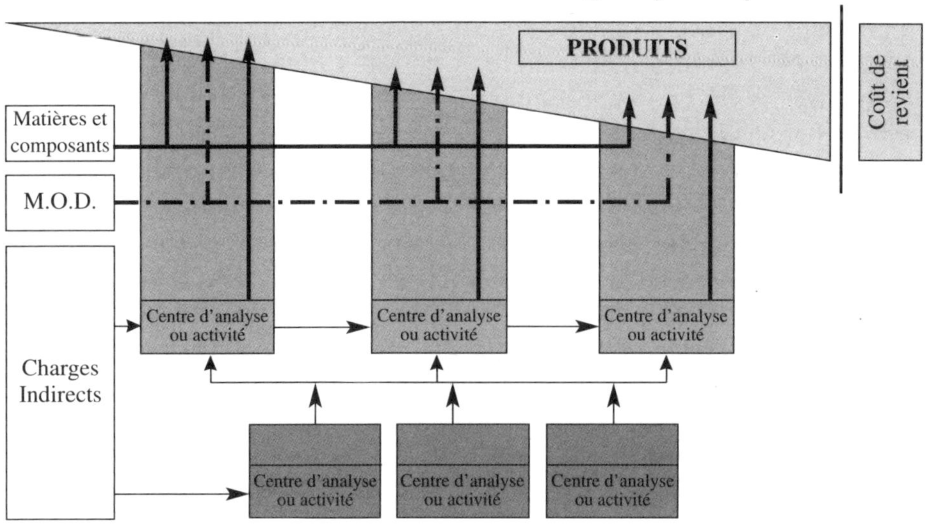

Ainsi, tout le design du système de comptabilité analytique est conçu pour pouvoir accumuler[3] les coûts sur les produits ou leurs différents composants. C'est naturellement la connaissance des coûts qui est recherchée, principalement à chaque étape ou stade d'élaboration. C'est aussi la possibilité de valoriser facilement les divers stocks qui ponctuent chacun de ces stades et les en-cours de fabrication.

En ce sens, la comptabilité analytique d'une entreprise est bien une modélisation de sa performance économique. Ce modèle traduit une vision de son organisation, de ses activités, de son métier. Les choix mis en œuvre dans une comptabilité analytique rendent compte des différentes opérations effectuées par l'entreprise et des ressources qu'elle mobilise pour les réaliser. Il s'agit donc d'un modèle plus ouvert

3. L'accumulation des coûts est le résultat visible d'une comptabilité analytique, mais sa conception doit s'appuyer sur la démarche strictement inverse : comme la méthode ABC l'a utilement rappelé, les coûts existent parce qu'il y a des produits qui requièrent des opérations qui elles même mobilisent des ressources.

que le modèle comptable bien que largement surdéterminé par lui : les possibilités sont nombreuses et l'entreprise est très libre de calculer ses coûts comme bon lui semble, mais la comptabilité analytique sert aussi à l'élaboration des comptes sociaux !

Un tel système devient rapidement très compliqué : multiplicité des objets de coûts, des centres d'analyse, des activités, des unités d'œuvre, etc. Une entreprise un peu importante aura rapidement plusieurs dizaines de centres d'analyse, identifiera plusieurs centaines d'activités. La comptabilité analytique d'une entreprise industrielle, ou d'une banque, s'apparente souvent plus à une « usine à gaz » qu'à une épure d'architecte. Cette complexité est le résultat d'un double mouvement : celui d'une complexité croissante des entreprises elles-mêmes et celui qui tend à la recherche d'une plus grande précision dans l'élaboration des coûts de revient. Cette recherche de précision, qui conduit à une décomposition toujours plus fine, entre souvent en opposition avec le souci de simplicité. Mais elle contribue à garantir que les liens établis entre les coûts et les objets de coût sont fidèles et complets.

Cette structuration très forte de l'information « coûts » empêche parfois qu'elle réponde de façon pertinente à une question particulière ou à la nécessité d'avoir une vision différente. Par exemple, une entreprise qui détermine régulièrement un coût complet associant selon certaines règles coûts directs et coût indirects, peut avoir ponctuellement besoin de connaître le coût variable ou seulement le coût spécifique, etc. La réponse réside alors le plus souvent dans une analyse « extra comptable », analytique étant sous-entendue.

2. La modélisation des coûts pour des analyses ponctuelles

Beaucoup d'interrogations ponctuelles ne trouvent pas toujours dans la comptabilité analytique les informations sous la forme souhaitée pour la prise de décision. On peut citer la fixation d'un prix, l'évaluation des avantages économiques d'une action commerciale, l'étude d'une alternative en production et notamment le classique « faire ou faire faire », l'évaluation d'un investissement, la détermination d'un point mort, etc. Une première raison est que les questions en jeu concernent l'avenir : le référentiel qu'est la comptabilité analytique est celui du présent ou du proche passé même si celle-ci utilise des coûts standards[4]. Une deuxième raison tient au fait que la comptabilité rend compte de l'existant et non de ce qui pourrait être. Enfin et surtout, une réponse *ad hoc* à un problème spécifique requiert de la souplesse dans le choix et la combinaison des éléments pertinents pour éclairer la décision à prendre. En effet, la substance d'une telle démarche d'analyse réside bien dans l'identification et l'obtention des données pertinentes au regard du problème étudié (*cf.* Chapitre 1). Elle suppose donc d'avoir accès à des informations dont l'objet et la forme ne peuvent être anticipés. Il y a donc contradiction entre la souplesse requise et le caractère systématique de la comptabilité analytique.

Face à une question de ce type, la démarche d'analyse se doit de clarifier certains éléments, d'identifier les informations utiles, de mettre en œuvre les concepts adaptés, de définir un horizon de temps cohérent, de simuler l'impact des paramètres sensibles.

➤ **La clarification des données** porte tout d'abord sur les « objets de coûts » qui sont en jeu. La comptabilité analytique a dû faire des choix : les objets de coûts sont d'abord les « produits », finis et intermédiaires, puis les activités et les centres d'analyse. Cette structure n'est pas toujours la mieux adaptée pour l'analyse d'une question spécifique : un produit n'est pas rentable (constat résultant de la comptabilité analytique) mais sa suppression aurait des conséquences sur les ventes d'autres produits. La juste mesure du résultat de ce produit doit en tenir compte. L'objet de coût dans cette hypothèse est plus large que celui défini par la comptabilité analytique.

➤ L'objet de coût une fois précisé, il convient d'**identifier les facteurs productifs concernés** par la décision et les coûts correspondants. Cette identification se fait en fonction des relations de causalité : des plus immédiates aux plus ténues. La démarche suivie peut être représentée par enchaînement de cercles concentriques : en son cœur est l'objet de l'analyse, l'objet de coût, puis chaque cercle définit les coûts en relation avec l'objet (périmètres des coûts) en allant des plus spécifiques

4. Les coûts standards sont des coûts prévisionnels ayant valeur d'objectif (*cf.* chapitre 2). Ils s'inscrivent dans une logique temporelle qui est celle du budget : celle d'un futur proche, largement exploré où la part d'incertitude vise à être le plus possible « contrôlée « (*cf.* les ouvrages de contrôle de gestion).

aux plus indirects ou aux plus partagés. Plus on s'éloigne de l'objet de coût plus la relation entre celui-ci et les coûts est difficile et parfois discrétionnaire à établir et à valoriser.

Une vision concentrique de la relation entre l'objet de coût et les coûts

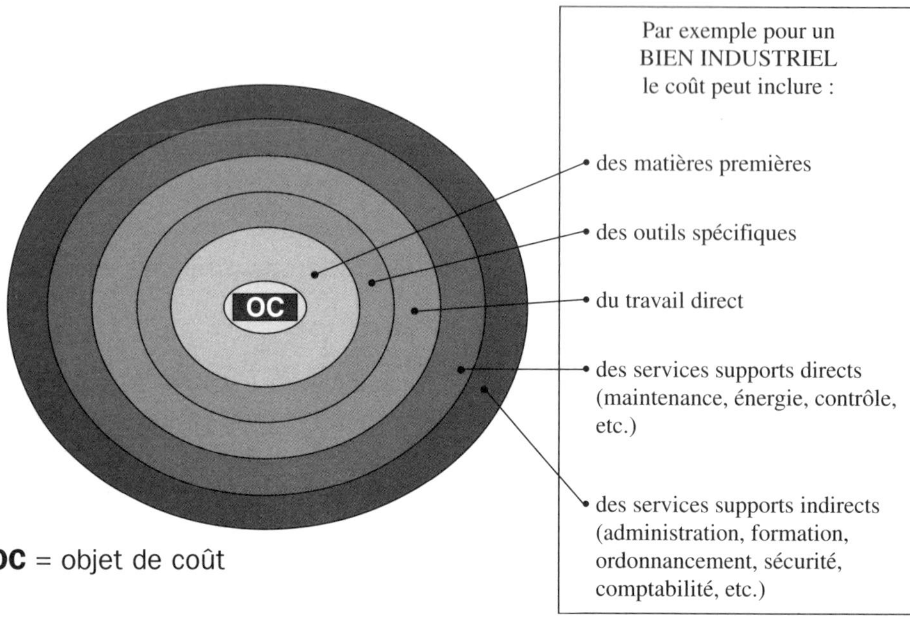

OC = objet de coût

➤ Il convient alors de définir **le périmètre des coûts** qui seront retenus pour l'analyse de la décision. Les concepts utiles sont ceux de coûts directs d'une part et de variables et fixes d'autre part.

Les coûts directs sont les plus évidents à identifier : leur spécificité est le trait qui détermine leur pertinence pour l'analyse menée. Mais ils peuvent ne représenter qu'une faible partie des coûts qu'il convient de prendre en compte.

Les matières premières ou les composants sont les plus immédiats et les moins contestables. Il en résulte que l'on peut raisonner à partir d'eux seuls dans tous les cas où :

– la valeur ajoutée est faible au regard du prix de vente (cas de beaucoup d'activités de négoce) ;

– les autres facteurs de production sont largement partagés (par exemple la restauration où le coût matière détermine le prix de vente).

Les ressources spécifiques[5] viennent ensuite ; elles ont la caractéristique de se traduire largement par un coût fixe et souvent irréversible. Leur attachement est sans problème quand elles ne peuvent faire l'objet d'une quelconque reconversion. La main d'œuvre directe (ou assimilable, par exemple la force de vente ou les experts dans une activité de conseil) pose un redoutable problème : directe et variable quant on raisonne sur un produit, elle est globalement non spécifique et fixe ou quasi fixe. Une grande partie des évolutions actuelles de l'organisation du travail sont une réponse à ce point : recours à l'intérim, aux temps partiels, aux contrats à durée déterminée, emplois saisonniers, annualisation du temps de travail, travail à façon et sous-traitance, toutes ces solutions participent d'une même recherche de flexibilité.

Au-delà de ces éléments très « directs » mais qui posent déjà des problèmes d'attachement aux objets de coût, les ressources consommées correspondent à des facteurs productifs qui sont de plus en plus fixes et de moins en moins spécifiques. Les méthodes étudiées aux Chapitres 4, 5 et 6 offrent des solutions pour établir une relation entre leurs coûts et les objets de coût.

La distinction variable/fixe est centrale dans la démarche d'analyse puisqu'elle est au cœur de la relation coûts – volumes et qu'elle définit des seuils qui sont critiques par rapport aux alternatives envisagées. Elle pose immédiatement la question de l'horizon de temps : ainsi dans l'étude d'une opportunité de sous-traitance, quel horizon et donc quels volumes doivent être pris en compte ?

➤ **Face à de telles questions,** l'analyste se doit d'être prudent car il raisonne « toutes choses égales par ailleurs », ce qui implique que la définition de son objet de coût soit particulièrement précise et robuste. Il fait aussi de nombreuses hypothèses ce qui implique qu'il teste la sensibilité de ses conclusions au regard des principaux paramètres de sa modélisation.

5. Outils, équipements, installations dédiés. Par extension, on peut y inclure par exemple la publicité produit, un réseau ou des moyens de commercialisation spécialisés.

En conclusion, on peut affirmer qu'un grand nombre de questions ne trouvera qu'une réponse partielle, voire inadaptée, dans les informations issues de la comptabilité analytique. Ces questions sont toutes celles qui sortent de l'ordinaire et qu'un système par essence routinier ne peut éclairer.

3. Comptabilité de gestion

L'évolution des entreprises, en taille, diversification et sophistication, les évolutions de l'environnement qui ont ouvert la concurrence, facilité les délocalisations et modifié les comportements, font qu'un modèle unique de la performance économique d'une entreprise, aussi détaillé et sophistiqué qu'il soit, ne répond plus aux besoins changeants d'information de pilotage. Heureusement la puissance des outils actuels de traitement de l'information permet aux données sur les coûts d'être plus facilement multidimensionnelles et d'être intégrées dans les autres systèmes d'information existants dans l'entreprise (*cf.* Chapitre 10).

On voit ainsi depuis une décennie, se constituer un ensemble d'outils, anciens pour certains d'entre eux, mais novateurs par la façon dont ils sont couplés.

Ces outils sont :

– la comptabilité analytique, modèle de calcul des coûts de revient « complets », au sens de vouloir rapprocher le plus et le mieux le coût de tout ce qu'il a fallu mettre en œuvre pour réaliser les objets de coûts ;

– les bases de données qui sont la source principale face aux besoins ponctuels d'informations et d'analyses ;

– la comptabilité budgétaire[6], qui est le modèle de la contrôlabilité des dépenses d'une entreprise.

Ils forment un ensemble qui peut être qualifié de comptabilité de gestion[7].

Celle-ci prétend répondre à la diversité des besoins, constamment en évolution, en analyses et en informations d'une multiplicité de décideurs.

---

6. Ce modèle est étudié dans les ouvrages de Contrôle de gestion et notamment *Contrôle de gestion et pilotage de la performance*, dans la même collection (Gualino éditeur).

7. Dans la littérature anglo-saxonne, on peut également distinguer : *cost accounting, cost analysis, responsability accounting* et *management accounting*.

Elle donne à la maîtrise des coûts une triple dimension qui est aussi un index des outils disponibles pour le pilotage par les coûts et l'éclairage des décisions. Le schéma suivant (adapté de Lorino[8]) illustre ce point :

La comptabilité de gestion

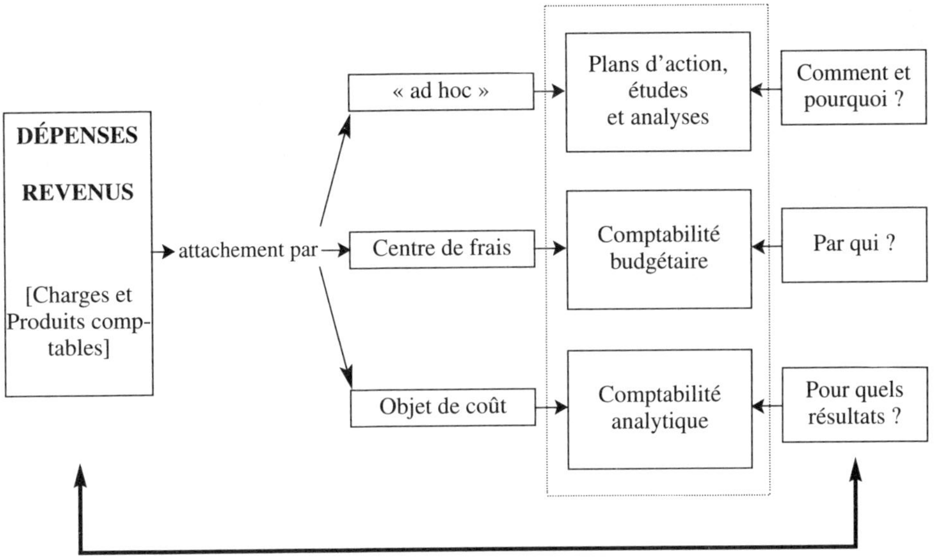

Comptabilité analytique et comptabilité budgétaire sont des outils anciens. Leur couplage est au cœur de la démarche de contrôle de gestion : budgets et coûts standards sont intimement liés, le suivi budgétaire et l'analyse des écarts constituent la base, sans doute insuffisante, du pilotage à court terme des responsabilités opérationnelles. Ces comptabilités représentent ainsi deux pôles essentiels de toute comptabilité de gestion. Le troisième pôle, les modèles d'analyse, reste encore largement indépendant même si les capacités croissantes des matériels et langages informatiques facilitent leur intégration et leur « systématisation » au sein des entreprises. Face à la diversité des besoins d'informations pour le pilotage de la performance, les modèles d'analyse sont aujourd'hui un enjeu majeur. D'une part, parce que le langage des coûts permet la mesure commune du résultat des actions

8. Lorino, Philippe, *Méthodes et pratiques de la performance*, Éditions d'Organisation, 2001.

opérationnelles et de l'évaluation des plans d'action, ce qu'illustreront les chapitres 8 et 9. D'autre part parce que tout dans les évolutions actuelles des outils de gestion montre qu'une vision univoque est largement dépassée. La réponse à cet enjeu constitue la trame du chapitre 10.

POUR ALLER PLUS LOIN...

Mise en perspective des différentes méthodes de calcul des coûts

Les tableaux qui suivent donnent une synthèse partielle des questions abordées dans ce chapitre. Ils offrent une lecture liant concepts et méthodes de calcul des coûts d'une part et méthodes et finalités d'autre part.

Une articulation des concepts et des méthodes

CONCEPTS	MÉTHODES		
	Coûts Complets	**Coûts Partiels -1- Analyse systématique**	**Coûts Partiels -2- Analyse ponctuelle**
Quels objets de coût ?	Les produits (biens et services et de plus en plus, les clients, les circuits de ventes) ; l'entreprise est une somme de produits.	Un regroupement : – l'entreprise – une gamme de produits – une zone géographique – un type de clients – etc.	« Ad hoc » : – un produit – une opération – une action – un client – etc.
Distinction coûts directs / indirects	Distinction à la base de la démarche : – affectation des coûts directs – répartition des coûts indirects.	Les coûts directs sont la base de la démarche de calcul. Les coûts indirects ne sont pas analysés.	Les coûts directs (**spécifiques**) sont à la base de la démarche. Les coûts indirects (**non spécifiques, partagés**) peuvent être ignorés.
Distinction coûts variables / fixes	Distinction souvent ignorée sauf – si imputation rationnelle – dans certains systèmes anglo-saxons.	Distinction importante : point mort, seuil d'indifférence.	Distinction essentielle complétée par celles de coût engagé et de coût d'opportunité.
Comment se mesure la performance ?	En terme de **résultats** : bénéfice ou pertes	En terme de **contribution** et de seuil (simulations)	

Quelles méthodes pour quelles finalités ?

MÉTHODES	FINALITÉS DE LA DEMARCHE DE CALCUL ET D'ANALYSE		
	Mesurer la performance	**Maîtriser les coûts**	**Eclairer une décision**
Coûts Complets	**Essentiels** car à long terme l'entreprise est performante si et seulement si : **Prix de vente > Coûts de revient**	**Indispensables** car ils donnent les détails par : – stade de production – opération, activité ou centre d'analyse, etc.	**Peu utiles** car les choix de répartition des coûts indirects créent des interdépendances et compliquent inutilement l'analyse.
Coûts Partiels	**Très utiles** car ils permettent une approche multicritère en déterminant la contribution par segment, par couple produit/marché, etc.	Leur utilité dépend de la « contrôlabilité » des coûts directs.	**Essentiels** car ils éclairent le comportement des coûts, mettent en avant le caractère spécifique des coûts relativement à l'objet de coût.

Un exemple de modélisation

L'analyse de la structure des coûts variables et fixes est à la base de l'analyse du point mort et des nombreuses simulations jouant sur l'articulation coûts – volumes – résultats. Elle peut être complétée par des considérations tendant à mieux prendre en compte le temps et la structure de financement de l'exploitation. Elle peut aussi être enrichie par des simulations qui donneront une meilleure appréciation des risques. L'exemple qui suit illustre cette démarche.

Une entreprise a la structure de coûts suivante :

Chiffre d'affaires	1 000 k€	(10 000 unités à 100 € /u)
Coûts variables	350 k€	soit 35 € par unité
Coûts fixes	450 k€	dont amortissements 250 k€
Coûts totaux	800 k€	
Résultat d'exploitation	**200 k€**	

La marge sur coûts variables est de 65 €/u et conduit à un point mort d'environ 6 930 unités.

Pour réaliser son exploitation, la structure des actifs engagés par l'entreprise est la suivante :

Immobilisations nettes	2 000 k€	soit des ressources
Besoin en fonds de roulement	500 k€	requises de 2 500 k€

L'entreprise a un coût moyen de ses ressources qui est de 6 % soit 150 k€. Elle crée donc une valeur de : 200 k€ – 150 k€ = 50 k€

L'opportunité de sous-traiter une partie de son processus de production s'offre à elle dans les conditions suivantes :

– pour 10 000 unités par an, le coût de sous-traitance est de 30 €/u ;

– les coûts variables autres ne sont pas affectés ;

– les coûts fixes correspondants à l'activité sous-traitée sont de 250 k€ (dont 100 k € d'amortissement).

Si l'entreprise décide de sous-traiter, sa structure de coûts devient alors :

C.A.	1 000 k€	(10 000 unités à 100 €)
C.V.	650 k€	(soit 10 000 u à (30 + 35) = 65 €)
C.F.	200 k€	(soit 450 k € – 250 k €)
C.T.	850 k€	
Résultat	**150 k€**	**soit un point mort de 5 720 unités.**

L'opération aurait bien pour conséquence d'abaisser le point mort, donc le risque d'exploitation. Mais au niveau d'activité envisagée (10 000 u), elle dégraderait le résultat d'exploitation.

Pour aller plus loin, il faut poser des hypothèses supplémentaires. Admettons que :

– les actifs immobilisés devenus inutiles soient repris par le sous-traitant à leur valeur nette comptable, soit 800 k€ ;

– les autres diminutions des coûts fixes (soit 150 k€) n'entraînent pas de coûts induits : frais de licenciements, coûts de restructuration ;

– que l'impact sur le BFR se traduit par une diminution de celui-ci (transferts de stocks chez le sous-traitant, délais de paiements accordés par ce dernier, accélération du temps de cycle de production, etc.) et qu'il se stabilise à un niveau de 430 k€ ;

– que les emplois d'actifs ainsi diminués se traduisent par une diminution égale des ressources mobilisées sans affecter le coût moyen de celles-ci.

Le bilan de l'entreprise avec la sous-traitance serait alors de :

Immobilisations nettes	1 200 k€	soit des ressources requises de 1 630 k€
Besoin en fonds de roulement	430 k€	

Soit un « coût des ressources » de 1 630 k€ × 6 % = 97,8 k€

La valeur crée par l'entreprise dans ce nouveau contexte est de :

150 k€ – 97,8 k€ = 52,2 k€

soit légèrement supérieure à celle dégagée précédemment.

De même, le rentabilité des capitaux engagés passe de 8 % à 9,2 % (200/2 500 à 150/1630).

Ceci explique, avec le désendettement lié à la diminution des ressources nécessaires, que la sous-traitance soit une voie fréquemment choisie par les entreprises pour améliorer leurs performances.

CHAPITRE 8
Des coûts au service des décideurs

Dans les deux premières parties de ce livre, nous avons examiné les différents concepts et méthodes pouvant être utilisés pour déterminer et analyser les coûts. Les entreprises sont fréquemment conduites à faire appel à ces outils pour apporter un éclairage économique aux décisions qu'elles doivent prendre : lancer ou arrêter un produit, intégrer ou externaliser une activité, développer ou supprimer un circuit de distribution, etc. À ces décisions sont souvent associés des enjeux majeurs et des risques importants. C'est pourquoi les responsables se doivent de les étudier attentivement, en intégrant notamment la dimension économique. Certes, l'analyse des coûts et des marges ne constitue que l'un des volets de l'analyse qui sera menée. Il s'agit néanmoins d'un volet incontournable. La difficulté de l'exercice est de parvenir à mobiliser la (ou les) méthode(s) la(les) plus appropriée(s) au contexte et à la question posée.

Dans ce chapitre, nous avons choisi de nous appuyer sur trois cas réels mettant en scène trois entreprises aux prises avec des décisions importantes à un moment donné de leur développement. Les analyses que ces entreprises ont effectuées ne représentent en aucun cas des solutions types indiscutables. Elles fournissent néanmoins une bonne illustration des modalités suivant lesquelles les coûts peuvent éclairer la prise de décision.

1. Cas La Republika

Un produit est-il rentable ? S'il ne l'est pas, faut-il pour autant le supprimer ? Sur quelle méthode et quel raisonnement se fonder pour répondre à ces questions ? Ces interrogations sont l'objet du premier cas de ce chapitre, La Republika. Pour le traiter, nous ferons appel aux notions de coûts directs, contribution et coûts pertinents (chapitre 3) ainsi qu'aux méthodes d'allocation des coûts indirects (chapitres 4 et 5).

A - Acte I : le contexte et la question

La Republika est un quotidien national syldave créé à la fin du XXe siècle, lorsque la Syldavie, ce petit pays d'Europe centrale bien connu des lecteurs de Tintin, a finalement accédé à l'indépendance. Le quotidien paraît depuis 12 ans environ et a acquis une solide réputation de rigueur et d'indépendance (entre autres au prix de l'assassinat de l'un de ses rédacteurs en chef par la mafia locale).

Depuis 1998, La Republika est un groupe de presse organisé en trois sociétés distinctes, une holding financière qui détient l'ensemble des actifs et réalise les investissements, une imprimerie, Presko, qui imprime la Republika mais aussi une trentaine d'autres journaux, syldaves ou étrangers, et une société chargée de la rédaction, de la vente et de la gestion de La Republika, Repko.

– Presko est doté d'équipements modernes qui permettent l'impression en couleur et la production des journaux à partir des données informatiques fournies par Repko.

– Repko emploie environ 270 personnes et dispose d'un bureau dans les principales villes de province. L'essentiel des revenus provient de la vente des journaux, à l'unité et par abonnement, et de la vente d'espaces publicitaires dans les pages de La Republika. Les journaux vendus par abonnement sont distribués par la poste syldave, les autres le sont par des transporteurs et des revendeurs locaux.

La Republika est le deuxième quotidien national et, jusqu'ici, sa stratégie a consisté à vendre ses journaux à un prix légèrement inférieur à celui de son concurrent, « Le matin de Klow », tout en offrant la même qualité. Mais, depuis 1998, un troisième quotidien national est apparu, financé en partie par quelques grandes entreprises ; il pratique des prix bas, en particulier pour la publicité, et menace les deux leaders.

La Republika paraît six fois par semaine et propose différents suppléments à ses lecteurs : loisirs/week-end, programmes télévision, « Bianca » pour les lectrices, etc. Les suppléments sont vendus avec le journal, au prix de un khôr. Cependant, il faut noter que les revendeurs reçoivent 0,30 khôr, ce qui fait que La Republika ne touche en fait que 0,70 khôr par journal ; ce revenu est d'ailleurs à peu près équivalent à celui généré par la formule par abonnement.

La Syldavie compte une forte minorité russophone : de ce fait, chaque numéro quotidien de La Republika comporte deux éditions, l'une en syldave, l'autre en russe. L'édition russe ne paraît en général pas durant le week-end :

Tableau 1 : Statistiques d'activités 2001

	Nombre d'éditions	Nombre d'articles (avec rédactionnel)	Nombre d'exemplaires	Nombre de pages imprimées
Édition syldave	305	14 548	24 213 117	387 448 248
Édition russe	256	4 968	4 999 913	84 086 528
Total Repko	561	19 516	29 213 030	471 534 776
Pourcentage édition russe/total	46 %	25 %	17 %	18 %

C'est la question de la rentabilité de cette édition russe qui a incité le directeur commercial de Repko, Otto Kromir, à s'intéresser à la comptabilité de gestion. Il a alors réalisé qu'il y avait beaucoup d'autres questions intéressantes en la matière. Ainsi, il lui serait utile, dans le contexte concurrentiel actuel, de connaître le coût de revient d'une page en noir et/ou en couleur, en russe et en syldave, par exemple pour savoir s'il convient d'accepter l'insertion de certaines pages publicitaires ; de même, il aimerait disposer des coûts respectifs des pages composées d'articles et des pages publicitaires, ou encore du coût de revient de certaines éditions spéciales dans la perspective d'une commercialisation indépendante de celle du quotidien, etc.

Or, pour l'instant, Repko n'a pas de comptabilité de gestion. Les charges sont enregistrées en comptabilité générale, comme on le voit dans le tableau 2, page suivante.

Tableau 2 : Charges d'exploitation Repko 2001	
Achats à Presko (ventes à l'unité)	2 133 608
Achats à Presko[1] (abonnements)	2 988 308
Autres achats à Presko (affiches, prospectus, etc.)	690 831
Remises accordées par Presko[2]	–1 461 872
Total achats Presko	**4 350 875**
Achats rédaction (fournitures, bases de données, etc.)	600 428
Salaires et charges sociales rédaction + composition	5 637 972
Sous-traitance rédaction (photos…)	466 920
Personnel temporaire rédaction + composition	535 957
Distribution par abonnement (poste)	1 745 705
Transporteurs	628 043
Publicité et promotion	913 844
Loyer	2 225 244
Entretien, charges du bâtiment	58 259
Salaires et charges personnel administratif et commercial	235 272
Amortissement matériels	379 173
Autres frais généraux (téléphone, déplacements, réceptions, etc.)	831 535
Impôts locaux, taxe presse	581 705
Assurances	45 285
Frais financiers	1 053
Total	**19 237 270**

C'est en partant de cette comptabilité générale que Otto Kromir essaie dans un premier temps de déterminer le coût de revient d'un exemplaire de l'édition russe.

B - Acte II : combien coûte un exemplaire du journal en russe ?

À première vue, Repko n'est pas dans une situation désespérée : l'ensemble des charges, ramené au nombre d'exemplaires produits et distribués en

1. Ces journaux sont conditionnés avec une bande adresse.
2. Les remises sont proportionnelles au montant des coûts d'impression par édition.

2001, donne un coût unitaire de 0,66 khôr (19 237 270 khôrs/29 213 030 exemplaires).

Pour affiner ce calcul, Otto Kromir examine l'ensemble des postes du compte de résultat et décide de les affecter respectivement aux éditions russes et syldaves en choisissant la clé de répartition qui lui semble la plus appropriée.

– **Imprimerie :** répartition à la page imprimée

4 350 875 khôrs/471 534 776 pages soit 0,0092 khôr/page

– **Rédaction :** répartition au nombre d'articles

Postes concernés :

Achats	600 428	Total : 7 241 277 khôrs/19 516 articles soit 371 khôrs/article
Salaires	5 637 972	
Sous-traitance	466 920	
Personnel temporaire	535 957	

– **Distribution :** répartition à l'exemplaire

Poste	1 745 705	Total : 2 373 748 khôrs pour 29 213 030 exemplaires soit 0,0813 khôr/exemplaire
Transporteurs	628 043	

– **Autres postes :** répartition au nombre d'éditions

Publicité	Total : 5 271 370 khôrs pour 561 éditions soit 9 396 khôrs/édition
Loyer	
Entretien	
Personnel administratif et commercial	
Amortissements	
Frais généraux	
Impôts locaux	
Assurances	
Frais financiers	

Il ne reste plus alors qu'à calculer les coûts annuels imputés à l'édition russe, ce qui est fait dans le tableau 3 présenté page suivante.

Tableau 3 : Coût de revient de La Republika édition russe 2001		
Imprimerie	0,0092 × 84 086 528 =	773 596 khôrs
Rédaction	371 × 4 968 =	1 843 128 khôrs
Distribution	0,0813 × 4 999 913 =	406 493 khôrs
Frais généraux	9 396 × 256 =	2 405 376 khôrs
	Total	**5 428 593 khôrs**
	soit **1,09 khôr par exemplaire**	

Si la démarche d'Otto Kromir est bonne, le verdict est sans appel mais lourd de conséquences politiques : l'édition russe de La Republika n'est pas rentable et il faut la supprimer. Qu'en pensez-vous ?

Quelques commentaires sur la méthode utilisée à l'Acte II

Le travail d'Otto Kromir peut être discuté de trois façons :

a) D'abord, il a commis quelques erreurs mineures, qui ne sont pas liées au raisonnement adopté :

- ***puisqu'il décide de répartir la publicité en fonction du nombre d'éditions, il devrait utiliser la même règle pour les achats d'affiches et prospectus à Presko, qui sont vraisemblablement de même nature ;***
- ***les frais de distribution postaux sont répartis en fonction du nombre d'exemplaires. Or on ne sait pas si la proportion d'abonnés est la même pour l'édition russe que pour l'édition syldave, information qui serait certainement facile à obtenir.***

b) Ensuite, Otto Kromir a retenu des clés de répartition qui peuvent être contestées et modifient le résultat obtenu. En particulier, on voit ici que l'affectation de tous les frais généraux au prorata du nombre d'éditions charge lourdement l'édition russe, qui sort presque aussi souvent que la syldave et « porte » donc environ la moitié des frais généraux.

De même, on pourrait envisager de dissocier les charges de la rédaction de celles de la mise en page et adopter deux clés de répartition différentes : nombre d'articles pour la rédaction et nombre de pages créées pour la composition (ce dernier indicateur n'existe pas dans les statistiques données ici mais on peut le reconstituer ou le retrouver).

c) Enfin, Otto Kromir pourrait traiter l'édition russe comme un produit « marginal » et essayer d'isoler les coûts directement liés à cette édition. C'est ce que nous allons voir dans l'acte III.

C - Acte III : et si l'on supprimait l'édition russe ?

Otto Kromir se souvient alors d'avoir étudié un jour en formation continue les « coûts pertinents », c'est-à-dire ceux qui sont affectés par une décision. Il décide de reprendre tout à zéro en répondant à la question suivante : « Quelles charges disparaîtraient si je décidais de supprimer l'édition russe ? » et consigne les remarques suivantes après avoir examiné tous les postes du compte de résultat.

– Coûts d'impression de l'édition russe : disparaissent (au prorata du nombre de pages).

– Salaires des rédacteurs et secrétaires de langue russe, avec charges sociales : disparaissent (soit un montant de 377 744 khôrs).

– Personnel temporaire de langue russe : disparaît (soit un montant de 136 433 khôrs).

– Achats de la rédaction : diminuent au prorata du nombre d'articles.

– Coûts de distribution postale : diminuent au prorata du nombre d'exemplaires. Autres coûts de distribution : inchangés car il faut continuer à livrer l'édition syldave.

– Loyer, entretien des locaux et matériel : diminueraient de 5 % (surface occupée par la rédaction « russe »).

– Autres postes du compte de résultat : inchangés, ce sont des frais de structure.

L'application de ces principes conduit Otto à la construction du tableau 4.

Tableau 4 : L'édition russe : coûts pertinents

Impression	773 596	Total : 1 867 784 khôrs soit 0,37 khôr/exemplaire
Salaires rédaction	377 744	
Personnel temporaire	136 433	
Achats rédaction (600 428 × 25 %)	150 107	
Distribution poste (1 745 705 × 17 %)	296 770	
Locaux, entretien, matériel	133 134	

Surpris, mais en un sens rassuré, Otto conclut alors que l'édition russe est rentable. Mieux même : elle dégage une contribution de 0,33 khôr par exemplaire, qui couvre une partie des frais de structure de Repko et manquerait si l'on venait à la supprimer. Mais comment un problème peut-il avoir deux solutions ? En d'autres termes, quelle est la bonne réponse ? Et surtout, quelle méthode utiliser pour répondre aux autres questions qu'Otto ne manquera pas de se poser dans son travail ?

Quelques commentaires sur la méthode utilisée à l'Acte III

Ici encore, plusieurs niveaux de remarques sont à distinguer :

a) Des remarques techniques : sur quelles observations Otto se fonde-t-il pour savoir quelle part des charges doit être affectée à l'édition russe ? Les achats de la rédaction vont-ils diminuer au prorata du nombre d'articles ? etc.

b) Des remarques méthodologiques : dans quelle mesure et à quel horizon de temps les charges directement liées à l'édition russe vont-elles effectivement disparaître ?

- ***Peut-on licencier les rédacteurs sans indemnité ?***
- ***S'ils libèrent 5 % des surfaces occupées, que fera-t-on de cet espace ? Le loyer sera t-il modifié ? En clair, s'agit-il d'une économie réelle ou potentielle ?***
- ***N'est-il pas possible, à moyen terme, de réduire les coûts de structure ? La diversité est un puissant générateur de coût, or la suppression de l'édition russe permet de réduire la diversité.***

Plus généralement, les conclusions obtenues ici doivent être regardées comme le résultat d'une analyse à court terme, qui fige de nombreux paramètres de l'entreprise et qui ne sera pas nécessairement valide à plus long terme.

c) La généralisation du raisonnement.

Dans sa seconde étude, Otto Kromir traite l'édition russe comme un produit « marginal », l'édition syldave étant considérée comme le cœur de l'entreprise, justifiant à elle seule les coûts de structure. Or il faut noter deux points :

- ***ceci n'est vrai que si les deux éditions ont effectivement des volumes disproportionnés ;***

– ce raisonnement ne pourra plus s'appliquer si l'entreprise entre dans une véritable situation de multi-production. Il faudra alors revenir à une analyse fondée sur les coûts de revient complets de chacun des produits.

Dans ce cas, il serait fort utile de recenser de façon systématique les différentes causes de coût (nombre de pages, d'éditions, existence des produits, de l'entreprise, etc.) pour chacune des grandes activités de l'entreprise (rédaction, impression, distribution) et d'exploiter cette analyse pour l'affectation des charges de l'entreprise.

2. Cas SD Café S.A.

Le cas SD Café S.A. traite de l'**ajout d'un produit dans un contexte de sous-activité avec des possibilités de sous-traitance.** Chaque décision en soi est peu ou pas intéressante, mais leur conjonction est *a priori* avantageuse pour l'entreprise.

Il utilise les outils suivants : coûts différentiels, contribution, coûts de sous-activité, contribution par unité de facteur contraint, raisonnement « toutes choses égales par ailleurs ».

A - Acte I : un contexte morose

Dans les années 60 deux immigrés italiens, messieurs Dormituri et Salutante, fondèrent à Lyon une fabrique de cafetières métalliques. Après des débuts difficiles et profitant de la vogue des « expresso », ils spécialisèrent progressivement leur entreprise SD Café S.A. dans la fabrication de percolateurs de salon, chromés ou dorés, vendus principalement à des sociétés de vente sur catalogue ou à des magasins très spécialisés. Ayant pris leur retraite en 1999, ils ont confié la direction de SD Café S.A. à un manager professionnel, Noël Brisecou, en lui demandant de leur assurer une remontée de dividendes régulière et significative (environ 80 k€ en 200N-1) et sans lui laisser espérer d'apport en capitaux propres.

SD Café S.A. fabrique actuellement deux modèles de percolateur, « Café de Paris » et « Café Verdi ». Ces modèles sont couramment vendus par les clients de SD Café S.A. à un prix public allant de 275 € à 340 €.

À son arrivée, une des premières actions de Noël Brisecou fut la mise en place d'une comptabilité de gestion simple et l'établissement de budgets afin de disposer d'un outil de pilotage des coûts. Ainsi pour l'année 200N, les principaux éléments prévisionnels sont résumés ci-dessous :

BUDGET 200N	**Paris**		**Verdi**		**Global**
Données mensuelles	Q	€	Q	€	€
Coût Matière /u		16,00 €		20,50 €	
Coût MOD /u	1,8 h	21,60 €	2,5 h	30,00 €	
Coûts variables commerciaux /u		5,40 €		9,50 €	
Total coûts variables /u		43,00 €		60,00 €	
Coûts fixes spécifiques /mois		**3 350 €**		**4 150 €**	
Coûts fixes indirects /mois					**38 000 €**

MAIN-D'ŒUVRE DIRECTE	
Données mensuelles	
Effectif ouvriers « directs »	**25**
Heures productives mensuelles / ouvrier	150 h
Heures productives mensuelles totales	3750 h
Salaire moyen mensuel	1 200,00 €
Taux moyen de charges sociales	50 %
Masse salariale mensuelle	**45 000 €**
Coût horaire de l'heure productive	12,00 €

Tableau 1					
BUDGET 200N	**Paris**		**Verdi**		**Global**
Cpt. Résultat Prévisionnel	Q ou prix/u	€	Q ou prix/u	€	€
Données mensuelles					
Quantités vendues	**900 u**		**710 u**		
Chiffre d'affaires	76,00 €	68 400 €	107,00 €	75 970 €	144 370 €
Coût Matière	16,00 €	14 400 €	20,50 €	14 555 €	28 955 €
Coût MOD	21,60 €	19 440 €	30,00 €	21 300 €	40 740 €
Coûts variables Commerciaux	5,40 €	4 860 €	9,50 €	6 745 €	11 605 €
Coûts fixes spécifiques /mois		3 350 €		4 150 €	7 500 €
Total coûts directs		42 050 €		46 750 €	88 800 €
Contribution		**26 350 €**		**29 220 €**	**55 570 €**
Coûts fixes indirects /mois					38 000 €
Résultat					17 570 €
Sur / sous-activité de la MOD					–4 260 €
Résultat d'exploitation					**13 310 €**
RÉSULTAT PRÉVISIONNEL 200N	*données mensuelles × 11 mois**			**146 410 €**	
	Imposition : taux		40 %	58 564 €	
			Dividendes	80 000 €	
	Report à nouveau et réserves			7 846 €	

* L'entreprise est fermée durant le mois d'août.

En mai 200N, Noël Brisecou, sur la base du réalisé d'avril est inquiet. Il doute de pouvoir assurer cette année le niveau de résultat exigé par ses actionnaires.

Alors que le budget 200N tablait sur un résultat avant I.S. d'environ 150 000 €, l'extrapolation sur l'année des quatre premiers mois d'exercice, laisse envisager un résultat avant I.S. plus proche de 32 000 €. Cette vision lui semble d'autant plus réaliste que les perspectives de ventes (en volume et en prix) confirment un maintien de la tendance actuelle. Celle-ci marque un recul par rapport aux hypothèses du budget, ce qui a conduit Noël Brisecou à accepter des commandes ne venant pas de ses clients traditionnels et à des prix de vente moins favorables que ceux obtenus habituellement !

Les éléments correspondant aux réalisations ont été synthétisés dans le document suivant, qui donne la moyenne mensuelle sur quatre mois pour faciliter la comparaison avec les données prévisionnelles :

REALISÉ 200N : janvier - avril	**Paris**		**Verdi**		**Global**
Moyenne mensuelles sur 4 mois	Q	€	Q	€	€
Coût Mat. /u		16,30 €		20,60 €	
Coût MOD /u	1,8 h	21,51 €	2,6 h	31,07 €	
Coûts variables Commerciaux /u		5,40 €		8,90 €	
Total coûts variables /u		43,21 €		60,57 €	
Coûts fixes spécifiques /mois		**3 350 €**		**4 120 €**	
Coûts fixes indirects /mois					**38 870 €**

MOD	
Moyennes mensuelles sur 4 mois	
Effectif ouvriers « directs »	**27**
Heures productives mensuelles / ouvrier	150 h
Heures productives mensuelles totales	4050 h
Salaire moyen mensuel	1 195,00 €
Taux moyen de charges sociales	50 %
Masse salariale mensuelle	**48 398 €**
Coût horaire de l'heure productive	11,95 €

Tableau 2					
REALISÉ 200N : janvier - avril	**Paris**		**Verdi**		**Global**
Compte de Résultat	Q ou prix/u	€	Q ou prix/u	€	€
Moyennes mensuelles sur 4 mois					
Quantités vendues	**850 u**		**680 u**		
Chiffre d'affaires	75,70 €	64 345 €	105,5 €	71 740 €	136 085 €
Coût Matière	16,30 €	13 855 €	20,60 €	14 008 €	27 863 €
Coût MOD	21,51 €	18 284 €	31,07 €	21 128 €	39 412 €
Coûts variables Commerciaux	5,40 €	4 590 €	8,90 €	6 052 €	10 642 €
Coûts fixes spécifiques /mois		3 350 €		4 120 €	7 470 €
Total coûts directs		40 079 €		45 308 €	85 387 €
Contribution		**24 266 €**		**26 432 €**	**50 698 €**
Coûts fixes indirects /mois					38 870 €
Résultat					11 828 €
Sur / sous-activité de la MOD					–8 986 €
Résultat d'exploitation					**2 842 €**
RÉSULTAT ESTIMÉ 200N	*réalisé moyen mensuel × 11 mois*			**31 262 €**	
	Imposition : taux		40 %	12 504 €	
	Dividendes budgétés			80 000 €	
	Report à nouveau et réserves			–61 242 €	

B - Acte II : un peu d'espoir !

Pour faire face à cette situation, Noël Brisecou examine plusieurs opportunités qui pourraient se concrétiser à court terme.

a) Lancer un nouveau modèle

Une opportunité de développement de l'activité existe avec le projet du nouveau modèle « Café Florian », percolateur en acier brossé mat, développé pour un désigner connu qui a son propre réseau de distribution exclusive. Cependant le prix imposé par ce designer pour une commande ferme de 400 unités par mois sur 18 mois à partir de juin 200N, soit 81 € par unité, semble insuffisamment rémunérateur.

Les caractéristiques et les éléments de son coût prévisionnel sont présentés dans le tableau suivant :

Café FLORIAN	Q	€
Commande mensuelle (sur 18 mois)	**400 u**	
Prix de vente		81,00 €
Coût Matières /u.		21,40 €
Coût MOD /u.	2,8 h	33,60 €
Coûts variables Commerciaux /u.		6,10 €
Total des coûts variables		61,10 €
Marge sur coûts variables		**19,9 €**
Coûts fixes spécifiques /mois		**2 300 €**

b) Sous-traiter

Noël Brisecou a pris contact avec une petite entreprise métallurgique proche qui pourrait travailler en sous-traitance pour SD Café S.A. La réalisation du corps de chauffe des percolateurs par cette entreprise se ferait aux conditions résumées dans le tableau ci dessous et pourrait démarrer dès juin 200N.

SOUS-TRAITANCE	Paris	Verdi	Florian
Temps productif MOD avant sous-traitance	1,8 h	2,5 h	2,8 h
Diminution du temps productif MOD due au recours à la sous-traitance	0,3 h	0,3 h	0,3 h
Nouveau temps productif avec sous-traitance	1,5 h	2,2 h	2,5 h
Coût unitaire de sous-traitance	4,30 €	4,30 €	4,30 €

c) Contexte social

Dans le contexte social général et local, il estime qu'à moyen terme les possibilités d'évolution du personnel direct sont pratiquement nulles : difficultés d'embauche et de licenciements, refus quasi systématique des heures supplémentaires, auxquels s'ajoutent les limites des capacités machine et des capacités d'accueil des locaux actuels.

C - Acte III : vers un avenir meilleur !

a) Prologue

La situation de SD Café appelle plusieurs remarques avant de pouvoir étudier la proposition du designer pour le modèle Verdi ou celle du recours à la sous-traitance.

1. L'écart de résultat qui est d'environ 115 600 € en année pleine sur la base de l'extrapolation à fin avril, ne permettra pas à Noël Brisecou d'atteindre les objectifs qui lui ont été fixés par son conseil d'administration !

2. La comptabilité de gestion que Noël Brisecou a mise en place, lui permet de suivre les différents éléments de coût dans une approche de coûts variables, coûts directs et contribution. Il pratique en outre une démarche d'imputation rationnelle pour les frais directs de personnel qui lui permet de mesurer rapidement l'impact des variations d'activité. Dans le contexte économique et social de l'entreprise, caractérisé par la quasi fixité des coûts de MOD, ces choix sont judicieux.

En effet, sur la base des données fournies, l'analyse suivante peut être menée :

– Dans ses prévisions, SD Café dispose, avec un effectif de 25 personnes « directes », d'un potentiel d'heures productives de 3 750 heures par mois (25 × 150 h /mois) pour un coût de 45 000 €. La production prévue (900 u pour Paris et 710 u pour Verdi) aux rendements prévus (1,8 heures et 2,5 heures respectivement) n'absorbe pas la totalité de ce potentiel : une sous-activité est anticipée et son coût est évalué à 4 260 € par mois. Ce coût est calculé ainsi :

• coût horaire prévisionnel : 45 000 € / 3 750 heures = 12 €/heure

• heures productives requises par la production prévue :

(900 u × 1.8 h/u) + (710 u × 2,5 h/u) = 3 395 heures

• la sous-activité prévue s'élève donc à 3 750 h – 3 395 h = 355 h, soit valorisées au taux de 12 €/h : 355 h × 12 €/h = **4 260 €**

– La diminution des quantités vendues et produites accentue ce phénomène. Dans les conditions prévues, l'activité réelle (850 u et 680 u respectivement) aurait dû utiliser : (850 u × 1,8 h/u) +

(680 u × 2,5 h /u) = 3 230 heures, soit un accroissement de la sous-activité de 165 h (3 395 h – 3 230 h), qui peut être évaluée à **1 980 €** (165 h × 12 €/h).

– À cet effet de baisse des ventes, s'ajoute celui d'un sureffectif par rapport aux hypothèses du budget : SD Café dispose en réalité d'un effectif direct de 27 personnes pour 25 prévues. Ceci représente un potentiel supplémentaire et inoccupé de 300 heures par mois, soit **3 600 €**.

La sous-activité « pèse » donc chaque mois, dans les conditions standards, 9 840 € (ou 8 986 € comme indiqué au tableau 2, si l'on retient les rendements réalisés) ! Toute action visant à la réduire permettra d'améliorer les résultats de l'entreprise. Dans ce contexte, et faute de pouvoir envisager un ajustement structurel des effectifs à une demande qui semble devoir être durablement plus faible que prévue, développer l'activité grâce à une nouvelle production peut sembler opportun ! Il apparaît également que la sous-traitance ne sera pas adaptée puisque l'on ne pourra pas ajuster le personnel aux besoins réels de l'entreprise.

b) Scène 1 : sous-traiter ?

A priori et dans le contexte contraignant que connaît SD Café, l'hypothèse de la sous-traitance présente peu d'avantages. Les données économiques renforcent cette conclusion. La sous-traitance coûte 4,30 € par unité et permet une économie directe de 0,3 h par unité fabriquée soit 0,3 h × 12 €/h = 3,60 € : elle occasionne donc un surcoût de 0,70 € par unité. De plus elle accroît la sous-activité. Il faudrait que les avantages indirects soient supérieurs à 6 579 € par mois pour la rendre économiquement intéressante.

Surcoût total	0,70 € × (850 u + 680 u) =	1 071 €
Coût de la sous-activité supplémentaire	(850 u + 680 u) × 0,3 h × 12 €/h =	5 508 €
	Total :	6 579 €

On peut vérifier qu'étant donnée l'impossibilité d'ajuster la main-d'œuvre directe aux besoins de la production, la sous-traitance représente un surcoût absolu de 4,30 € par unité soit au total 6 579 €.

c) Scène 2 : lancer Florian ?

➤ *Florian est-il en soi intéressant ?*

Les caractéristiques du modèle Florian permettent de calculer son coût de revient prévisionnel. Ainsi il est prévu qu'il dégage une marge unitaire sur coûts variables de 19,9 €, soit pour 400 unités par mois un montant total de 7 960 €. La contribution mensuelle dégagée par Florian peut être estimée à 7 960 € – 2 300 € = 5 660 €, soit 14,15 € par unité. Cette contribution par unité peut être comparée à celle obtenue sur les autres produits ; soit sur la base du réalisé des quatre premiers mois :

pour Paris : 24 266 € pour 850 unités, soit 28,55 € par unité,

pour Verdi : 26 432 € pour 680 unités, soit 38,87 € par unité.

La contribution du modèle Florian est donc plus faible que celle des autres modèles. Il est à noter qu'un calcul en coût complet pourrait entraîner sa disqualification d'emblée. Par exemple, une répartition simple des frais indirects sur la base des quantités conduirait à imputer au modèle Florian un montant de 20,14 € par unité [38 870 € pour (400 u + 850 u + 680 u = 1 930 u)]. Le résultat unitaire de Florian serait alors négatif et égal à : 14,15 € – 20,14 € = – 5,99 €.

Cependant la contribution de Florian est positive et contribuera donc à accroître le résultat. De plus sa production va venir réduire la sous-activité !

➤ *Florian et la sous-activité*

Le besoin en heures productives mensuelles, calculé sur la base des prévisions pour Florian et pour les normes d'heures par unités et sur celle des réalisations pour les quantités de Paris et Verdi, peut être estimé ainsi :

	Florian	Paris	Verdi	Total
h MOD /u	2,8 h	1,8 h	2,6 h	
Unités /mois	400 u	850 u	680 u	**1 930 u**
Heures totales	1 120 h	1 530 h	1 768 h	**4 418 h**

Ce besoin doit être comparé au potentiel disponible qui est de 4 050 heures. Florian crée donc un besoin qui excède les capacités actuelles ! À défaut de pouvoir augmenter celles-ci, le développement de Florian se ferait au détriment d'un des autres modèles. En ce cas la donnée pertinente pour analyser ce point est la marge par unité de facteur rare ou contraint. Ce facteur est ici l'heure de MOD. Sur la base de la marge obtenue par unité de produit (prix de ventes moins l'ensemble des coûts directs variables), on peut déterminer quel montant de marge génère une heure de MOD suivant qu'elle est utilisée à la fabrication de l'un ou l'autre des produits :

	Florian	Paris	Verdi
Marge unitaire	19,90 €	32,49 €	44,93 €
h MOD /u	2,8 h	1,8 h	2,6 h
Marge /h	7,11 €	18,05 €	17,28 €

En fonction de ces résultats, si Florian doit être lancé et si SD Café ne peut augmenter son potentiel de main-d'œuvre directe, l'ajustement optimal en terme de coût doit se faire au détriment du modèle Verdi qui présente, après Florian, la marge par heure de MOD la plus faible.

Si nous admettons que la production de Verdi peut s'adapter de façon continue, nous pouvons même avoir une idée du programme optimal de production (et de ventes !) et du résultat qui en découle.

– Ventes du modèle Florian : 400 unités par mois à partir de juin, soit une contribution de 5 660 €

– Ventes du modèle Paris : 850 unités par mois, soit une contribution de 24 266 €

– Ventes du modèle Verdi :

Heures totales disponibles	4 050 heures
– Heures requises par Florian	1 120 heures
– Heures requises par Paris	1 530 heures
= Heures disponibles pour Verdi	1 400 heures,

soit avec un temps de 2,6 heures par unité, une production possible de 538 unités.

– Ces 538 unités permettent d'obtenir une contribution de 20 052 €
[= 538 u × (105,5 € – (20,60 + 31,07 + 8,90)) – 4 120 €, *cf.* données du tableau 2].

– La contribution totale des produits est alors de :

Florian 5 660 €
Paris 24 266 €
Verdi 20 052 €
soit 49 978 € par mois, à partir du mois de juin,

ce qui donne un résultat d'exploitation prévisionnel de 49 978 – 38 870 = 11 108 €, le coût de sous-activité ayant disparu ;

– Le résultat de l'année peut alors être estimé à :

période janvier/mai	2 842 € × 5 mois = 14 210 €
période juin/décembre	11 108 € × 6 mois = 66 648 €
soit au total :	**80 858 €**,

à comparer à l'extrapolation à fin avril qui donnait une prévision de 31 262 €.

d) Scène 3 : la sous-traitance revisitée !

Si SD Café développe le modèle Florian, la sous-activité disparaît et la main-d'œuvre directe devient même une contrainte qui empêche de produire autant que le marché le permettrait. En ce sens le recours à la sous-traitance peut être réexaminé.

Le programme des ventes maximum avant recours à la sous-traitance a déjà été étudié : il requiert 4 418 heures alors que le nombre d'heures disponibles est de 4 050 heures.

	Florian	Paris	Verdi	Total
h MOD /u	2,8 h	1,8 h	2,6 h	
Unités /mois	400 u	850 u	680 u	**1 930 u**
Heures totales	1 120 h	1 530 h	1 768 h	**4 418 h**

La sous-traitance « économise » 0,30 heures par unité fabriquée, soit sur ce programme un total de 579 heures (1 930 u × 0,30 h).

Elle génère un coût qui peut être estimé par :

– un coût direct de 1 351 € (1 930 u × 0,70 €) ;
– un coût induit de 2 532 € dû à l'apparition d'une légère sous-activité.

Cette sous-activité est de 211 heures [4 050 h – (4 418 h – 579 h)] soit 2 532 € (279 h × 12 €/h).

Ces coûts sont à opposer à la contribution dégagée par les ventes supplémentaires du modèle Verdi, soit 142 unités (écart entre les ventes moyennes réalisées, soit 680 unités, et celles possibles sans sous-traitance, soit 538 unités). Cette contribution supplémentaire peut ainsi être évaluée à 6 380 € par mois (142 u × 44,93 €).

– D'où un gain net mensuel de 2 497 € (6 380 € – 1 351 € – 2 532 €).

– Il en résulte un résultat prévisionnel qui pourrait être de :

• Résultat possible suite au lancement du modèle Florian :		80 858 €
• Apport de la sous-traitance :	2 497 € × 6 mois =	14 982 €
	Total :	**95 840 €**

e) Épilogue

Le lancement du modèle Florian combiné avec la sous-traitance permet donc un résultat prévisionnel de l'ordre de 95 000 € qui se rapproche des objectifs du budget. Pour arriver à ce résultat de nombreuses hypothèses ont été faites : extrapolation des quantités vendues et des coûts constatés sur les quatre premiers mois, ajustement parfait de la production et des ventes, raisonnements « toutes choses égales par ailleurs ». Les limites de l'analyse et des résultats prévisionnels sont celles de ces hypothèses ; mais la démarche pourrait s'adapter à des hypothèses plus complètes ou plus réalistes.

D'un point de vue méthodologique, ce cas illustre également l'élargissement progressif pour les besoins de l'analyse, du périmètre de l'objet de coûts :

1. la sous-activité dans le contexte économique et social donné ;
2. la sous-traitance seule ;
3. Florian seul ;
4. Florian dans le contexte de sous-activité ;
5. enfin, Florian et la sous-traitance dans le contexte.

3. *Cas Naïades*

Quelle est la rentabilité comparée de deux lignes de produits ? de deux types de distribution ? Faut-il arrêter un circuit de ventes ? Comment apprécier l'impact financier d'une baisse des coûts ? Convient-il

d'augmenter les budgets publicitaires ? Voici les thèmes abordés dans ce troisième et dernier cas, celui de la société Naïades.

A - Acte I : le contexte et les questions

La société Naïades conçoit et commercialise deux lignes de produits : des articles de lingerie féminine et des maillots de bain. Les maillots de bain sont des produits de négoce achetés à l'étranger. Les articles de lingerie sont fabriqués dans une usine détenue par la société.

La commercialisation de ces produits s'effectue à travers deux circuits différents. D'une part, la société dispose d'un magasin, situé dans un quartier élégant de Paris. D'autre part, elle travaille avec un réseau de grossistes qui se chargent d'assurer la commercialisation des produits dans les principales villes de province.

Les maillots de bain achetés à l'étranger et les articles de lingerie fabriqués par l'usine sont stockés dans un entrepôt appartenant à l'entreprise situé près du site de production, dans la région de Troyes.

Nous sommes à la fin de l'année N. La prévision de résultat de la société fait apparaître un résultat avant IS de 232 700 €, pour un chiffre d'affaires de 11 858 000 €, soit un taux de bénéfice sur CA de 2 %. Les dirigeants de Naïades jugent la rentabilité de leur entreprise insuffisante et souhaitent l'accroître en N+1 en définissant un plan d'action adapté. Plus spécifiquement, les questions suivantes semblent mériter un examen attentif :

– Quelle est la rentabilité comparée des deux lignes de produits ? Des deux systèmes de commercialisation ?

– Le magasin de Paris génère des coûts fixes importants (loyers, salaires du directeur et des vendeurs, frais divers, etc.). De plus, l'existence du magasin détenu en propre rend difficile la négociation d'un contrat avec un grossiste travaillant sur Paris et sur la proche banlieue. Les dirigeants de Naïades s'interrogent : ne devraient-ils pas fermer le magasin de Paris ?

– Les coûts de revient des produits n'ont cessé de s'élever au cours des dernières années. La société Naïades s'étant positionnée sur un segment haut de gamme, la maîtrise des coûts n'a jamais été une préoccupation essentielle. Jusqu'alors, la société s'est contentée de répercuter sur ses prix la hausse de ses coûts. Les responsables de Naïades ont cependant le sentiment qu'ils risquent de perdre une partie de leur clientèle s'ils poursuivent cette escalade de leurs prix de vente. Ils ont notamment été alertés par les réactions de leurs grossistes, qui ont éprouvé de sérieuses difficultés à placer les modèles les plus chers au cours de l'année N. Afin d'accroître la rentabilité et de ne pas perdre des segments de clientèle, il pourrait être pertinent d'explorer les possibilités de diminution des coûts et des prix d'achat. Ceci suppose une renégociation des contrats avec les fournisseurs de maillots de bain et la mise au point d'un plan de réduction des coûts dans l'usine d'articles de lingerie.

– Enfin, la société a toujours consacré un budget à des campagnes de publicité destinées à promouvoir ses produits. Ce budget est-il suffisant ? Les responsables de Naïades ont constaté qu'au cours des deux dernières années, les marques concurrentes ont organisé des opérations de communication de grande envergure (affichage et encarts publicitaires dans les magazines féminins). Ne conviendrait-il pas d'accroître le budget publicitaire de manière à soutenir les ventes des produits Naïades ?

Afin d'apporter des éléments de réponse à ces différentes questions, le contrôleur de gestion de la société a réuni un ensemble de données sur l'entreprise pour l'année écoulée N.

Chaque ligne de produit se décline en différents modèles et chaque modèle en plusieurs références. Les informations ci-dessous résultent de regroupements. Ainsi, les quantités d'articles vendus ont été obtenues en agrégeant les ventes effectuées sur l'ensemble des modèles de la ligne de produits (lingerie, maillots de bain). De même, le prix de vente moyen a été obtenu à partir d'une moyenne (pondérée par les volumes) des prix de vente des différents modèles de la ligne de produits.

Nombre d'unités vendues	**Lingerie**	**Maillots de bain**
Magasin	9 850	2 360
Grossistes	228 500	112 900

Prix de vente moyen par article (en euros)	**Lingerie**	**Maillots de bain**
Magasin	59,50 €	106 €
Grossistes	26 €	45 €

Le coût de production moyen d'un article de lingerie se décompose de la manière suivante :

Matière première	5,5 €
Main d'œuvre directe	11,0 €
Frais d'usine	5,8 €
Coût de production complet	22,3 €

Le coût d'achat moyen d'un maillot (frais de transport et de douane compris) s'est élevé à 36,50 € au cours de l'année écoulée.

Les charges annuelles de la société (en euros) ont été les suivantes (année N) :

Charges du Magasin	
– Loyer	140 000
– Amortissement des installations	50 000
– Salaires du personnel	171 000
– Frais divers	40 000
– Total	**401 000**
Charges de l'entrepôt	
– Loyer	18 000
– Salaires des magasiniers	95 400
– Amortissement et frais divers	30 000
– Total	**143 400**
Charges relatives aux produits	
– Campagne de publicité Lingerie	140 000
– Campagne de publicité Maillots de Bain	80 000
– Salaires du chef de produit Lingerie et de son assistant	60 000
– Salaires du chef de produit Maillots de Bain et de ses assistants	110 000
– Frais marketing divers fixes Lingerie	115 000
– Frais marketing divers fixes Maillots de Bain	98 000
– Total	**603 000**
Charges du Siège	
– Loyer du Siège	60 000
– Salaires du personnel administratif	560 000
– Frais divers de gestion	115 000
– Total	**735 000**

B - Acte II : analyse de la rentabilité des deux lignes de produit et des deux systèmes de commercialisation

Avant de construire des scénarios pour l'année N+1, le contrôleur de gestion a procédé à une analyse de la rentabilité à partir des informations disponibles.

L'objectif est de parvenir à identifier des marges pertinentes permettant d'évaluer de la manière la plus objective possible la rentabilité de chaque ligne de produit ainsi que celle des ventes en magasin et des ventes aux grossistes. À cet effet, il était impératif de clairement distinguer :

– **Les coûts spécifiques aux produits**

Il s'agit des coûts de fabrication (articles de lingerie), des coûts d'achat (maillots de bain), des coûts des campagnes publicitaires, des salaires des chefs de produit, des frais marketing spécifiques à chaque produit.

– **Les coûts spécifiques aux types de distribution**

Ainsi, les différents coûts associés au magasin (loyer du magasin, salaires des vendeurs, etc.) sont directs par rapport au système de vente magasin. Les coûts de l'entrepôt (loyer de l'entrepôt, salaires des magasiniers, etc.) sont, dans leur grande majorité, encourus pour la mise à disposition des produits chez les grossistes. Dans l'analyse qui suit, on considérera ces coûts comme directs par rapport au système de vente par les grossistes.

– **Les frais de siège**

Ces coûts sont indirects par rapport aux produits et par rapport aux deux systèmes de vente.

Le contrôleur de gestion a commencé par s'interroger sur les axes d'analyse pertinents. Dans un premier temps, il envisagea de mener deux analyses séparées : produit d'une part, type de distribution d'autre part. Mais cette approche n'aurait pas permis de prendre en compte les interdépendances qui existent : les maillots de bain sont vendus par les magasins comme par les grossistes, ceux-ci achetant des maillots de bain comme des articles de lingerie.

Il remarque qu'il existe une segmentation naturelle qui croise types de produits et types de distribution : cette segmentation détermine un emboîtement logique de 9 objets de coûts. De plus, chacun de ces objets a sa pertinence puisque des actions spécifiques peuvent être envisagées au niveau de chacun d'eux. L'emboîtement des objets de coût peut être visualisé ainsi :

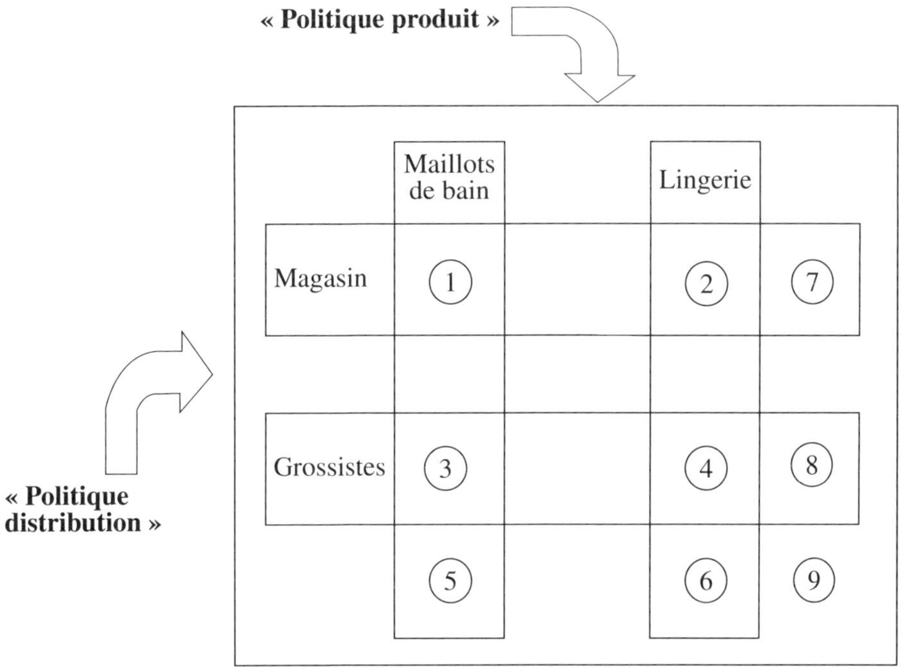

○ *Objet de coût*

La méthode retenue pour mener à bien cette analyse est une méthode en coûts partiels. À chaque objet de coût doivent être rattachés uniquement les coûts qui lui sont spécifiques[1]. De plus, au sein des coûts spécifiques, la distinction variable/fixe permettra facilement de mener une analyse coûts/volumes.

Les coûts de production des articles de lingerie et les coûts d'achat des maillots de bain constituent des coûts variables et directs par rapport à

1. Ce point est important pour ne pas recréer une interdépendance entre les segments.

chaque segment produit/système de vente. C'est pourquoi il est intéressant de faire apparaître une marge sur coût variable par segment.

Pour évaluer la rentabilité des produits, il convenait de déterminer la contribution de chaque ligne de produit. Le calcul de la contribution par produit a fait intervenir les chiffres d'affaires, les coûts de production (ou les coûts d'achat pour la ligne des maillots de bain) et les coûts spécifiques à chaque ligne de produit.

De manière symétrique, l'évaluation de la rentabilité des systèmes de vente s'est appuyée sur le calcul de la contribution dégagée par chaque circuit de vente. Ainsi, la contribution du magasin fut obtenue en soustrayant au chiffre d'affaires du magasin, les coûts de production (ou d'achat) des produits vendus en magasin et l'ensemble des coûts fixes spécifiques au magasin.

La matrice figurant à la page suivante présente les différents niveaux de marge et de contribution ainsi que le résultat global. Le contrôle de gestion a utilisé un tableur pour construire le modèle d'analyse et effectuer, par la suite, des simulations.

Matrice 1

	Lingerie	Maillots de bain	Total	Coûts fixes spécifiques	Contribution circuit distrib.	Total
Magasin Paris						
Quantités	9 850 u	2 360 u				
Prix de vente	59,50 €	106,00 €				
Chiffre d'affaires	586 075 €	250 160 €	836 235 €			
Coût de production	**22,30 €**					
Coûts d'achat		**36,50 €**				
Marge sur CV/u	**37,20 €**	**69,50 €**				
Marge sur CV Globale	**366 420 €**	**164 020 €**	**530 440 €**	**401 000 €**	**129 440 €**	
Grossistes						**1 570 710 €**
Quantités	228 500 u	112 900 u				
Prix de vente	26,00 €	45,00 €				
Chiffre d'affaires	5 941 000 €	5 080 500 €	11 021 500 €			
Coût de production	**22,30 €**					
Coûts d'achat		**36,50 €**				
Taux de commissionnement	2 %	2 %				
Commission/unité	0,52 €	0,90 €				
Marge sur CV/u	**3,18 €**	**7,60 €**				
Marge sur CV Globale	**726 630 €**	**858 040 €**	**1 584 670 €**	**143 400 €**	**1 441 270 €**	
M/CV globale du produit	**1 093 050 €**	**1 022 060 €**				
CA global par produit	6 527 075 €	5 330 660 €				
Taux de marge sur CV	17 %	19 %				
Coûts fixes directs/produits.						
Publicité produits	140 000 €	80 000 €	220 000 €			
Salaire du chef de produit	60 000 €	110 000 €	170 000 €			
Frais divers Marketing	115 000 €	98 000 €	213 000 €			
Total	315 000 €	288 000 €	603 000 €			
Contribution des produits	**778 050 €**	**734 060 €**				
Total contributions produits	**1 512 110 €**					

Frais communs et généraux	
Pub	220 000 €
Chef Prod	170 000 €
Autres Mktg	213 000 €
Siège	735 000 €
	1 338 000 €
Résultat	**232 710 €**

	Lingerie	Maillots de bain
Matière première	5,50	
MOD	11,00 €	
Frais d'usine	5,80 €	
Coût de production	**22,30 €**	
Coûts d'achat		**36,50 €**

→

(suite)

Coûts fixes indirects /produits

Frais Magasin	
Loyer du magasin	140 000 €
Amortissements des travaux magasin	50 000 €
Frais divers magasin	40 000 €
Salaires du personnel magasin	171 000 €
	401 000 €
Frais Grossistes	
Loyer entrepôt	18 000 €
Salaires magasiniers	95 400 €
frais divers et amort. Entrepôt	30 000 €
	143 400 €
Frais de Siège	
Loyer du Siège	60 000 €
Salaires du personnel administratif	560 000 €
Frais divers de gestion	115 000 €
	735 000 €
Total	**1 279 400 €**
Résultat	**232 710 €**
Résultat/CA	**2 %**

Le tableau ci-dessous résume les principales marges et contributions et fait apparaître les taux de marge et les taux de contribution correspondants.

	Lingerie	Maillots de bain	Magasin Paris	Grossistes
Chiffre d'affaires	6 527 075	5 330 660	836 235	11 021 500
Marge sur coût variable	1 093 050	1 022 060	530 440	1 584 670
Taux de marge sur coût variable	17 %	19 %	63,4 %	14,4 %
Contribution	778 050	734 060	129 440	1 441 270
Taux de contribution	12 %	13,8 %	15,5 %	13 %

Les marges et les contributions dégagées par les différents segments apparaissent insuffisantes compte tenu de l'importance des coûts fixes indirects restant à couvrir. Le résultat global de l'entreprise s'est dégradé au cours des trois dernières années et celui de l'année N, de 232 710 €, ne garantit pas une rémunération suffisante des capitaux investis.

C'est la raison pour laquelle la société a décidé d'étudier plusieurs scénarios de redressement.

Le premier scénario considéré porte sur la fermeture du magasin de Paris.

C - Acte III : fermer le magasin de Paris ?

Comme le fait apparaître l'analyse des résultats de l'année N, la rentabilité dégagée par le magasin est médiocre. En effet, la contribution n'est que de 129 440 euros. La fermeture du magasin permettrait de passer un contrat avec un important grossiste opérant sur Paris et la région parisienne. Des contacts ont été pris. Le grossiste parisien est prêt à travailler aux mêmes conditions tarifaires que celles faites aux grossistes opérant sur les magasins de province. Une première évaluation approximative des volumes qu'il pourra écouler fournit les chiffres suivants :

- articles de lingerie : 30 000/32 000 unités
- maillots de bain : 28 000/30 000 unités

Afin d'estimer les conséquences financières de cette option, le contrôleur de gestion utilise la matrice, présentée plus haut. Ses hypothèses de travail sont les suivantes :

a) La société ferme le magasin de Paris. Tous les frais associés au magasin (salaires des vendeurs, loyer du magasin, etc.) sont supprimés.

Il s'agit là d'une simplification dans la mesure où la fermeture du magasin ne pourrait probablement pas intervenir dès le premier janvier N+1. De plus, certains frais devraient être supportés encore un certain temps après la fermeture du magasin (par exemple, les salaires des vendeurs pendant la période de préavis). Des dépenses supplémentaires comme par exemple des indemnités de licenciement sont également à prévoir.

b) Le contrat passé avec le grossiste parisien autorise une augmentation des unités vendues en N+1, au travers du circuit de vente des grossistes :

– articles de lingerie : 260 000 unités (au lieu de 228 500 en année N)
– maillots de bain : 140 000 unités (au lieu de 112 900 en année N)

À partir de ces hypothèses, la matrice présentée ci-après a été construite.

Matrice 2

	Lingerie	Maillots de bain	Total	Coûts fixes spécifiques	Contribution circuit distribution	Total
Magasin Paris						
Quantités	0 u	0 u				
Prix de vente	0,00 €	0,00 €				
Chiffre d'affaires	0 €	0 €	0 €			
Coût de production	**0 €**					
Coûts d'achat		**0,00€**				
Marge sur CV/u	**0€**	**0,00 €**				
Marge sur CV Globale	**0 €**	**0 €**	**0 €**	**0 €**	**0 €**	
Grossistes						**1 747 400 €**
Quantités	260 000 u	140 000 u				
Prix de vente	26,00 €	45,00 €				
Chiffre d'affaires	6 760 000 €	6 300 000 €	13 060 000 €			
Coût de production	**22,30 €**					
Coûts d'achat		**36,50 €**				
Taux de commissionnement	2%	2 %				
Commission/unité	0,52 €	0,90 €				
Marge sur CV/u	**3,18 €**	**7,60 €**				
Marge sur CV Globale	**826 800 €**	**1 064 000 €**	**1 890 800 €**	**143 400 €**	**1 747 400 €**	
M/CV globale du produit	**826 800 €**	**1 064 000 €**				
CA global par produit	6 760 000 €	6 300 000 €				
Taux de marge sur CV	12 %	17 %				

Coûts fixes directs/produits.			
Publicité produits	140 000 €	80 000 €	220 000 €
Salaire du chef de produit	60 000 €	110 000 €	170 000 €
Frais divers Marketing	115 000 €	98 000 €	213 000 €
Total	315 000 €	288 000 €	603 000 €

Contribution des produits	**511 800 €**	**776 000 €**
Total contributions produits	**1 287 800 €**	

Frais communs et généraux	
Pub	220 000 €
Chef Produit	170 000 €
Autres Mktg	213 000 €
Siège	735 000 €
	1 338 000 €
Résultat	**409 400 €**

	Lingerie	Maillots de bain
Matière première	5,50	
MOD	11,00 €	
Frais d'usine	5,80 €	
Coût de production	**22,30**	
Coûts d'achat		**36,50 €**

→

(suite)

Coûts fixes indirects /produits

Frais Magasin Loyer du magasin Amortissements des travaux magasin Frais divers magasin Salaires du personnel magasin	 0 € 0 € 0 € 0 €
	0 €
Frais Grossistes Loyer entrepôt Salaires magasiniers frais divers et amort. Entrepôt	 18 000 € 95 400 € 30 000 €
	143 400 €
Frais de Siège Loyer du Siège Salaires du personnel administratif Frais divers de gestion	 60 000 € 560 000 € 115 000 €
	735 000 €
Total	**878 400 €**
Résultat **Résultat/CA**	**409 400 €** **3 %**

Comme le montre le tableau ci-dessus, la rentabilité de la société Naïades s'améliore : le résultat passe à 409 400 €.

Cependant, ce scénario pose deux problèmes :

– d'une part, la progression du résultat par rapport à l'année N n'est pas suffisamment significative. Ainsi le ratio résultat / chiffre d'affaires passe de 2 % (année N) à seulement 3 % ;

– d'autre part, le magasin de Paris est « la vitrine » de la société Naïades. Il véhicule l'image de produits luxueux et raffinés que l'entreprise s'efforce de promouvoir. Ainsi que l'affirme l'un des responsables Marketing :

« *Les ventes en province de nos grossistes sont soutenues par les représentations « luxe parisien » associées à l'existence de notre magasin de Paris* ».

Enfin, le magasin permet de « *sentir la tendance* » et de tester de nouveaux modèles avant de les proposer au circuit des grossistes.

Si l'analyse des coûts et des marges fournit des données importantes pour éclairer les prises de décision, d'autres considérations sont ainsi intervenues qui ont conduit à la décision de conserver le magasin, « laboratoire » et « vitrine » de la société Naïades. Le scénario de fermeture du magasin a donc été rejeté.

D - Acte IV : la réduction des coûts ?

Ainsi que nous l'avons déjà indiqué, la société Naïades s'est positionnée sur le segment du haut de gamme. Les prix qu'elle pratique se justifient par des produits de très grande qualité. Cependant, l'escalade des coûts de production et celle des coûts d'achat des maillots de bain au cours des dernières années ne se justifie pas pour autant. Dans l'usine, un diagnostic récemment mené par un consultant externe a mis en évidence des problèmes de gaspillage des matières et une insuffisante productivité de la main-d'œuvre.

Par ailleurs, les tarifs pratiqués par le principal fournisseur de maillots de bain semblent excessivement élevés. Des contacts ont été pris avec d'autres fournisseurs capables de fabriquer les produits en assurant le même niveau de qualité dans la finition pour un prix plus bas.

Les hypothèses suivantes ont servi de point de départ au contrôleur de gestion :

a) Un plan d'action visant à réduire les coûts est mis en place dans l'usine. Il devrait permettre une réduction du coût de production moyen d'un article de lingerie : celui-ci passe de 22,3 euros à 20 euros.

b) La société renégocie ses contrats avec les façonniers des maillots de bain. Si cela est nécessaire, des changements de fournisseurs pourront intervenir. Cette politique permettrait d'abaisser le coût moyen d'achat des maillots de bain : celui-ci passerait de 36,5 euros à 30 euros.

c) Les quantités vendues augmentent très légèrement par rapport à l'année N :

Nombre d'unités vendues en N+1	**Lingerie**	**Maillots de bain**
Magasin Paris	10 000 unités	2 500 unités
Grossistes	230 000 unités	115 000 unités

d) Les prix restent inchangés par rapport à l'année N.

À partir de ces hypothèses, la matrice ci-après a été construite.

Matrice 3

	Lingerie	Maillots de bain	Total	Coûts fixes spécifiques	Contribution circuit distribution	Total
Magasin Paris						
Quantités	10 000 u	2 500 u				
Prix de vente	59,50 €	106,00 €				
Chiffre d'affaires	595 000 €	265 000 €	860 000 €			
Coût de production	**20,00 €**					
Coûts d'achat		**30,00 €**				
Marge sur CV/u	**39,50 €**	**76,00 €**				
Marge sur CV Globale	**395 000 €**	**190 000 €**	**585 000 €**	**401 000 €**	**184 000 €**	
Grossistes						**2 922 500 €**
Quantités	230 000 u	115 000 u				
Prix de vente	26,00 €	45,00 €				
Chiffre d'affaires	5 980 000 €	5 175 000 €	11 155 000 €			
Coût de production	**20,00 €**					
Coûts d'achat		**30,00 €**				
Taux de commissionnement	2 %	2 %				
Commission/unité	0,52 €	0,90 €				
Marge sur CV/u	**5,48 €**	**14,10 €**				
Marge sur CV Globale	**1 260 400 €**	**1 621 500 €**	**2 881 900 €**	**143 400 €**	**2 738 500 €**	
M/CV globale du produit	**1 655400 €**	**1 811 500 €**				
CA global par produit	6 575 000 €	5 440 000 €				
Taux de marge sur CV	25 %	33 %				
Coûts fixes direct/produits.						
Publicité produits	140 000 €	80 000 €	220 000 €			
Salaire du chef de produit	60 000 €	110 000 €	170 000 €			
Frais divers Marketing	115 000 €	98 000 €	213 000 €			
Total	315 000 €	288 000 €	603 000 €			
Contribution des produits	**1 340 400 €**	**1 523 500 €**				
Total contributions produits	**2 863 900 €**					

Frais communs et généraux	
Pub	220 000 €
Chef Produit	170 000 €
Autres Mktg	213 000 €
Siège	735 000 €
	1 338 000 €
Résultat	**1 584 500 €**

	Lingerie	Maillots de bain
Matière première	5,00	
MOD	10,00 €	
Frais d'usine	5,00 €	
Coût de production	**20,00**	
Coûts d'achat		**30,00 €**

→

(suite)

Coûts fixes indirects /produits

Frais Magasin Loyer du magasin Amortissements des travaux magasin Frais divers magasin Salaires du personnel magasin	 140 000 € 50 000 € 40 000 € 171 000 €
	401 000 €
Frais Grossistes Loyer entrepôt Salaires magasiniers frais divers et amort. Entrepôt	 18 000 € 95 400 € 30 000 €
	143 400 €
Frais de Siège Loyer du Siège Salaires du personnel administratif Frais divers de gestion	 60 000 € 560 000 € 115 000 €
	735 000 €
Total	**1 279 400 €**
Résultat **Résultat/CA**	**1 584 500 €** **13 %**

La mise en œuvre de ce scénario se traduit par un accroissement significatif des marges et des contributions, comme le montre le tableau ci-dessous.

	Lingerie	**Maillots de bain**	**Magasin Paris**	**Grossistes**
Chiffre d'affaires	6 575 000	5 440 000	860 000	11 155 000
Marge sur coût variable	1 655 400	1 811 500	585 000	2 881 900
Taux de marge sur coût variable	25 %	33 %	68 %	26 %
Contribution	1 340 400	1 523 500	184 000	2 738 500
Taux de contribution	20 %	28 %	21,4 %	24,5%

Le résultat de l'entreprise passerait à 1 584 500 €, soit un ratio résultat/chiffre d'affaires de 13 %.

Ce scénario a retenu toute l'attention des dirigeants de Naïades. Ils ont demandé à leurs équipes de construire des plans d'action adaptés visant à réduire les coûts dans l'usine et à renégocier les tarifs avec les sous-traitants de maillots de bain. Il n'est pas tout à fait certain cependant que les réductions puissent intégralement intervenir dès l'année N+1.

Par ailleurs, l'amélioration de la rentabilité de l'entreprise passe également par un développement des ventes. C'est pourquoi, une autre voie d'action est étudiée. Elle consiste à accroître de manière significative les opérations de communication.

E - Acte V : augmenter significativement les budgets publicitaires ?

Par le passé, la société a pu constater une corrélation entre les campagnes de publicité et l'évolution des ventes. Pour les articles de lingerie, deux périodes clés sont celles des fêtes de Noël et de la Saint Valentin. Les maillots de bain constituent un article saisonnier : la majeure partie des ventes intervient avant et pendant la saison d'été.

Au cours de l'année N, la société Naïades a investi 140 000 € dans une campagne de publicité pour la Lingerie et 80 000 € dans une opération pour promouvoir les maillots de bain. Ces montants sont modestes en comparaison des efforts de communication déployés par certaines marques, directement concurrentes de Naïades.

Les chefs de produits ont réalisé une étude afin d'évaluer l'accroissement des ventes qui résulterait d'une politique de communication plus affirmée.

Le plan d'action du chef de produit Lingerie indique que la campagne de publicité envisageable pour N+1, dont le coût total s'élèverait à 540 000 € devrait permettre de vendre :

- 14 000 articles en magasin (contre 9 850 en année N) ;
- 280 000 articles aux grossistes (contre 228 500 en année N).

Le chef de produit maillots de bain estime quant à lui qu'en investissant un budget de 200 000 €, il serait possible de vendre :

- 4 000 maillots de bain en magasin (contre 2 360 en année N) ;
- 140 000 maillots de bain aux grossistes (contre 112 900 en année N).

En s'appuyant sur ces données, le contrôleur de gestion a évalué l'impact de ces plans d'action sur le niveau des marges, des contributions et sur la rentabilité globale de la société. Il a fait l'hypothèse que les réductions de coûts envisagées plus haut étaient effectives. Ainsi, il est parti de la matrice 3 et y a introduit les conséquences associées à l'accroissement des budgets publicitaires.

Matrice 4

	Lingerie	Maillots de bain	Total	Coûts fixes spécifiques	Contribution circuit distribution	Total
Magasin Paris						
Quantités	14 000 u	4 000 u				
Prix de vente	59,50 €	106,00 €				
Chiffre d'affaires	833 000 €	424 000 €	1 257 000 €			
Coût de production	**20,00€**					
Coûts d'achat		**30,00 €**				
Marge sur CV/u	**39,50 €**	**76,00 €**				
Marge sur CV Globale	**553 000 €**	**304 000 €**	**857 000 €**	**401 000 €**	**456 000 €**	
Grossistes						**3 821 000 €**
Quantités	280 000 u	140 000 u				
Prix de vente	26,00 €	45,00 €				
Chiffre d'affaires	7 280 000 €	6 300 000 €	13 580 000 €			
Coût de production	**20,00 €**					
Coûts d'achat		**30,00 €**				
Taux de commissionnement	2 %	2 %				
Commission/unité	0,52 €	0,90 €				
Marge sur CV/u	**5,48 €**	**14,10 €**				
Marge sur CV Globale	**1 534 400 €**	**1 974 000 €**	**3 508 400 €**	**143 400 €**	**3 365 000 €**	
M/CV globale du produit	**2 087 400 €**	**2 278 000 €**				
CA global par produit	8 113 000 €	6 724 000 €				
Taux de marge sur CV	26 %	34 %				
Coûts fixes directs/produits.						
Publicité produits	540 000 €	200 000 €	740 000 €			
Salaire du chef de produit	60 000 €	110 000 €	170 000 €			
Frais divers Marketing	115 000 €	98 000 €	213 000 €			
Total	715 000 €	408 000 €	1 123 000 €			
Contribution des produits	**1 372 400 €**	**1 870 000 €**				
Total contributions produits	**3 242 400 €**					

Frais communs et généraux	
Pub	740 000 €
Chef Prod	170 000 €
Autres Mktg	213 000 €
Siège	735 000 €
	1 858 000 €
Résultat	**1 963 000 €**

	Lingerie	Maillots de bain
Matière première	5,00	
MOD	10,00 €	
Frais d'usine	5,00 €	
Coût de production	**20,00**	
Coûts d'achat		**30,00 €**

→

(suite)

Coûts fixes indirects /produits

Frais Magasin Loyer du magasin Amortissements des travaux magasin Frais divers magasin Salaires du personnel magasin	140 000 € 50 000 € 40 000 € 171 000 €
	401 000 €
Frais Grossistes Loyer entrepôt Salaires magasiniers frais divers et amort. Entrepôt	18 000 € 95 400 € 30 000 €
	143 400 €
Frais de Siège Loyer du Siège Salaires du personnel administratif Frais divers de gestion	60 000 € 560 000 € 115 000 €
	735 000 €
Total	**1 279 400 €**
Résultat **Résultat/CA**	**1 963 000 €** **13 %**

La mise en œuvre de ce scénario permet une amélioration significative du résultat. Le tableau ci-dessous présente les marges et les contributions obtenues.

	Lingerie	**Maillots de bain**	**Magasin Paris**	**Grossistes**
Chiffre d'affaires	8 113 000	6 724 000	1 257 000	13 580 000
Marge sur coût variable	2 087 400	2 278 000	857 000	3 508 400
Taux de marge sur coût variable	26 %	34 %	68 %	26 %
Contribution	1 372 400	1 870 000	456 000	3 365 000
Taux de contribution	17 %	28 %	36 %	25%

En diminuant ses coûts et en augmentant les volumes vendus grâce à une hausse des budgets publicitaires, la société Naïades devrait être en mesure d'améliorer son résultat. Celui-ci s'élèverait en effet à 1 963 000 €.

Bien entendu, l'atteinte de ce résultat est tributaire de la capacité des managers à mettre en œuvre correctement les plans d'action prévus. Il faudra en effet que la société parvienne à abaisser ses coûts sans porter atteinte à la qualité des produits. Par ailleurs, il est nécessaire que les campagnes de publicité permettent réellement d'accroître les ventes dans les proportions anticipées.

La matrice utilisée pour évaluer les différentes options repose sur une modélisation des coûts : elle distingue les coûts variables des coûts fixes, les coûts directs par rapport aux produits, ceux directs par rapport aux systèmes de vente des coûts indirects.
Même si ce modèle est simplificateur, il n'en est pas moins fort utile pour préparer la prise de décision. En effet, c'est un outil de simulation permettant de tester l'impact financier des plans d'action en cours d'étude. Dans le cas de la société Naïades, le modèle a permis d'évaluer plusieurs scénarios dans une optique financière. Bien entendu d'autres critères sont intervenus dans les processus de décision. Ceci dit, l'analyse des coûts, des marges et des contributions prévisionnelles a apporté aux managers un éclairage pertinent et incontournable.

Au travers des cas examinés dans ce chapitre, nous avons pu voir comment les informations sur les coûts et les marges permettent d'éclairer les responsables dans leurs prises de décisions. Ces informations peuvent également remplir une autre fonction : accompagner l'entreprise dans ses efforts pour se doter d'un avantage concurrentiel durable. On parlera alors de gestion stratégique des coûts. Cet autre volet est exploré dans le chapitre suivant.

CHAPITRE 9
La gestion stratégique des coûts

Ce qu'il faut retenir

• Une entreprise peut construire un avantage concurrentiel en recherchant un niveau de coût systématiquement inférieur à celui de ses concurrents (stratégie de domination par les coûts) ou en proposant des biens ou des services présentant une ou plusieurs caractéristiques perçues comme uniques par les clients (stratégie de différenciation). La comptabilité de gestion, outil de mise en œuvre des stratégies, doit orienter les actions engagées par l'entreprise afin que sa stratégie se concrétise. Dans ce contexte, la comptabilité de gestion opère la déclinaison de la stratégie en adaptant ses mesures à la situation de l'entreprise.

• Une entreprise crée un avantage concurrentiel à travers les activités qu'elle accomplit pour concevoir, fabriquer, commercialiser et distribuer son produit. Pour identifier les sources de son avantage concurrentiel, l'entreprise peut utiliser le concept de la chaîne de valeur dont l'objectif est de décomposer l'entreprise en activités pour comprendre le comportement des coûts et saisir les sources existantes et potentielles de différenciation. L'éclairage apporté par l'analyse de la chaîne de valeur dépend du type de stratégie décidé par l'entreprise. Le maintien d'un avantage concurrentiel fondé sur une domination par les coûts repose essentiellement sur un contrôle des *générateurs de coûts*, alors que celui fondé sur une stratégie de différenciation implique la maîtrise des *facteurs d'unicité*.

• La réflexion stratégique s'intéresse maintenant non plus seulement aux produits mais également aux activités. La comptabilité de gestion a suivi le même mouvement en introduisant, en complément à l'*Activity-Based Costing*, l'*Activity-Based Management*. Cette approche se fonde sur l'analyse des processus dans le but d'identifier les activités créatrices de valeur au regard de la stratégie poursuivie et d'en mesurer la performance en matière de réduction des coûts et d'accroissement de la valeur.

• Au-delà de cette logique *ex post* de pilotage des coûts et de la valeur, une démarche *ex ante* s'est développée : la *méthode du coût cible*. Elle considère que le prix de vente est une variable imposée par le marché et que le coût de revient dépend de contraintes techniques induites par le processus de production. Il revient alors à l'entreprise de rationaliser son processus de fabrication afin de minimiser ses coûts pour accroître la marge dégagée par ses produits.

Dans le chapitre précédent, nous avons vu selon quelle logique les coûts de revient peuvent être largement mobilisés pour des décisions variées et ponctuelles : décisions de sous-traitance, décisions d'abandon d'une ligne de produits, etc. En effet, les entreprises sont appelées, à des moments particuliers de leur développement, à se prononcer sur certains choix. Ces décisions complexes exigent de confronter de multiples points de vue et de faire appel à des outils d'analyse différents. Le calcul des coûts constitue, ainsi que nous venons de le voir, l'un d'entre eux. Dans ce chapitre, une autre perspective sera adoptée. Nous examinerons le processus permanent de construction et de défense d'un avantage concurrentiel à partir des coûts de revient. Les différents dispositifs associés à ce processus ont été regroupés sous le vocable de **gestion stratégique des coûts**. Dans la section 1, nous clarifierons le concept de positionnement stratégique. La section 2 sera consacrée à la présentation d'un concept clé : celui de la chaîne de valeur. La section 3 s'intéressera à l'approche *Activity-Based Management* (ABM). La section 4 présentera la méthode du coût cible.

1. Le choix d'une stratégie : le positionnement stratégique

Le concept de stratégie peut se définir comme le processus par lequel les décideurs évaluent les possibilités offertes par l'environnement ainsi que les forces et les ressources internes, afin de définir des objectifs et les plans d'actions qui permettront de les atteindre. La stratégie d'une entreprise dépend donc de la façon dont elle se positionne face à la concurrence dans son secteur d'activité ; en d'autres termes elle définit les critères sur lesquels l'entreprise va fonder son **avantage concurrentiel**. De nombreuses écoles de stratégie se sont intéressées à ce concept d'avantage concurrentiel. Nous avons choisi dans ce chapitre de présenter les concepts développés par M. Porter, qui ont été largement utilisés par l'ABM.

A - La création d'un avantage concurrentiel

La position relative d'une entreprise face à la concurrence dépend de sa capacité à créer et maintenir un *avantage concurrentiel*. Suivant la nature de cet avantage et la cible choisie (l'ensemble du secteur ou seulement un segment), on peut décliner les options stratégiques fondamentales. L'avantage stratégique peut s'appuyer, soit sur une spécificité perçue par le client, soit sur des coûts relatifs plus bas ; la cible stratégique choisie peut être, soit l'ensemble du secteur, soit un segment particulier. La combinaison de ces choix a conduit Porter[1] à envisager trois alternatives : une politique de domination par les coûts, une politique de différenciation, ou une stratégie de concentration fondée sur une domination par les coûts ou par différenciation sur un segment particulier du marché.

1. Michaël Porter est professeur de Stratégie à Harvard. Il est l'auteur de nombreux ouvrages en la matière.

Les stratégies génériques (Porter, 1980)[2]

Cible stratégique			
	Ensemble du secteur	**Domination par les coûts**	**Différenciation**
	Segment	**Concentration**	
		Coûts	Spécificité perçue par le client
		Nature de l'avantage stratégique	

La stratégie de domination par les coûts (cible large) correspond à la recherche d'un niveau de coût systématiquement inférieur à celui des concurrents. Cet avantage peut provenir d'une production de masse (économies d'échelle, effets d'expérience, etc.) ou d'autres facteurs comme un accès à des ressources rares (matières premières, technologie, etc.). La stratégie de différenciation (cible large) vise à fournir un produit ou un service possédant une ou plusieurs caractéristiques perçues comme uniques par le client (image de marque, technologie, service après vente, etc.). Le recours à une stratégie de différenciation n'autorise pas l'entreprise à négliger les coûts, mais ces derniers ne constituent pas une priorité. La stratégie de concentration (cible étroite) consiste à satisfaire les besoins spécifiques d'une cible restreinte (groupe particulier de clients, zone géographique, etc.). Elle peut être fondée sur une domination par les coûts et/ou sur un avantage en termes de différenciation.

Le type de stratégie retenu par une firme influencera les caractéristiques de son système de gestion.

B - L'orientation des systèmes de gestion selon l'avantage concurrentiel recherché

Les mesures émanant des systèmes de gestion doivent orienter les actions pour que la stratégie se mette en œuvre et éventuellement s'adapte. Dans ce contexte, la comptabilité de gestion opère la déclinaison de la stratégie en adaptant la nature de ses mesures à la situation.

2. Porter M. E., *Competitive Strategy : Techniques for Analysing Industries and Competitors*, The Free Press, 1980.

La comptabilité de gestion procède d'une vision **contingente** : les caractéristiques du système de mesures diffèrent selon la stratégie envisagée. En effet, si l'avantage concurrentiel par les coûts ou par la différenciation exige des optiques de management différentes, il nécessite aussi des points de vue différents en matière d'analyse des coûts. Par conséquent, il doit y avoir une cohérence entre la stratégie poursuivie par une entreprise, les actions qu'elle déploie et les choix effectués en comptabilité de gestion.

EXEMPLE

Adéquation Stratégie-Actions-Mesures

Pour une entreprise qui choisit une stratégie de domination par les coûts, dans un secteur de produits de base ayant atteint son plein développement, une élaboration soigneuse des coûts de revient peut être un outil de gestion très important. En revanche, pour une entreprise ayant adopté une stratégie de différenciation dans un secteur porté par le marché, connaissant une forte croissance et en rapide mutation, il peut être beaucoup moins important de veiller de près à la structure des coûts.

Le tableau page suivante proposé par Shank (1989)[3] nous montre que, parce que les stratégies de domination par les coûts et de différenciation supposent des orientations managériales différentes, elles impliquent des perspectives différentes pour la comptabilité de gestion.

3. Shank J. K., « Strategic Cost Management : New Wine, or Just New Bottles », *Journal of Management Accounting Research*, Fall 1989.

Les outils de comptabilité de gestion et la stratégie

Importance de :	Avantage concurrentiel de différenciation	Avantage concurrentiel de coût
Rôle des coûts de production dans l'évaluation de la performance[4]	Peu important	Très important
Respect des coûts standards[5]	Moyennement important	Important
Analyse des coûts liés au Marketing	Indispensable au succès	Souvent ignorée
Utilisation des coûts de revient des produits pour la fixation du prix	Peu important	Important
Analyse des coûts des concurrents	Peu important	Très important

2. La création et le maintien d'un avantage concurrentiel : l'analyse de la chaîne de valeur

En 1985, Porter présente les sources de création et de maintien d'un avantage concurrentiel. Son analyse repose sur la création de valeur pour le client, **la valeur représentant ici la somme que les clients sont prêts à payer pour ce qu'une entreprise leur offre.** C'est le concept de « chaîne de valeur » que Porter définit pour identifier un avantage concurrentiel et trouver les moyens de le renforcer.

A - La définition de la chaîne de valeur

Une entreprise crée un avantage concurrentiel à travers les activités qu'elle accomplit pour concevoir, fabriquer, commercialiser, et distribuer son produit. Chaque activité peut améliorer la position relative de l'entreprise et créer une base de différenciation. La chaîne de valeur passe donc en revue toutes les activités[6] d'une entreprise et leurs interactions pour

4. La notion d'évaluation des performances sera étudiée en contrôle de gestion.

5. La notion de coût standard sera abordée en contrôle de gestion.

6. Les activités définies dans la chaîne de valeur représentent les mêmes unités que celles utilisées par la méthode Activity-Based Costing abordée au chapitre 5.

identifier les sources d'avantage concurrentiel. Cette analyse est le fondement même du concept de chaîne de la valeur dont l'objectif est de décomposer l'entreprise en activités pertinentes au sens de la stratégie, dans le but de comprendre le comportement des coûts et de saisir les sources existantes et potentielles de différenciation.

Les activités et la chaîne de valeur (Porter, 1985)[7]

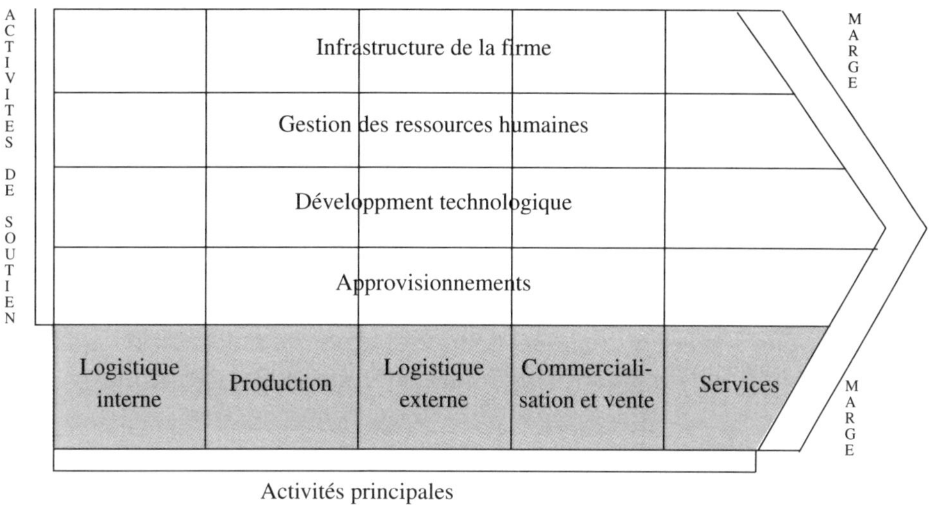

Il faut de plus noter que la chaîne de valeur d'une entreprise s'intègre à l'environnement de celle-ci. Elle est liée à la chaîne de valeur de ses fournisseurs, de ses canaux de distribution et de ses clients. La création et le maintien d'un avantage concurrentiel nécessitent la compréhension et la gestion de ces interdépendances.

B - L'analyse de la chaîne de valeur

L'analyse de la chaîne de valeur s'articule autour de trois étapes :

– **Construire la chaîne de valeur en identifiant les activités créatrices de valeur spécifiques au secteur.** Ces activités sont les éléments de base de l'avantage concurrentiel parce qu'elles sont sources de différenciation ou

7. Porter M.E., *Competitive Advantage : Creating and Sustaining Superior Performance*, The Free Press, 1985.

de réduction des coûts. On va ainsi subdiviser les grandes fonctions que sont notamment la fabrication et la commercialisation. Le découpage peut être de plus en plus fin, mais les activités doivent rester distinctes. Le degré adéquat de désagrégation dépend des bases économiques des activités et des finalités qui motivent l'analyse de la chaîne de valeur. Toutefois, on doit séparer les activités lorsque : elles reposent sur des mécanismes économiques différents, elles ont un impact potentiel élevé sur la différenciation, elles représentent une fraction importante ou croissante des coûts.

– **Identifier pour chacune des activités le ou les déterminants de coût.** Il ne s'agit pas de savoir ce qui déclenche l'activité et entraîne en conséquence des consommations, mais bien de savoir ce qui fait que cette activité, lorsqu'elle est déclenchée, est plus ou moins génératrice d'avantage concurrentiel.

– **Développer et maintenir un avantage concurrentiel** en réduisant les coûts, par une meilleure maîtrise de leur(s) déterminant(s) ou en ajoutant de la valeur, en redéfinissant l'organisation de la chaîne de valeur.

EXEMPLE

Utilisation de la chaîne de valeur

Tourbillon SA fabrique des mécanismes de montre très sophistiqués. Cette entreprise a une excellente réputation pour son service et la qualité de ses produits. Le processus de fabrication consiste à assembler des composants achetés à diverses entreprises sous-traitantes et à régler les mécanismes ainsi montés. Les opérations de fabrication coûtent 250 € par unité. Le coût d'achat des composants est de 500 €, sur lesquels 300 € représentent des pièces que Tourbillon SA pourrait fabriquer avec ses équipements actuels pour 190 € de matières par unité, plus un coût de main-d'œuvre et d'installation de 85 000 € par mois. Tourbillon SA réfléchit à la possibilité d'intégrer la production de ces pièces. Parallèlement, Tourbillon SA désire sous-traiter auprès de l'entreprise Résonance le marketing et la distribution de ses produits. Cette décision lui permettrait d'économiser tous les mois 175 000 € de coûts d'équipement et de main-d'œuvre. Le prix du contrat serait fixé à 130 € par mécanisme vendu.

Tourbillon SA utilise une analyse de la chaîne de valeur pour étudier l'effet de ces options sur sa stratégie et ses coûts pour une activité de 600 unités vendues par mois.

Activités créatrices de valeur	Option 1 : situation actuelle	Option 2 : fabrication des pièces et sous-traitance
1- Approvisionnement en matières premières	Tourbillon SA non impliquée à cette étape dans la chaîne de valeur.	Tourbillon SA non impliquée à cette étape dans la chaîne de valeur.
2- Fabrication des composants	Tourbillon SA non impliquée à cette étape dans la chaîne de valeur. Le coût de ces pièces est de 200 € pour l'entreprise.	Tourbillon SA non impliquée à cette étape dans la chaîne de valeur. Le coût de ces pièces est de 200 € pour l'entreprise.
3- Fabrication des composants que Tourbillon SA pourrait intégrer dans son processus	Coût pour Tourbillon SA : 300 €/u.	Coût pour Tourbillon SA : 190 €/u. plus 85 000 € par mois.
4- Assemblage	Coût pour Tourbillon SA : 250 €	Coût pour Tourbillon SA : 250 €.
5- Marketing et distribution	Coût pour Tourbillon SA : 175 000 € par mois.	Tourbillon SA sous-traite ces services auprès de Résonance pour 130 € par unité.
Différences de coûts entre les deux options	a- Le coût d'achat unitaire des composants : 300 €. b- Le coût mensuel dédié au marketing et à la distribution : 175 000 €.	a- Les coûts unitaires de fabrication des composants (190 €) plus le contrat de sous-traitance auprès de Résonance (130 €) : 320 €. b- Coût mensuel dédié à la main-d'œuvre et aux installations : 85 000 €.
Coût total de la différence entre les deux options pour 600 unités vendues par mois	**300 € × 600 + 175 000 € = 355 000 € par mois**	**320 € × 600 + 85 000 = 277 000 € par mois**

L'analyse de la chaîne de valeur montre que Tourbillon SA peut économiser 78 000 € par mois (355 000 – 277 000) en intégrant une partie de la fabrication des pièces et en sous-traitant le montage et la distribution. Cependant, Tourbillon SA doit considérer son positionnement stratégique. Si les clients choisissent l'entreprise pour le service et la confiance, l'externalisation des fonctions marketing et distribution n'est pas pertinente. Tourbillon SA doit garder le contrôle de ces facteurs clés de succès. Par ailleurs, en intégrant dans son processus la fabrication de certains composants, l'entreprise s'oriente vers une stratégie de domination par les coûts. Il est peu probable qu'elle pourra atteindre une position de leadership sur les coûts du fait de sa faible taille relative, et de la présence de concurrents significatifs sur cette partie de la chaîne de valeur. Ainsi, sur un plan stratégique, la nouvelle situation affaiblit l'avantage concurrentiel de Tourbillon SA fondé sur le service à la clientèle. De ce point de vue, la situation actuelle est préférable même si les coûts sont plus élevés. L'analyse de la chaîne de valeur permet d'éclairer les dirigeants de l'entreprise sur les options envisageables : où peut-elle réduire ses coûts, où peut-elle dégager un avantage concurrentiel ?

C - La gestion des déterminants de coût

Pour Porter, le comportement des coûts dépend de la gestion de leurs facteurs structurels d'évolution. Dès 1968, le Boston Consulting Group introduisait ce concept par la notion de courbe d'expérience. Plus tard, Riley (1987)[8] explique la position de l'entreprise en termes de coûts non seulement par des facteurs structurels (économies d'échelle, capacités, localisation, etc.), mais également par des facteurs liés à la manière dont les activités sont réalisées. Les déterminants fondamentaux du comportement des coûts d'une entreprise résultent donc soit des générateurs structurels de coûts, soit des générateurs liés à la réalisation. Dans le premier cas, la position d'une entreprise en termes de coûts est fonction de ses choix en matière de structure économique. Riley évoque ainsi cinq alternatives.

Les facteurs explicatifs des coûts dans une entreprise (Riley, 1987)

L'échelle	Représente la taille des investissements en matière de fabrication, recherche-développement et marketing
Le champ	Constitue le degré d'intégration verticale
L'expérience	Se mesure par la pratique
La technologie	Identifie les processus utilisés dans la chaîne de valeur de l'entreprise
La complexité	Représente l'amplitude de la gamme de produits ou services que l'entreprise offre aux consommateurs

8. Riley D., « Competitive Cost Based Investment Strategies for Industrial Companies », *Manufacturing Issues*, New York, 1987.

Dans le second cas, la position d'une firme en termes de coûts est liée à sa capacité à bien faire les choses. On peut citer à titre d'exemples la motivation du personnel, la gestion de la qualité totale, la conception des produits, etc.

D - Le pilotage des coûts et de la valeur

Ces deux notions ne présentent pas la même base d'évaluation. La valeur est un critère de compétitivité établi par le marché, le coût est un critère de performance jugé d'un point de vue interne. Difficilement mesurable, la valeur est pourtant bien représentée dans l'analyse de la chaîne de valeur, où toutes les activités ont vocation à la créer. Pour le consommateur, la valeur est fondée sur le concept économique de demande. Les produits sont considérés comme un ensemble d'attributs. Ils ont donc des configurations différentes pour satisfaire des segments de consommateurs, caractérisés par des fonctions de demande distinctes. Pour l'entreprise, la valeur s'analyse sur chaque activité (de la chaîne de valeur) en se demandant si, dans l'absolu, cette activité est vendable aux clients. Si, en dehors de toute considération de coût, la réponse est négative, on se trouve face à une activité non créatrice de valeur. On peut donc considérer que gérer la valeur c'est se focaliser sur les activités créatrices de valeur, comme le montre l'exemple page suivante.

EXEMPLE

Gestion de la valeur à partir des activités

L'entreprise Whitebread établit sa chaîne de valeur de la façon suivante :

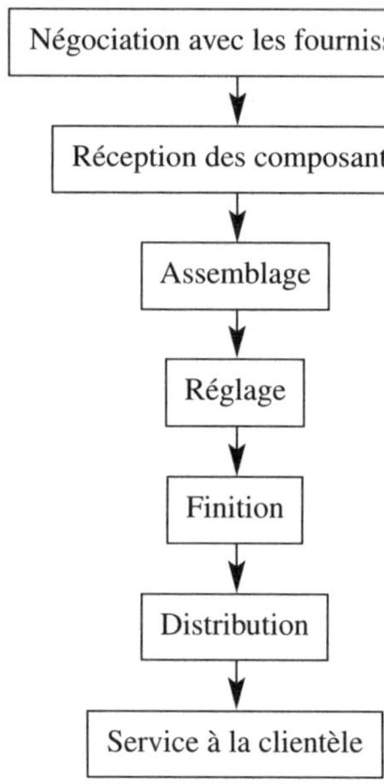

Par ailleurs, Whitebread a mené une étude auprès des consommateurs afin de mieux définir leurs critères d'achat. Les résultats sont les suivants : délai de livraison, caractéristiques du produit, qualité de la force de vente, service après vente.

Si l'on croise les activités avec les critères d'achat on obtient la matrice suivante :

Activités / Critères d'achat	Négociation avec les fournisseurs	Réception des composants	Assemblage	Réglage	Finition	Distribution	Service à la clientèle
Délai de livraison	X		X	X	X	X	
Caractéristiques du produit			X	X	X		
Qualité de la force de vente						X	
Service après vente							X

L'objectif de cette matrice est de définir le poids relatif des activités dans la création d'une différenciation. Si Whitebread veut se différencier de la concurrence en privilégiant un ou plusieurs critères d'achat elle doit optimiser la performance des activités concernées. Une amélioration des délais de livraison, par exemple, implique un suivi des activités influentes : la négociation avec les fournisseurs, l'assemblage, le réglage, la finition et la distribution.

La performance n'est plus fonction de la quantité produite par rapport à la quantité de ressources consommées pour chaque tâche donnée, mais bien du coût et de la contribution de l'ensemble des activités à la valeur perçue par le client. C'est en gérant les activités que l'entreprise peut réduire ses coûts. Les concepts d'activité et de chaîne de valeur introduits par Porter dès 1985 sont ainsi au cœur du débat stratégique et comptable. C'est la vocation de la méthode ABC qui, à travers l'analyse et la valorisation des activités, fournit des informations sur les ressources consommées par les activités. Ce premier niveau d'analyse peut cependant être complété par l'approche ABM *(Activity-Based Management)*[9] dont l'objectif est le pilotage des performances des activités créatrices de valeur.

3. L'approche ABM

L'émergence de l'approche ABM est guidée par la volonté de communiquer une information opérationnelle sur les activités et les processus, afin d'en assurer l'amélioration permanente.

A - Définition et objectifs de l'approche ABM

L'approche ABM, prolongement de l'ABC, rassemble l'ensemble des actions qui peuvent être mises en œuvre par une entreprise pour améliorer l'efficience et l'efficacité de ses activités et de ses processus. Elle se nourrit des informations fournies par le système ABC.

9. *Activity-Based Management*, traduit en français par le management des activités.

L'approche ABM se fonde sur une représentation des activités permettant une identification des relations cause-effet qui lient les activités entre elles. L'analyse de ces relations de causalité débouche sur une gestion opérationnelle et stratégique des coûts. À partir des informations comptables fournies par la méthode ABC, les managers doivent être en mesure de gérer les activités et de mettre en œuvre des programmes de maîtrise et de réduction des coûts.

Un processus est une série d'activités liées dans le but d'atteindre un objectif spécifique. Le processus regroupe les activités autour d'une finalité commune : il est caractérisé par une production commune. Chaque activité est cliente d'une autre et constitue une étape dans la création de valeur pour le consommateur externe.

L'objectif de la visualisation du processus est de communiquer de l'information sur le travail accompli dans une activité, et la relation de ce travail avec les autres activités. La démarche s'articule autour de deux dimensions :

– **origines de l'activité :** les générateurs de coûts qui représentent les facteurs de causalité de l'activité. À titre d'exemple, l'activité « déstocker un lot de pièces détachées » est causée par la commande d'un client ou la mise au rebut d'un stock ;

– **résultats de l'activité :** les mesures de performance qui décrivent l'efficacité, la qualité et la durée de l'activité.

L'information communiquée permet de gérer les activités en guidant la démarche d'amélioration continue. Elle aide à orienter les ressources vers les activités qui présentent la meilleure efficacité, et à améliorer la manière dont ces activités sont réalisées.

B - La mise en œuvre de l'approche ABM

L'approche ABM se présente de la façon suivante :

L'architecture de l'approche ABM (Brimson et Berliner, 1988)[10]

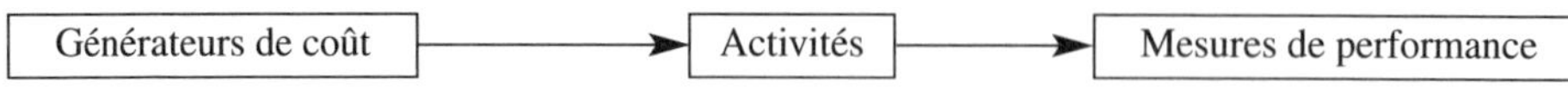

10. Brimson J.A., Berliner C., *Cost Management for Today's Advanced Manufacturing : The CAM-I Conceptual Design*, Harvard Business School Press, 1988.

Elle comporte trois étapes :

– l'analyse des activités afin d'identifier les opportunités d'amélioration ;
– l'étude des facteurs de causalité (ou générateurs de coût) des activités ;
– la mesure de la performance des activités.

a) L'analyse des activités

L'objectif est de comprendre la raison pour laquelle une activité est réalisée, et la manière dont elle l'est. L'analyse comporte quatre étapes : l'identification des activités non essentielles, l'analyse des activités significatives, la comparaison des activités avec celles des concurrents et l'examen des relations entre activités. On peut qualifier d'activité créatrice de valeur l'activité qui augmente l'intérêt du client pour le produit ou le service de l'entreprise. L'activité non créatrice de valeur se définit donc comme une activité qui peut être éliminée sans détérioration des attributs des produits. Il reste à préciser les attributs et la liaison entre les activités et les attributs des produits. Ceux-ci sont extrêmement divers (fonctionnalité, qualité, garantie, services, finition, etc.) et leur force dépend à la fois des attentes des consommateurs et de l'offre des concurrents. Les activités contribuant à la valeur perçue par le client doivent être gérées en termes de diminution de leurs coûts et de différenciation. En effet, ces activités sont la représentation des attributs qui assurent l'attractivité des produits. L'entreprise doit donc chercher à diminuer le coût de production des attributs, et à différencier ses produits par des caractéristiques spécifiques.

b) La recherche des facteurs de causalité

Ayant identifié les activités non essentielles et les activités mal exécutées, il faut en déterminer le fait déclencheur.

EXEMPLE

Suppression d'une activité

On peut considérer le déplacement d'un produit à l'intérieur d'une usine (entre deux processus) comme une activité non essentielle, c'est-à-dire une activité sans valeur pour le client. La question à se poser reste alors : comment éliminer cette activité ? On ne peut pas éliminer cette activité tant que les deux processus sont séparés physiquement. La distance entre les deux processus (la disposition de l'usine) est le facteur causal de l'activité déplacement. C'est en réorganisant la disposition de l'usine (en supprimant la distance qui sépare les deux processus) que l'on éliminera le facteur causal, et par conséquent le déclenchement de l'activité de déplacement des produits.

La compréhension et la gestion des facteurs de causalité sont primordiales dans l'amélioration des performances. C'est en comprenant les causes que l'on peut éliminer les dysfonctionnements.

c) La mesure de la performance des activités

Un système de mesure de performances doit stimuler les efforts d'amélioration dans les domaines clés de l'organisation. Il peut s'articuler autour de trois éléments :

– la détermination de la mission ;
– la communication des objectifs ;
– le développement des mesures.

Déterminer la mission, c'est définir ce qui est important pour l'entreprise, c'est-à-dire les objectifs à atteindre pour satisfaire de façon rentable les besoins du client (améliorer la qualité, réduire la durée des cycles, améliorer le service au client, etc.). Les mesures de performance définies pour chaque activité doivent refléter la manière dont l'activité contribue à la réalisation de la stratégie. Elles permettent de stimuler et de coordonner les efforts d'amélioration mis en œuvre.

EXEMPLE

Mesures de performance d'une activité

La SA Franck Mulet décide de renforcer sa compétitivité en améliorant la qualité de ses produits, en réduisant ses délais de livraison tout en maintenant un niveau de prix comparable à celui de ses concurrents. Monsieur Roth, contrôleur de gestion de l'entreprise, veut redéfinir la nature des indicateurs de performance de l'ensemble des activités. Il commence par l'activité « assembler le mécanisme » pour laquelle il propose les mesures suivantes :

Nom de l'activité : *assembler le mécanisme*	Coût de la période : 100 000 €
Inducteur de coût : *nombre de pièces détachées par mécanisme*	50 pièces
Coût fixe de l'inducteur	2 000 €
Indicateurs de performance : – nombre de contrôles de qualité – nombre de mécanismes assemblés mis au rebut – durée du cycle d'assemblage d'un mécanisme	 2 5 pour 1 000 90 minutes par mécanisme assemblé

La lecture de cette grille permet de dégager les points suivants. Le nombre de pièces détachées explique l'existence de l'activité « assembler le mécanisme » évaluée à 100 000 €. En agissant sur la conception du mécanisme, afin d'en réduire le nombre de composants, l'entreprise peut espérer réduire le coût de cette activité. Les autres indicateurs de performance ont pour objectif de vérifier la mise en œuvre et la concrétisation de la stratégie décidée par l'entreprise à travers l'amélioration de la qualité et la réduction des délais.

d) La réduction des coûts

Le meilleur moyen de réduire les coûts est de changer la manière dont les activités sont utilisées ou réalisées, puis de réallouer les ressources libérées par l'amélioration. Cinq types de mesure peuvent être envisagés pour réduire le coût des activités :

– la réduction du temps et de l'effort nécessaires à l'exécution des activités par une amélioration du processus ou du produit (l'amélioration de la conception du produit, l'amélioration de la disposition des outils, etc.) ;

– l'élimination des activités non créatrices de valeur par une modification du processus ou du produit ;

– la sélection d'activités peu coûteuses, notamment au travers de l'utilisation de la sous-traitance. L'analyse d'activités permet de déceler les redondances au sein de l'organisation ou de constater qu'une activité n'est pas compétitive par rapport à un producteur externe spécialisé ;

– le partage d'une activité, d'un composant, d'une ressource entre plusieurs utilisateurs ;

– la ré-allocation des ressources libérées. Réduire les coûts implique une réattribution des ressources.

EXEMPLE

Diagnostic des activités

L'entreprise Gérard Perigaux représente sa chaîne de valeur de la façon suivante :

Fonctions	Approvisionnement	Production	Commercialisation	Administration
Activités	• Élaborer les budgets d'achat • Négocier avec les fournisseurs • Acheter les matières • Acheminer les matières	• Installer les machines • Fabriquer • Finir • Contrôler la qualité	• Distribuer • Vendre	• Élaborer les budgets • Obtenir les moyens financiers • Enregistrer les achats • Enregistrer les ventes

Lorsqu'on analyse plus en profondeur l'enchaînement des activités, on met en évidence un certain nombre d'imperfections masquées par une vision fonctionnelle, et donc cloisonnée, de l'organisation :

– d'abord, en interrogeant les acteurs participant à l'exécution des différentes activités il apparaît qu'« acheminer les matières » et « installer les machines », sous la responsabilité de deux fonctions distinctes, regroupent en fait la même chose. L'entreprise affecte donc deux fois des ressources pour une même activité ;

– ensuite, en étudiant de plus près le processus d'évaluation des besoins qui regroupe les activités « élaborer les budgets d'achat », « élaborer les budgets » et « obtenir les moyens financiers » on constate que la fonction Administration se substitue à la fonction Approvisionnement en exécutant l'activité « élaborer les budgets » ;

– enfin, l'activité « contrôler la qualité » pourrait être évitée sans amoindrir la valeur du bien fabriqué dès lors que l'activité « finir » est irréprochable.

On se rend compte ici que l'approche ABM, au travers de l'objectif de réduction des coûts, pose en fait la question de l'organisation des activités. C'est donc une démarche qui doit être menée par les opérationnels, l'analyse des coûts étant un outil d'aide à la décision.

La démarche de réduction des coûts que nous venons de décrire s'inscrit dans une logique *ex post*. Elle peut être complétée par une logique *ex ante.* En effet, comme le montre la figure page suivante, 80 % des coûts du cycle de vie d'un produit sont pré-engagés (prédéterminés par les décisions déjà prises) lorsque la première unité du produit est lancée en production, alors même que 80 % de ces coûts ne seront effectivement dépensés qu'après cette date. L'approche ABM, en facilitant l'identification des activités créatrices de valeur, favorise l'optimisation des processus de fabrication définis au moment de la conception et du développement des produits. On retrouve cette volonté dans la méthode du coût cible *(target costing)* dont la vocation principale reste de fournir des informations utiles au choix et au lancement de nouveaux produits.

Relations entre coûts décidés et coûts réalisés (Brimson et Berliner, 1988)[11]

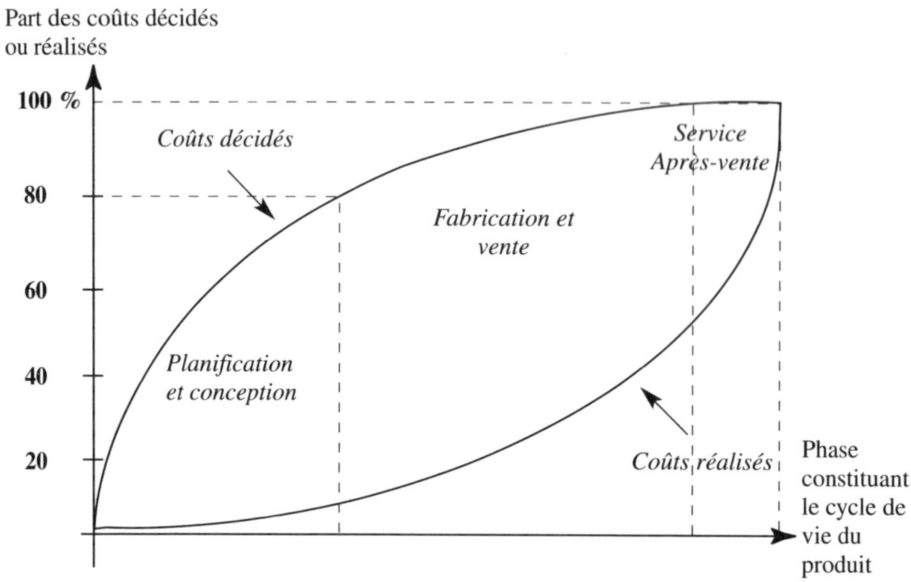

4. La méthode du coût cible

Pour mieux comprendre les fondations de la méthode du coût cible[12], il convient de rappeler les deux approches liant prix de vente et coût de revient. La première, pratiquée sur des marchés où l'entreprise fixe elle-même ses prix (réponses à des consultations ou des appels d'offres sur des marchés privés ou publics, situation de monopole, produits de luxe très fortement différenciés), consiste à déterminer le prix de vente en ajoutant une marge au coût de revient du produit ou du service fourni. La deuxième considère que le prix de vente est une variable imposée par le marché et que le coût de revient dépend de contraintes techniques induites par le processus de production. Il revient alors à l'entreprise de sélectionner les produits qu'elle peut fabriquer à un coût de revient

11. Brimson J. A., Berliner C., *Cost Management for Today's Advanced Manufacturing : The CAM-I Conceptual Design*, Harvard Business School Press, 1988.

12. Appelée aussi *Target costing*.

inférieur au prix de vente. C'est dans le cadre de cette deuxième approche que s'inscrit la logique de la méthode du coût cible.

A - Définition et objectifs de la méthode du coût cible

C'est une démarche qui vise à réduire les coûts de nouveaux produits sur l'ensemble de leur cycle de vie, tout en satisfaisant aux exigences du consommateur en matière de qualité, de fiabilité et autres, en examinant toutes les idées envisageables de réduction des coûts au moment de la planification et du développement.

Les principaux objectifs de la méthode sont les suivants :

– une orientation de l'ensemble de l'entreprise, et notamment de sa gestion des coûts vers le marché ;

– un lien stratégique grâce à une activité de recherche et développement tournée vers le marché ;

– un soutien à la gestion des coûts dans les premières phases de conception d'un produit ;

– une gestion dynamique des coûts, puisque les coûts cibles sont constamment réévalués ;

– des améliorations en termes de motivation, car les comportements sont directement influencés par des contraintes issues du marché, et non par des objectifs abstraits valables pour toute l'entreprise.

B - La mise en œuvre de la méthode du coût cible

Le coût cible est une démarche d'ensemble fournissant des informations pour la prise de décision concernant le choix et le lancement de nouveaux produits pour lesquels il existe déjà un marché. Il n'y a pas d'approche unique du coût cible et les diverses pratiques dépendent étroitement du secteur d'activité et de la culture interne de l'entreprise. Il est donc possible de donner de nombreuses formules de calcul du coût cible. L'essentiel est de partir des prix du marché pour arriver à mettre en évidence les coûts à ne pas dépasser. Nous retiendrons la formule suivante :

Coût cible = Prix de vente concurrentiel – Marge attendue

a) Le prix de vente concurrentiel

Il s'agit d'une prévision déterminée à partir d'études de marché sur les prix pratiqués par les concurrents (pour les produits nouveaux visant un marché existant) ou au moyen d'enquêtes de comportement de consommateurs et de tests (pour les marchés n'existant pas encore). C'est une variable que l'entreprise ne contrôle pas, car le prix retenu résulte de l'état actuel ou prévu des forces concurrentielles agissant sur le segment de marché visé (par exemple, les magnétoscopes de moyenne gamme). Ce prix est déterminé par un compromis résultant de l'examen de diverses contraintes comme les besoins et revenus des clients potentiels, les spécificités nécessaires du produit, les capacités de production à long terme, les prix des concurrents, et aussi l'évolution possible des taux de change (certains produits, comme dans le domaine de l'aéronautique, sont vendus en dollars).

b) La marge attendue

La marge attendue dépend des objectifs de résultats à long terme de l'entreprise. Elle est obtenue de plusieurs façons. Il s'agit généralement d'un taux de marge sur coût direct[13] appliqué au prix de vente concurrentiel. Ce pourcentage résulte de choix stratégiques ou de l'étude de la concurrence. On peut également retenir un taux moyen obtenu dans le passé par l'entreprise sur l'ensemble de ses produits, sur les mêmes types de produits ou sur la même gamme de prix. À titre d'exemple et pour ce dernier cas, il existe souvent dans le secteur de l'électronique grand public une relation pratiquement linéaire entre le prix de vente d'un magnétoscope et son taux de marge (le taux de marge pratiqué est proportionnel au prix de vente). Partant de l'estimation d'un prix de vente pour un nouveau produit, il est donc facile d'évaluer un pourcentage de marge grâce à cette relation. L'utilisation d'un taux permet de simplifier les calculs par la formule suivante[14] :

---

13. Ce coût comprend les amortissements spécifiques des outillages et équipements, ainsi que les coûts de conception. Ceci pose le problème de l'estimation des volumes de vente pour calculer les coûts unitaires.

14. L'obtention de la formule se fait grâce au calcul suivant : $C = P - M = P - P.t = (1\text{-}t). P$ où (1-t) représente le taux des charges imputées au prix de vente.

$$C = (1-t)P$$

Avec : C = coût cible

P = prix de vente concurrentiel

t = taux de marge attendue

Le coût cible est prévisionnel et se définit durant la période de conception du produit. Il est néanmoins réestimé régulièrement au fur et à mesure que l'on progresse vers la phase de mise sur le marché du produit. Il diffère du coût standard car celui-ci est plus un coût prévisionnel annuel souvent évalué après la conception du produit, une fois que les spécificités de ce dernier ont été déterminées. Le coût cible résulte d'un arbitrage entre :

– un coût admissible du fait de la concurrence (c'est le plus généralement un objectif fixé d'après des considérations commerciales) ;

– et un coût estimé du fait des moyens de production actuels et des technologies utilisées (ce coût est souvent déterminé par les services de production).

Nous aurons donc en début de processus de conception la relation suivante :

Coût admissible < Coût cible < Coût estimé

Le coût cible sera donc un compromis situé entre les deux évaluations extrêmes, de manière à constituer un objectif réaliste et motivant pour les différentes parties prenantes au sein de l'entreprise. Mais cette évaluation sera révisable progressivement pour s'approcher le plus possible du coût admissible, au fur et à mesure que les différentes étapes de la conception du produit seront franchies ou que les différentes périodes du cycle de vie du produit seront atteintes. Les réactions de la concurrence seront aussi à prendre en considération. Il s'agit donc véritablement d'un processus continu de diminution des coûts dans le temps qui sera poursuivi en phase de production.

Le coût cible sera parfois subdivisé en coûts cibles partiels. Ces derniers seront constitués par les coûts des différentes fonctions du produit (pour un véhicule : direction, propulsion, freinage, etc.). Une autre approche consiste à faire une ventilation du coût cible selon les différents composants nécessaires (pour un véhicule : radiateur, climatisation, moteur, etc.). Cela permet notamment des négociations de prix avec les sous-traitants.

Des méthodes du type « analyse de la valeur » sont souvent utilisées afin de réduire les coûts tout en maintenant les fonctionnalités (toujours pour un véhicule, on peut utiliser les mêmes poignées de portière que pour d'autres voitures déjà fabriquées, ou utiliser les mêmes chaînes de montage). Ces analyses poussent souvent à la standardisation. De même, l'étude du coût des différentes fonctions du produit permet de procéder à des arbitrages pouvant conduire à des simplifications pour atteindre le coût cible. Enfin, l'examen des différents stades de production nécessaires facilite la recherche de moyens et processus de fabrication à mettre en œuvre pour réduire les coûts.

En ce qui concerne les aspects liés au management, le coût cible constitue une base de négociation entre les différentes fonctions de l'entreprise afin de s'assurer de la viabilité à long terme d'un nouveau produit, c'est-à-dire de sa compétitivité (existence d'un marché durable pour les besoins satisfaits, au prix de vente proposé et pour les volumes prévus). Cela nécessite la mise en place d'un groupe de projet aux compétences variées et donc à caractère transversal, par le regroupement de représentants des différentes fonctions de l'entreprise (bureau d'études, industrialisation, approvisionnements, vente, etc.). Les sous-traitants sont aussi sollicités dans ce processus.

La méthode du coût cible s'applique aussi bien à l'industrie qu'au secteur des services. Pour l'industrie cette démarche paraîtra nécessaire à chaque fois qu'il y a un engagement irréversible pour proposer un produit sur un marché concurrentiel comprenant des coûts élevés de conception et d'investissement (électronique grand public, automobile, aéronautique, etc.). Dans le secteur tertiaire, la création des chaînes hôtelières bon marché à la périphérie des villes françaises s'inspire de cette démarche. Connaissant les prix attractifs d'une chambre, il est nécessaire d'en déduire les coûts de construction et de fonctionnement au plus juste. Cela conduit à des arbitrages au moment de la conception des unités de la chaîne hôtelière en misant sur la standardisation.

Il reste que quatre principes se retrouvent généralement dans la mise en œuvre de la méthode du coût cible :

– une approche transversale du processus de conception des produits qui implique toutes les fonctions de l'entreprise et les principaux sous-traitants ;

– une évaluation continue du coût prévisionnel du nouveau produit et sa comparaison avec un objectif à atteindre (le coût cible) grâce à une nomenclature très détaillée des coûts, disponible dans des bases de données ;

– une analyse très fine des besoins des consommateurs et des produits des concurrents (en termes de prix, de qualité, de fonctionnalités, etc.) ;

– l'insertion de la démarche dans le cadre d'un plan d'ensemble de développement des ventes comprenant des calculs de marges sur toute la durée du cycle de vie des produits.

EXEMPLE

Coût cible

L'entreprise Lorex fabrique des montres à caractère sportif. Elle a décidé de créer un chronomètre mécanique grand public. Son projet s'appuie sur une étude de marché dont l'objectif était de recueillir l'opinion des consommateurs sur les spécificités de son nouveau produit par rapport à l'offre de ses concurrents. Les résultats de l'étude, l'analyse des produits fabriqués par la concurrence et les prix du marché ont débouché sur la détermination d'un prix de vente cible et d'un volume de vente prévisionnel. Par ailleurs, les estimations de coût ont été établies sur la base des caractéristiques du chronomètre. Lorex envisage une marge cible de 30 % sur le prix de vente envisagé, qui lui permet de fixer son coût cible. Les informations suivantes ont été présentées à la direction :

Volume de vente prévisionnel	600 000 unités/an
Prix de vente cible	1 600 €
Marge cible	480 €
Coût cible	1 120 €
Coût prévisionnel	1 400 €

La différence entre le coût prévisionnel, fondé sur une évaluation des coûts de production du nouveau produit, et le coût cible a conduit Lorex à compléter son analyse par une démarche d'économies de coûts. Le résultat de cet exercice est un coût prévisionnel de 1 110 €, légèrement inférieur au coût cible (1 120 €). L'analyse du coût prévisionnel avant et après l'étude complémentaire est la suivante :

Éléments	Avant		Après	
	€	€	€	€
Coût de fabrication				
Matières premières	780		650	
Main-d'œuvre directe	200		160	
Lancement de la fabrication	40		40	
Gestion des commandes	16		4	
Respect de la qualité	120		100	
Retouches	30		12	
Conception	20	1 206	16	982
Coût de commercialisation				
Marketing	80		50	
Distribution	60		40	
Service après-vente	54	194	38	128
		1 400		1 110

Pour atteindre le coût cible de son nouveau chronomètre l'entreprise Lorex a nommé une équipe de projet. Elle a d'abord acheté les montres de ses principaux concurrents afin de les « mettre en pièces » et d'identifier les caractéristiques que devront présenter les nouveaux chronomètres. Cette analyse est assurée en étroite relation avec les ingénieurs. L'objectif est d'imaginer de nouvelles conceptions qui présentent les mêmes fonctionnalités à un coût inférieur. Ce processus doit conduire à des modèles simplifiés afin de réduire le nombre de pièces détachées et de substituer aux composants spécifiques des composants standards.

L'équipe de projet a complété cette démarche par une analyse fonctionnelle. Elle a identifié les différents éléments, fonctions et attributs du futur chronomètre et a interrogé les clients potentiels dans le but de mesurer la valeur qu'ils attribuaient à chaque fonction. Ce processus permet de mettre en évidence les attributs que possède la montre, qui ne sont pas valorisés par le consommateur, et qui peuvent par conséquent être supprimés.

L'équipe de projet a alors décidé de s'intéresser au remodelage des processus de fabrication et des activités de support. À titre d'exemple, elle a révisé le processus de gestion des commandes en réduisant le nombre de fournisseurs. L'objectif est de travailler en étroite relation avec un portefeuille restreint d'intervenants afin d'obtenir un meilleur service.

Ces différentes actions ont eu un effet direct sur les différentes catégories de coût. Ainsi, l'analyse des constituants et l'analyse fonctionnelle du chronomètre ont contribué à la réduction du nombre de pièces détachées et à une économie de 130 € (780 – 650). La simplification de la conception du produit a permis de réduire le temps d'assemblage et d'économiser de la main-d'œuvre directe à hauteur de 40 € (200 – 160). La réduction du nombre de composants associés à la rationalisation du processus de gestion des commandes a permis de réduire les coûts de cette activité.

La construction d'un avantage concurrentiel suppose la défense d'une position stratégique exclusive forte ou le choix d'une politique combinée de domination par les coûts et par différenciation. Ces combinaisons renvoient à une démarche de maximisation de la valeur et de minimisation des coûts fondée sur la gestion stratégique des coûts. Ce processus s'articule autour du positionnement stratégique, de la chaîne de valeur, de la gestion par les activités et du coût cible.

POUR ALLER PLUS LOIN...

Les caractéristiques de l'analyse de la chaîne de valeur

L'analyse de la chaîne de valeur se caractérise principalement :

– **par une vision externe :** l'entreprise s'intègre dans un processus global de création de valeur dont elle ne constitue qu'une partie ;

– **comme un moyen d'identifier les sources de l'avantage concurrentiel :** l'entreprise est perçue comme un *continuum* de fonctions discrètes, mais liées, et dont certaines n'ont aucun rapport avec le marché extérieur. Ces activités non commerciales engendrent des rentes pour les entreprises capables de les accomplir et créent des barrières à l'entrée ou des désavantages de coût pour les autres entreprises. Si bien que l'avantage concurrentiel doit être fondé sur les activités pour lesquelles l'entreprise a un accès prioritaire à des ressources rares (actifs, canaux de distribution, etc.) ;

– **comme un moyen de souligner les relations et les interconnexions entre les activités.** On peut distinguer : les relations internes à la chaîne de valeur qui reflètent l'impact d'une activité sur une autre (le développement du produit peut entraîner une réduction du coût de production par une diminution du nombre de pièces détachées ou de composants) ; les interconnexions entre différents domaines d'activité existent lorsqu'ils partagent une même activité : on parle alors de synergies (chez Honda, par exemple, la technologie inhérente au moteur constitue une importante interconnexion entre les domaines d'activité) ; les relations verticales qui existent entre la chaîne de valeur de l'entreprise et celle de ses fournisseurs et clients (notamment dans un univers juste à temps). Ces relations et interconnexions sont prépondérantes dans la création d'un avantage concurrentiel. Leur maîtrise présente des opportunités d'optimisation jointe et élimine les difficultés liées à la coordination des activités ;

– **comme un moyen de faciliter la mise en œuvre des stratégies génériques** en améliorant les informations liées à la structure des coûts de l'entreprise et à celle de ses concurrents.

L'amélioration permanente des processus (Kaizen)

L'amélioration de la compétitivité implique l'adoption d'une philosophie d'*amélioration permanente* des produits et des processus. L'amélioration permanente des produits implique une conception qui répond aux besoins des clients, tout en rendant la fabrication facile et rapide (en réponse au raccourcissement du cycle de vie des produits). L'amélioration permanente des processus est la recherche continue des temps morts dans les activités et leur élimination.

La mise en œuvre d'une philosophie d'amélioration permanente implique le besoin d'une information sur les activités et sur le produit de ces activités. En outre, la clé du succès dépend de l'utilisation de cette information pour mettre en œuvre les stratégies, améliorer la conception des produits et supprimer le gaspillage dans les activités. C'est le but que poursuit la gestion fondée sur les activités qui repose sur deux dimensions :

– l'amélioration de la position stratégique. Les choix stratégiques déterminent les activités : l'entreprise doit allouer ses ressources aux activités qui offrent le meilleur avantage stratégique ;

– la mise en œuvre d'une stratégie doit s'appuyer sur ce qui a de l'importance aux yeux du client.

CHAPITRE 10
Systèmes d'information

Ce qu'il faut retenir

• Le suivi des coûts met en jeu différentes composantes du système d'information : le système d'information opérationnel, un module spécialisé d'analyse des coûts, une collecte complémentaire d'informations et un cube décisionnel.

• Le système d'information opérationnel collecte et retrace au quotidien l'ensemble des événements (achats, production, ventes, comptabilité générale...) intervenant dans l'entreprise ; il permet de suivre l'activité opérationnelle et d'enregistrer la valeur de chacune de ses composantes élémentaires. Le paramétrage du système opérationnel doit être suffisamment détaillé pour assurer un traitement correct des coûts : ainsi, si l'on veut pouvoir rattacher des consommations matières aux différents produits fabriqués, il faudra par exemple distinguer dans le système de production les lots de fabrication correspondant aux différents produits.

• Le module spécialisé d'analyse des coûts (module de comptabilité analytique) effectue les retraitements et les synthèses nécessaires au calcul des coûts. Ce module permet de définir l'ensemble de la structure des coûts et gère notamment les règles d'imputation des coûts indirects sur les objets de coût. Le module de comptabilité analytique est choisi en fonction des objectifs de synthèse des coûts décidés par l'entreprise ; en particulier, on trouve maintenant des modules analytiques spécialisés permettant de gérer la méthode *Activity Based Costing*.

• Une collecte complémentaire d'informations est souvent nécessaire pour pallier les insuffisances des systèmes opérationnels et pour répartir les coûts indirects en fonction d'unités d'œuvre. Ces éléments alimentent le module de comptabilité analytique et représentent souvent un effort non négligeable pour être mis en œuvre.

• Le cube décisionnel est un outil de synthèse et de présentation des analyses de coûts ; lié au module de comptabilité analytique, il permet d'opérer des regroupements selon différents axes et d'effectuer des interrogations en fonction des besoins des managers.

Connaître les coûts pour prendre des décisions pose directement la question de la qualité du système d'information de l'entreprise. Comme nous l'avons vu dans les chapitres précédents de ce livre, le périmètre des informations à traiter pour identifier et comprendre les coûts n'a cessé de s'étendre et touche à la fois l'ensemble des activités de l'organisation et également les éléments de l'environnement qui influent sur ces activités. Ce sont donc des milliers d'informations qu'il faut collecter, qualifier, interpréter et synthétiser, ce dans des délais toujours plus rapides.

Comment le système d'information peut-il répondre à ces enjeux ? Ce sont ces questions que nous allons examiner dans ce chapitre, en nous appuyant sur différents exemples et sur l'analyse d'un cas réel, celui des Caisses d'Épargne qui ont mis en place dans les dernières années un système d'information afin de rendre opérationnelle leur nouvelle démarche ABC d'analyse des coûts.

Dans ce chapitre, nous expliciterons les tendances actuelles des systèmes d'information d'analyse des coûts. Dans un premier temps, nous présenterons l'architecture globale de ces systèmes d'information, qui puisent leurs données dans les systèmes opérationnels, mettent en œuvre des collectes complémentaires d'informations, effectuent, dans des modules spécialisés de comptabilité analytique, des calculs et des retraitements et enfin diffusent l'information permettant de comprendre la structure des coûts. Puis nous nous intéresserons à chaque composante de cette architecture : les systèmes d'information opérationnels, le module spécialisé de calcul des coûts (en particulier au travers de l'expérience des Caisses d'Épargne dans la mise en place d'un outil de comptabilité ABC), la collecte des données complémentaires, et enfin le module de présentation et de diffusion de l'information. Au total, c'est une véritable politique d'identification, de collecte et de synthèse des coûts que doit mener l'entreprise au travers de son système d'information.

1. L'architecture des systèmes d'information d'analyse des coûts

Mettre en œuvre un système d'information pertinent d'analyse des coûts dans l'entreprise présente un ensemble de difficultés.

Tout d'abord, il s'agit, tout au long de la conduite opérationnelle, d'identifier et de stocker les données quotidiennes retraçant l'ensemble des événements ayant un impact sur les coûts. Ces derniers sont multiples : une livraison de matériel dans un entrepôt, la production d'un composant, les heures passées par le personnel sur différentes activités, les choix d'investissements, le déplacement d'un technicien dans le cadre d'un service après-vente, la conduite d'une étude de marché sur un nouveau produit ou une cible spécifique de consommateurs, la vente d'un produit ou d'un service, la recherche et développement, les développements informatiques eux-mêmes – en fait la totalité des activités de l'entreprise – ont une répercussion sur ses coûts et sa rentabilité. C'est le rôle des **systèmes d'information opérationnels** de tracer au quotidien ces événements et d'enregistrer leur valeur. Ces systèmes comportent de fait plusieurs modules spécialisés par fonction (gestion de production, achats, stocks, comptabilité générale, analytique et tiers, gestion commerciale, etc.).

Le système d'information opérationnel collecte et retrace au quotidien l'ensemble des événements (achats, production, ventes...) intervenant dans l'entreprise ; il permet de suivre l'activité opérationnelle et d'enregistrer la valeur de chacune de ses composantes élémentaires.

La deuxième difficulté consiste à analyser et interpréter les données du système d'information opérationnel, extrêmement nombreuses, dans une perspective de suivi des coûts de façon à permettre une prise de décision pertinente. Par exemple, une entreprise pourra se poser la question du coût et de la rentabilité spécifique d'un produit ou d'un service : il lui faudra pour cela être capable de retracer l'ensemble des informations pertinentes et de les rattacher à cet objet de coût spécifique. Elle pourra aussi s'intéresser à la rentabilité d'un segment de clientèle particulier, ou encore s'interroger sur l'opportunité de sous-traiter telle ou telle activité jusque là conduite en interne. À chaque fois, l'information sur les coûts sera déterminante dans sa prise de décision. Le système d'information opérationnel ne permet pas de répondre directement à ces questions ; il ne sait gérer que l'information de détail et est incapable de structurer celle-ci à de multiples fins d'analyse. Un **module spécialisé d'analyse des coûts** (module de comptabilité analytique) doit donc être utilisé, dans lequel l'accent est mis sur la capacité à structurer et à retraiter l'information, en vue du calcul des coûts.

Le module spécialisé d'analyse des coûts (module de comptabilité analytique) effectue les retraitements et les synthèses nécessaires au calcul des coûts. Ce module de comptabilité analytique est choisi en fonction des objectifs de synthèse des coûts décidés par l'entreprise.

La troisième difficulté consiste à faire vivre ensemble ces deux systèmes ! Dans une vision « idéale », le système d'information opérationnel collecterait de façon fiable toutes les données nécessaires ; il les transmettrait sans erreur au système d'information d'analyse des coûts, lequel effectuerait instantanément les analyses pertinentes à la prise de décision. Dans la réalité, les entreprises ont, en règle générale, non pas un mais plusieurs systèmes d'information opérationnels, spécialisé chacun sur une fonction ou une activité particulière ; certaines données, pertinentes pour les coûts, sont peu ou mal collectées. La cohérence, l'exhaustivité et la pertinence des informations de base sont ainsi difficiles à assurer. Leur transmission au système d'information analytique nécessite la mise en œuvre d'interfaces parfois complexes. Une collecte complémentaire d'informations sera en règle générale nécessaire pour effectuer les calculs de coûts.

Une collecte complémentaire d'informations est souvent nécessaire pour pallier les insuffisances des systèmes opérationnels et pour répartir les coûts indirects en fonction d'unités d'œuvre. Ces éléments alimentent le module de comptabilité analytique.

Enfin, il est nécessaire d'avoir un outil de synthèse et de diffusion des résultats obtenus. De plus en plus d'entreprises souhaitent en effet effectuer des analyses sur différents objets de coût (produits, services, départements, processus, activités, etc.). À chaque fois, il faudra effectuer des calculs et des regroupements différents en fonction de l'analyse et de la présentation recherchées. Les cubes décisionnels répondent à cet objectif.

Le cube décisionnel est un outil de synthèse et de présentation des analyses de coûts ; il permet d'opérer des regroupements selon différents axes et d'effectuer des interrogations en fonction des besoins des managers.

Au total, l'architecture des systèmes d'information d'analyse des coûts se présente donc tel qu'indiqué par le schéma de la page suivante.

Architecture d'un système d'information d'analyse des coûts

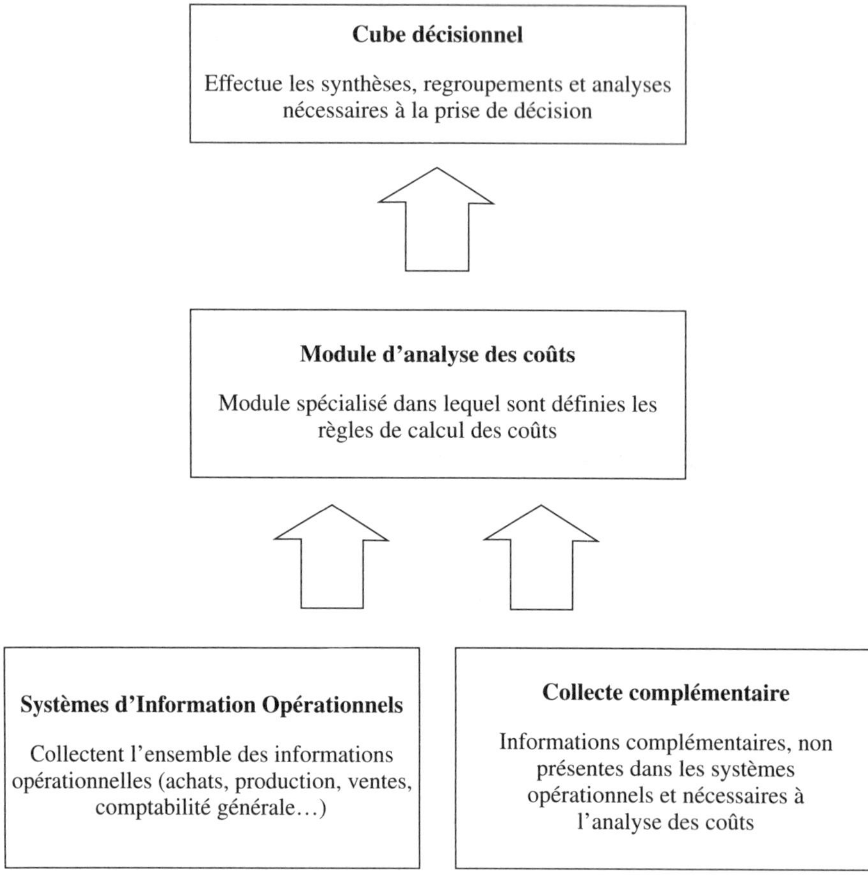

2. L'enregistrement des coûts dans les systèmes d'information opérationnels

A - Les systèmes d'information opérationnels

Premier volet du système d'information à avoir été développé par les entreprises, les systèmes d'informations opérationnels ont pour objectif d'enregistrer les transactions quotidiennes intervenant du fait de la conduite des activités. Chaque élément d'information va être saisi, selon sa nature, dans l'une des applications opérationnelles, où il sera utilisé pour automatiser les tâches effectuées par les acteurs de l'entreprise.

La composition exacte du système d'information opérationnel est à l'évidence variable selon les entreprises et la nature de leurs activités. Cependant, on trouve généralement les éléments suivants :

– **administration :** comptabilité générale et auxiliaire, gestion de trésorerie, gestion des immobilisations, comptabilité analytique (qui fait partie des systèmes opérationnels mais que nous détaillerons au paragraphe 3) ;

– **production :** gestion de production, gestion des achats, gestion des stocks, parfois CAO (conception assistée par ordinateur) et SGDT (système de gestion de données techniques, utilisé en R&D) ;

– **commercial :** suivi des ventes, parfois application marketing (historique des consommations et segmentation) ;

– **paye et gestion du personnel.**

Il faut comprendre que les systèmes d'information opérationnels se sont développés au fil du temps et en fonction des besoins dans les entreprises. Au départ de l'informatique, beaucoup d'applications opérationnelles étaient développées en interne, de façon spécifique, par les services informatiques des entreprises. La tendance actuelle est au contraire d'utiliser de plus en plus d'applications standardisées – progiciels – achetées auprès de vendeurs de logiciels, qu'il faut ensuite paramétrer, c'est-à-dire adapter aux besoins de l'entreprise. Le paramétrage peut consister simplement à entrer les données propres à l'entreprise, comme la nomenclature des produits. Il peut également intégrer des aspects plus complexes, comme la définition de règles de calcul ou de traitement. Les progiciels actuels, très ouverts, nécessitent la mise en œuvre de paramétrages de plus en plus sophistiqués.

Une autre caractéristique de ces systèmes d'information opérationnels est d'être centrés sur les besoins d'une fonction précise de l'entreprise. Ainsi, par exemple, une application de gestion des stocks enregistrera bien l'ensemble des entrées et sorties de stocks ; mais pour utiliser ces éléments en comptabilité ou en gestion de production, il faudra (à moins de disposer d'un système intégré comme ceux présentés au C) développer des interfaces qui iront chercher les informations d'une application pour les retraduire et les intégrer aux autres applications. Ceci est d'autant plus difficile que ces applications fonctionnent parfois sur des systèmes informatiques différents et utilisent des langages informatiques différents.

B - Exemple : La Belle Bretonne

Nous reprenons ici le cas de La Belle Bretonne présenté au chapitre 1 afin d'illustrer comment les systèmes d'informations opérationnels prennent en compte les différentes informations.

Information	Application opérationnelle	Remarque
Bâtiment (loyers)	Comptabilité générale	
Équipement (machines)	Gestion des immobilisations	Calcul de l'amortissement
Achats : • sardines • condiments • boîtes	Gestion des fournisseurs et gestion des achats (quantité, prix)	
Conditionnement : • consommation sardines • consommation condiments • consommation boîtes • main d'oeuvre directe	Gestion des stocks (quantité, valeur) Gestion des stocks (quantité, valeur) Gestion des stocks (quantité, valeur) Gestion du personnel	Les consommations sont rattachées au lot de fabrication (produits, quantités consommées, temps réels ou standards)
Vente • commission vendeurs • transport	Gestion commerciale Comptabilité fournisseurs	
Salaires et charges	Gestion du personnel	Montants à affecter
Frais divers de gestion Électricité	Comptabilité générale Comptabilité fournisseurs	Montants à affecter

On voit, au travers de cet exemple, que si les systèmes d'information opérationnels enregistrent bien les événements, ils ne permettent pas en revanche de suivre directement l'ensemble des coûts.

Plusieurs difficultés apparaissent :

– tout d'abord, il peut y avoir des divergences entre les charges enregistrées en comptabilité générale et les coûts que l'on souhaite imputer : par exemple, on peut souhaiter imputer le coût des machines en calculant un amortissement économique plutôt que d'utiliser l'amortissement calculé en comptabilité générale. Il faudra donc effectuer un retraitement dans le module de comptabilité analytique ;

– ensuite, l'information issue de la gestion de production peut s'avérer insuffisamment détaillée. Ici, par exemple, il faudra s'assurer que l'on précise bien pour chaque lot de fabrication la nature du produit fini correspondant (sardines entières ou en filet). Dans le cas contraire, on sera incapable d'affecter directement les coûts matières à chaque produit. Il faudra alors gérer une clé de répartition (volumes de production) dans le module de comptabilité analytique. Un autre problème concerne l'imputation du coût du personnel de fabrication. Les salaires et charges sont enregistrés globalement dans l'application de gestion du personnel, mais il faudra des informations de la production (temps standard ou temps réels) pour affecter les coûts correspondants. Là également, il sera peut-être nécessaire de compenser les lacunes de la gestion de production en effectuant un relevé des temps en dehors de cette application ;

– enfin, un ensemble de charges (correspondant à des coûts indirects) sont suivies globalement en comptabilité générale. Les règles d'imputation seront définies dans le module de comptabilité analytique.

C - Les systèmes opérationnels intégrés (ERP)

La mise en place récente dans les entreprises de systèmes d'information intégrés (ERP – *Enterprise Resource Systems*, appelés en français PGI – Progiciels de Gestion Intégrés) dont le leader est le produit SAP a quelque peu changé et amélioré le mode de suivi des coûts à partir des informations opérationnelles.

Le principe de ces systèmes est de s'appuyer sur une base de données qui centralise toute l'information, chaque application opérationnelle allant tour à tour alimenter et puiser des informations dans la base de données.

Organisation d'un système d'information opérationnel de type ERP

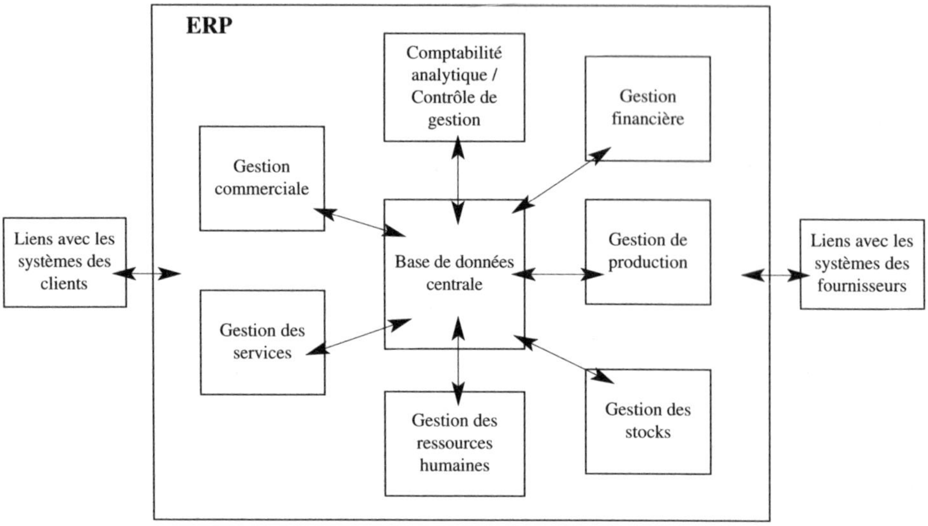

Par rapport aux systèmes opérationnels classiques, ces systèmes intégrés présentent l'avantage considérable de traiter les données de façon centralisée : toute information qui entre dans le système est disponible pour l'ensemble des applications. En revanche, il ne faut pas sous-estimer l'effort considérable de paramétrage nécessaire à leur mise en œuvre : ce sont des centaines d'écrans qu'il faudra paramétrer pour définir les règles qui seront ensuite appliquées automatiquement par le système. À titre d'exemple, nous avons reproduit ci-contre l'écran de paramétrage du calcul de la disponibilité en stock utilisé par l'un de ces produits.

Exemple d'écran de paramétrage dans un ERP

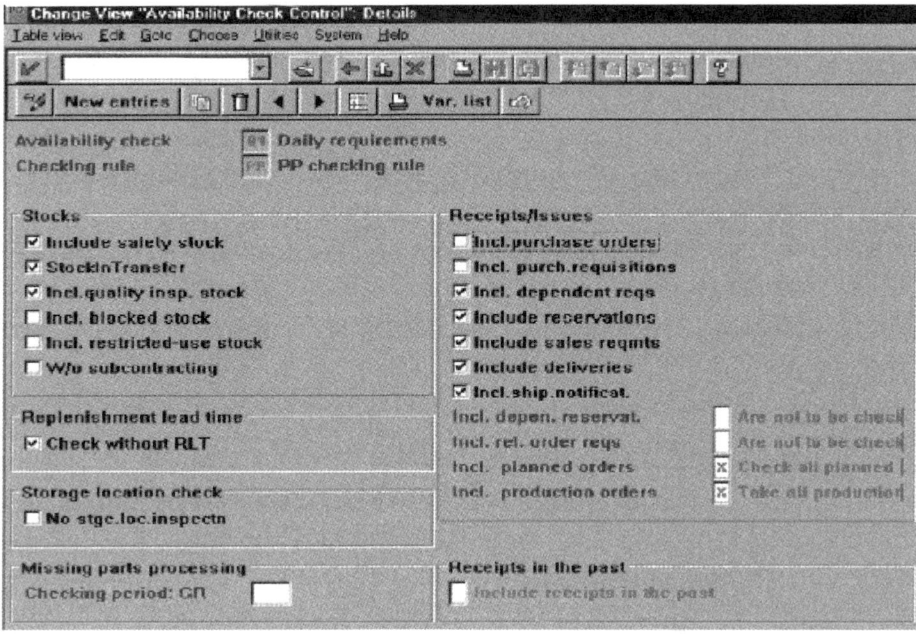

Dans ce type de systèmes, on s'efforce d'organiser la gestion des coûts dès la prise en compte de l'information dans l'application opérationnelle concernée.

Considérons ainsi à titre d'exemple différents modules du progiciel intégré SAP.

➤ ***Le module de gestion de production*** permet entre autres :

– de définir un objet « poste de travail », affecté à un centre de coût et qui contiendra des règles de calcul des temps d'exécution et des coûts ;

– d'attribuer des valeurs standard aux différentes opérations des gammes opératoires, qui seront utilisées pour l'estimation des coûts ou des durées, ou bien de saisir manuellement des valeurs propres ;

– de déterminer des règles de consommation de ressources (par exemple consommation d'énergie), en fonction du niveau d'activité du poste de travail.

➤ ***Le module d'achats et stocks*** permet de définir les principes de valorisation des stocks et offre le choix entre différents paramétrages :

– prix standard : tout le stock d'un article est valorisé au même prix standard. Les écarts sont imputés dans des comptes d'écart sur prix ;

– prix moyen pondéré : le prix à utiliser pour valoriser la totalité du stock d'un article est obtenu par la moyenne des prix de toutes les entrées de cet article dans le stock.

➤ ***Le module de gestion des ressources humaines*** comporte un système de suivi des temps et de répartition sur des objets de coût :

– saisie des temps pour un individu donné sur un poste de travail spécifique ;

– affectation sur des supports de coût (centres de coûts, lots de fabrication, projets).

Ces différents exemples montrent (ce que nous savions tous) que la gestion des coûts est l'affaire de toute l'entreprise, et en particulier celle de chaque opérationnel dans l'exercice de sa fonction. Un tel système présente l'avantage évident de responsabiliser les opérationnels – qui sont au plus près des tâches effectuées– quant à la dimension « coûts » de leur activité. Il présente en revanche également l'inconvénient d'introduire à de multiples endroits du système des règles d'évaluation, qui ne seront pertinentes que si un réel effort de coordination et de réflexion a été fait au moment du paramétrage. C'est là le rôle des contrôleurs de gestion opérationnels, qui doivent s'assurer par exemple que les règles de calcul des coûts utilisées dans l'usine dont ils ont la charge sont cohérentes entre elles et suivent les principes du groupe.

Nous allons maintenant étudier les fonctions spécifiques du module de comptabilité analytique.

3. *Les fonctions du module de comptabilité analytique*

Les différentes méthodes de calcul des coûts qui ont été présentées dans cet ouvrage sont généralement intégrées, avec plus ou moins de sophistication, dans les modules de comptabilité analytique.

Le module de comptabilité analytique est chargé, d'une part, de collecter toutes les informations de coûts en provenance des systèmes opérationnels (coûts directement affectés à des objets de coût) et, d'autre part, d'effectuer les affectations des coûts indirects en fonction des règles de répartition paramétrées.

A - Fonctions de base d'un module de comptabilité analytique

Nous reprenons l'exemple de la Belle Bretonne pour analyser la gestion des coûts par le module de comptabilité analytique :

Coûts	Application opérationnelle (provenance)	Traitement dans le module analytique
Bâtiment (loyers)	Comptabilité générale	Collecte du coût global. Répartition sur les objets de coûts en fonction de règles de répartition paramétrées (clés de répartition)
Équipement (machines)	Gestion des immobilisations	Calcul de l'amortissement économique Répartition sur les objets de coûts en fonction de règles de répartition paramétrées
Conditionnement : • conso. sardines • conso. condiments • consommation boîtes • main-d'œuvre directe	 Gestion des stocks (quantité, valeur) Gestion des stocks (quantité, valeur) Gestion des stocks (quantité, valeur) Gestion du personnel	Rattachement des consommations et des coûts de main d'œuvre à l'objet de coût en fonction du lot de fabrication (produits, quantités consommées, temps réels ou standard) ou affectation selon des règles de répartition.
Ventes • commission vendeurs • transport	 Gestion commerciale Comptabilité fournisseurs	Rattachement des coûts à l'objet de coût en fonction des informations (produit concerné, service concerné par exemple)
Salaires et charges	Gestion du personnel	Répartition des coûts de main d'œuvre indirecte selon des règles de répartition paramétrées (% de temps consacré à l'activité)
Frais divers de gestion Électricité	Comptabilité générale Comptabilité fournisseurs	Répartition des coûts selon des règles de répartition paramétrées

On voit que le module de comptabilité analytique doit intégrer deux types d'informations pour prendre en compte les coûts :

– tout d'abord, il intègre la **structure de coût** de l'organisation : définition des objets de coûts, des centres d'analyse (ou des activités, dans le cas d'une approche ABC), des niveaux de synthèse et de regroupement ;

– ensuite, il gère l'ensemble de la **méthode d'affectation** des coûts indirects (imputés dans les centres d'analyse ou les activités) sur les objets de coût. Pour ce faire, il utilise des informations complémentaires concernant les clés de répartition (ou les inducteurs de coût).

La précision des systèmes opérationnels est de plus un élément déterminant des traitements effectués par la suite dans le module analytique. Par exemple ici, si l'on veut calculer le coût complet des deux types de produits (sardines entières ou en filet), il faudra :

– que le système de gestion de production soit capable de différencier la gestion des consommations concernant les boîtes de sardines entières et celle des sardines en filet, de façon à transmettre les coûts directs correspondants au module de comptabilité analytique. Si l'on veut gérer avec précision le coût des déchets, il faudra également que ceux-ci soient affectés à l'un ou l'autre des deux produits dans le module de gestion de production ; dans le cas contraire, il faudra se contenter d'appliquer par exemple un taux moyen de rebuts aux deux produits, ce qui ne tient pas compte des spécificités de fabrication ;

– que le module analytique intègre les clés de répartition des coûts indirects (par exemple, pour le salaire du contremaître, en fonction des heures de main d'œuvre directe consommées sur chaque produit).

Bien souvent, la mise en œuvre des règles de répartition impliquera des collectes et des saisies complémentaires d'information (temps passés, unités d'œuvre...). Nous reviendrons sur ce point dans la partie 4 de ce chapitre.

Le module de comptabilité analytique est lié étroitement au module de comptabilité générale ; en particulier, il s'appuie sur la définition des comptes de charges et de produits faite en comptabilité générale (nature comptable primaire) et complète cette information en gérant des natures comptables analytiques secondaires.

Concernant les règles de répartition, ces modules permettent généralement d'appliquer la méthode des centres d'analyse et de combiner plusieurs règles. On pourra ainsi paramétrer par exemple des pourcentages d'affectation de chaque centre d'analyse.

Il reste que ces modules s'avèrent insuffisants pour gérer des méthodes plus complexes ; des modules spécialisés de comptabilité analytique ont ainsi été développés, notamment concernant la prise en charge de la méthode ABC, dont nous allons maintenant avoir un aperçu au travers de l'expérience des Caisses d'Épargne.

B - Les modules de comptabilité analytique ABC

De nouveaux modules analytiques ont été développés pour répondre aux évolutions des méthodes de calcul des coûts. Parmi les modules les plus sophistiqués, on trouve maintenant des applications spécialisées dans la gestion de l'approche *Activity Based Costing*. Nous allons ici détailler à titre d'exemple le système élaboré par les Caisses d'Épargne.

Les Caisses d'Épargne ont choisi depuis quelques années de mettre en œuvre la démarche *Activity Based Costing* pour piloter l'ensemble de leurs coûts. La définition du système a donc impliqué :

– de cartographier les activités de chaque fonction de l'entreprise ;
– d'identifier les inducteurs ;
– d'identifier les ressources consommées ;
– d'identifier les objets de coût.

Ces différents éléments interagissent selon le schéma suivant :

Structure de l'ABC dans le groupe Caisses d'Épargne

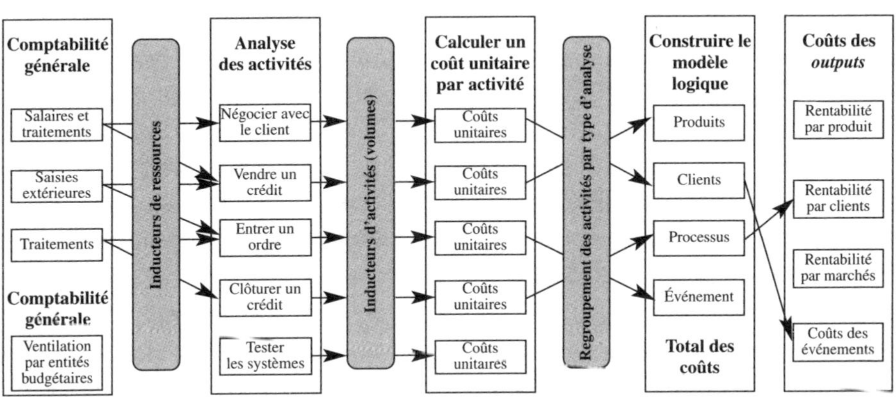

Source : Revue Échanges, n° 168 – juillet 2000.

La mise en œuvre de l'ABC aux Caisses d'Épargne a nécessité un effort très important de structuration et de mise à niveau de l'information :

– les activités ont été définies dans un dictionnaire commun, qui permet d'avoir une vision globale des processus dans les différentes caisses, ce dans l'objectif de pouvoir au final comparer les performances. L'activité « vendre un crédit » est ainsi par exemple identifiée et évaluée au travers des coûts engagés dans chaque caisse lors du processus de vente. Ce souci de comparaison a conduit à définir des « macro-activités » applicables à l'ensemble du groupe, mais que chaque caisse peut détailler pour suivre au plus près ses processus ;

– les inducteurs de ressources régulent la consommation des ressources par les activités. L'inducteur le plus utilisé est le temps passé pour gérer l'activité, ce qui a nécessité la mise en place d'une métrique sophistiquée, comparable à ce qui se fait dans le monde industriel où les bureaux des méthodes définissent des temps standard par tâche et processus ;

– les activités sont ensuite regroupées selon les différents axes d'analyse (objet final de coût) ;

– les objets finaux de coût ont été définis en fonction des évolutions du métier bancaire.

On constate ici que, comme pour l'ensemble des entreprises, il est nécessaire de définir plusieurs axes d'analyse pour répondre aux besoins stratégiques. Les produits (compte chèque, compte de dépôt, crédit, livret A...), les clients (particuliers, professionnels, entreprises...), les processus (pré-vente, vente, gestion des espèces, gestion du contentieux...), les canaux de distribution (agences, internet, minitel, GAB/DAB[1]...), les supports de transaction (espèces, chèques, virements...) sont autant d'objets de coût que le système cherche à évaluer.

En termes de système d'information, le logiciel ABC a pour fonction de gérer le dictionnaire d'activités, de récupérer les données des systèmes d'information opérationnels, d'assurer la modélisation complexe des structures de coût, d'assurer la traçabilité des coûts et des simulations.

1. Guichet Automatique de Banque, Distributeur Automatique de Billets.

Ce type de logiciel permet de plus de gérer le cycle budgétaire, selon la même structure ; les inducteurs de coût eux-mêmes peuvent être budgétés, qu'il s'agisse de ratios statistiques ou de quantités d'activité.

La difficulté du paramétrage de tels logiciels de comptabilité analytique est bien évidemment à la hauteur des résultats attendus ; plusieurs mois, voire plusieurs années peuvent être nécessaires pour conduire la réflexion quant à la structure des coûts, des activités et des processus et la mettre en œuvre dans un logiciel. La gestion des évolutions est, elle aussi, évidemment complexe. C'est pourquoi les entreprises hésitent à se lancer dans de tels projets et limitent leurs analyses aux coûts des produits, négligeant par là même de puissants vecteurs d'amélioration du fonctionnement interne de leurs processus.

Nous avons vu dans cette analyse du module de comptabilité analytique que de nombreuses informations – utiles notamment pour calculer les imputations de centres d'analyse ou d'activité aux objets de coût – sont souvent absentes du système d'information. C'est ce travail de collecte complémentaire d'information, dont il convient de ne pas négliger la difficulté et la lourdeur, que nous allons aborder dans la partie suivante.

4. Le travail de collecte d'informations complémentaires

Le cas des Caisses d'Épargne va nous fournir une illustration de ce point. Une des questions qui s'est posée rapidement au Groupe a en effet été de définir les règles d'imputation des ressources sur les activités puis des activités sur les objets de coût. Est alors apparue la nécessité de collecter un ensemble d'informations qui n'étaient pas jusqu'alors gérées par le système d'information.

La question primordiale était en fait d'affecter le principal poste de charges, constitué des frais de personnel, sur les activités.

Une première solution aurait consisté à mettre en œuvre une saisie généralisée des temps de chaque individu (les Caisses comptent au global un effectif d'environ 45 000 collaborateurs) dédiés à chacune des activités définies. Pour des raisons évidentes de lourdeur, cette approche a été écartée.

Il a donc fallu mettre en place un outil d'estimation de la ventilation des temps passés qui présente des garanties de fiabilité suffisantes. L'objectif était de déterminer des temps unitaires de référence concernant les différentes activités des Caisses d'Épargne. Pour cela, environ 450 personnes, appartenant à 7 caisses et à 60 points de ventes différents, ont été interrogées. L'activité a été analysée par marché (particuliers, professionnels, entreprises, secteur public territorial, associations), par produit (crédit, épargne, titres, découvert, crédit-bail...), et par étape du processus (entretien 1 et 2, administration des ventes). Un taux de réussite du premier entretien a également été collecté, le temps de référence pour l'ensemble du processus étant calculé comme suit :

Temps unitaire de référence = temps entretien 1 × taux de réussite
+ temps entretien 2
+ temps administration des ventes.

Au total, ce sont 81 temps de référence, portant sur 5 marchés différents, 27 produits, 3 étapes du processus qui ont été définis, ainsi que 27 taux de réussite.

Dès la phase de collecte d'information, il est apparu que les temps moyens déclarés par les différentes Caisses d'Épargne pour une même étape du processus sur un même produit pouvaient présenter des différences importantes. Ainsi, par exemple, la durée du premier entretien de vente pour un prêt immobilier sur le marché des particuliers varie de 36 minutes à 90 minutes. De tels écarts peuvent être partiellement justifiés (en particulier du fait de la taille de l'agence et du nombre de transactions effectuées), mais un temps de référence (ici 62 minutes) a été établi. L'analyse des écarts par rapport à ce temps de référence permet de dégager d'éventuelles déficiences du processus conduit par une caisse, l'objectif étant au final de définir des *best practices* et de comparer les Caisses entre elles.

Dans cette procédure, le temps standard est considéré comme le temps « utile » au processus. L'éventuel écart permet de mettre en évidence le *slack* ou temps disponible et d'identifier les gains de productivité réalisables.

On voit au travers de cet exemple à la fois l'enjeu et la difficulté pratique de la collecte des informations complémentaires ; l'objectif final est non seulement de rationaliser les méthodes de calcul des coûts, mais également d'éviter l'effet « boîte noire » que peut avoir parfois le calcul des coûts de revient, notamment au travers d'imputations parfois obscures de coûts globaux (ici les frais de personnel).

Dans tout ce qui précède, nous nous sommes intéressés à l'alimentation en données et à la structuration de l'analyse de coût. Pour disposer d'un système d'information complet, il est nécessaire une fois ces étapes franchies de disposer de logiciels de présentation et d'interrogation des analyses. C'est ce que nous allons maintenant étudier.

5. La présentation des analyses : le cube décisionnel

Le système décisionnel représente l'objectif à atteindre ; c'est en réfléchissant à sa structure et à la nature des informations qu'il doit comporter que l'on définira le modèle d'analyse des coûts mis en œuvre dans le module de comptabilité analytique ainsi que les données nécessaires pour l'alimenter.

Une classe de logiciels est particulièrement dédiée à la présentation des analyses : ce sont les « cubes multidimensionnels ». Leur principale fonctionnalité réside dans leur capacité à fournir des outils de synthèse et d'interrogation des informations de gestion. L'objectif est, comme nous l'avons vu, d'utiliser l'information sur les coûts pour le pilotage des activités. Ces cubes multidimensionnels se sont considérablement développés depuis une dizaine d'années ; les principaux domaines d'application sont le contrôle de gestion et l'analyse des coûts, d'une part, le marketing et la segmentation client, d'autre part.

> ***Un cube multidimensionnel est un système d'information décisionnel permettant de définir plusieurs axes d'analyse et d'effectuer des synthèses et des regroupements selon ces axes.***

Dans le cas des Caisses d'Épargne, le cube décisionnel comporte les axes d'analyse suivants :

Axes d'analyse du projet des Caisses d'Épargne

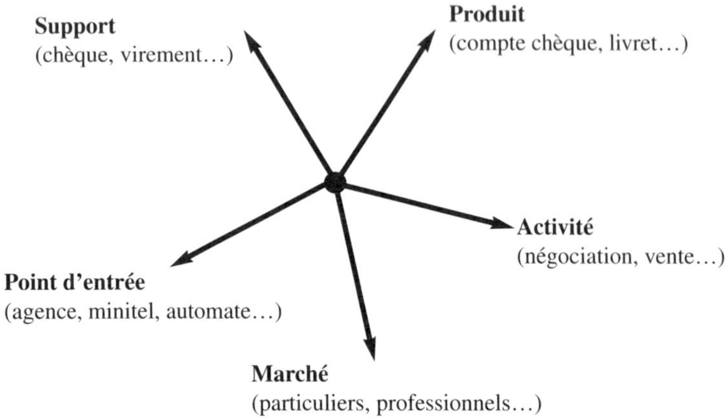

Les axes d'analyse retenus permettent d'effectuer la synthèse des informations portant sur les coûts. L'objectif est de répondre à des interrogations du type :

– Quelle activité génère le plus de bénéfices ? On compare les marges des différentes activités.

– Quel est le coût de la vente à un particulier d'un compte chèque en agence ? On sélectionne « particuliers » sur l'axe marché, « compte chèque » sur l'axe produit, « agence » sur l'axe point d'entrée pour faire l'analyse.

– Quel est le coût comparé de la vente d'un produit simple par différents canaux (agences, téléphone, envoi de coupon...) ? On sélectionne différents canaux dans l'axe point d'entrée et on compare les coûts pour un certain type de produit.

Le cube multidimensionnel est utilisé pour produire l'ensemble des analyses et rapports de synthèse. Ces systèmes sont de ce fait dotés d'outils d'interrogation à la fois sophistiqués et simples d'utilisation permettant à l'utilisateur un peu averti :

– de générer des rapports et des graphes ;

– de naviguer dans l'information selon le principe du « *drill down* ». Ce terme désigne en fait la capacité de sélectionner sur chaque axe le niveau d'information pertinent (par exemple sur l'axe client un secteur d'activité ou une population cible spécifique, sur l'axe produit une ligne de produits ou de services particulière, sur l'axe temps le mois ou la semaine concernée...) et d'interroger ensuite le cube de données selon ces différents critères ;

– de pratiquer du reporting « par exception ». On pourra ainsi définir le niveau de performance attendu sur certains critères et mettre en évidence, avec un code couleur, les performances insuffisantes ;

– de trier les résultats obtenus selon le niveau de performance atteint dans une optique de *benchmarking* (par exemple, comparer les différentes régions ou agences d'un groupe sur un ensemble de critères) ;

– d'effectuer des simulations en prenant différentes hypothèses d'évolution de l'environnement.

Très puissants, ces outils ne sont cependant pas simples à mettre en place. En particulier, la structuration du cube impose d'effectuer une réflexion approfondie sur les objectifs stratégiques de l'entreprise et sur la façon d'organiser l'information sur les coûts et les différents éléments de la performance en fonction de ces objectifs ; de réaliser cette modélisation dans le logiciel de comptabilité analytique ; puis de se poser la question de l'alimentation des données à partir des systèmes opérationnels et des saisies complémentaires.

Conclusion

Ainsi que nous avons cherché à le montrer dans ce chapitre, les systèmes d'information sont un élément déterminant de la qualité du suivi des coûts dans une organisation. La traçabilité des coûts ne pourra en pratique être assurée que si :

– les systèmes d'informations opérationnels enregistrent avec suffisamment de précision et de fidélité les données de l'activité : il est en effet souvent impossible de reconstituer l'information *a posteriori* ; ce qui n'est pas enregistré est perdu ;

– le système de comptabilité analytique a été correctement choisi et paramétré en fonction des règles de calcul des coûts et des objectifs décidés par l'entreprise ;

– un travail de collecte complémentaire d'informations a été réalisé pour disposer des éléments nécessaires à l'ensemble des analyses ;

– l'entreprise dispose d'outils de présentation de ces analyses permettant d'effectuer synthèses et regroupements.

Même dans ce cas, des difficultés subsisteront, inhérentes à tout système d'information.

La première vient de la complexité de ces systèmes d'information, due à la fois aux techniques engagées et au volume d'informations traitées. Il est aujourd'hui impossible pour un individu de maîtriser l'ensemble des fonctionnalités du système d'information d'une entreprise de grande taille ; c'est à chaque niveau que les acteurs doivent se responsabiliser pour que l'information soit exacte, complète et correctement utilisée dans les traitements effectués par le système.

La seconde difficulté concerne la pérennité et l'évolution du système d'information. Chaque évolution de l'entreprise (lancement d'un nouveau produit, extension géographique, réorganisation, etc.) doit se traduire par une évolution parallèle du système d'information. Celui-ci est donc constamment évolutif, ce qui rend encore plus difficile sa maîtrise. C'est pourquoi on cherchera souvent à privilégier la simplicité du système : le risque majeur d'un système d'information très sophistiqué est en effet de se transformer au fil du temps en une « boîte noire », qui automatise un ensemble de traitements et de calculs, ce alors même que les acteurs ont perdu la visibilité sur les règles qui pilotent leur propre système.

La maîtrise du système d'information est donc un enjeu majeur : elle garantira la pertinence et la fiabilité des coûts de revient utilisés dans l'entreprise.

Bibliographie

Atkinson A.-A., Banker R.-D., Kaplan R.-S. et Young S.-M., *Management Accounting*, 3e éd., Prentice Hall, 2001.

Bouquin H., *Comptabilité de gestion*, Sirey, 1997.

Bouquin H., *La Comptabilité de gestion*, Que sais-je, PUF, 1997.

Brimson J.-A., Berliner C., *Cost Management for Today's Advanced Manufacturing : The CAM-1 Conceptual Design*, Harvard Business School Press, 1988.

Burlaud A., Simon C., *Coûts, Contrôle*, 2e éd., Vuibert, 2000.

De Ronge Y., *Comptabilité de gestion*, De Boeck et Larcier, 1998.

Gilbert X., Strebel P., « Developing Competitive Advantage », *The Strategy Process*, Ed. Mintzberg et Quinn, Prentice Hall, 1997.

Horngren C.-T., Bhimani A., Foster G., *Management and Cost Accounting*, 10e éd., Prentice-Hall, 1999.

Horngren C.-T., Foster G. et Datar S.-M., *Cost Accounting : A Managerial Emphasis*, 9e éd., Prentice Hall, 1997 (Prentice Hall series in accounting).

Jiambalvo J., *Managerial Accounting*, John Wiley & Sons, 2001.

Lebas M., *Comptabilité analytique de gestion*, Nathan, 1986.

Lebas M., *Glossaire de comptabilité de gestion*, Management Accounting Glossary, CIMA, 1999.

LORINO P., *Méthodes et pratiques de la performance : Le pilotage par les processus et les compétences*, Éd. d'Organisation, 2001.

MEVELLEC P., *Le calcul des coûts dans les organisations*, La Découverte, 1995.

PESQUEUX Y., MARTORY B., *La nouvelle comptabilité des coûts*, PUF, 1995.

PORTER M.-E., *Competitive Strategy : Techniques for Analysing Industries and Competitors*, The Free Press, 1980.

PORTER M.-E., *Competitive Advantage : Creating and Sustaining Superior Performance*, The Free Press, 1985.

PYHRR P., *Zero-Base Budgeting : A practical Management Tool for Evaluating Expenses*, John Wiley & Sons, 1973.

RAVIGNON L., BESCOS P.-L., et al., *La méthode ABC/ABM : piloter efficacement une PME,* Éd. d'Organisation, 1998.

REIX R., *Système d'information et management des organisations*, 3e éd., Vuibert, 2000.

SHANK J., GOVINDARAJAN V., *La Gestion stratégique des coûts*, Éd. d'Organisation, 1995.

Index

(Les chiffres renvoient aux numéros des pages)

D

E

F

I

L

M

O

P

R

S

Achevé d'imprimer sur les presses de
l'Imprimerie Moderne de Bayeux
Dépôt légal : 15183 - Septembre 2004
N° éditeur : 2247
Imprimé en France